Sentindo na própria pele

Direção de Arte: Luiz Antonio Gasparetto
Revisão e Editoração Eletrônica: Sandra Martha Dolinsky
Capa: Kátia Cabello

1ª edição – 11ª impressão
5.000 exemplares – dezembro 2011

Dados Internacionais de Catalogação na Publicação (CIP)
(Câmara Brasileira do Livro, SP, Brasil)

Leonel (Espírito)
Sentindo na própria pele / ditado por Leonel; [psicografado por] Mônica de Castro. São Paulo : Centro de Estudos Vida & Consciência Editora.

ISBN 978-85-85872-77-9

1. Espiritismo 2. Psicografia 3. Romance espírita I. Castro, Mônica de. II. Título.

08-11926 CDD-133-9

Índices para catálogo sistemático:
1. Romance espírita : Espiritismo 133.9

Este livro adota as regras do novo acordo ortográfico (2009).

Editora Vida & Consciência
Rua Agostinho Gomes, 2.312 – São Paulo – SP – Brasil
CEP 04206-001
editora@vidaeconsciencia.com.br
www.vidaeconsciencia.com.br

Mônica de Castro
ditado por Leonel

Sentindo na própria pele

Para Solange

Capítulo 1

Tonha olhou pela porta aberta da senzala com olhos embaciados e tristonhos. Estava confusa e amedrontada, as mãos trêmulas a demonstrar as marcas que o peso dos anos lhe imprimira no corpo. Seus 97 anos, vividos entre o medo e as lágrimas, já se ressentiam das inúmeras e sucessivas lutas, do sofrimento, da angústia e do desespero, da falta de amor e de solidariedade que presenciara tantas vezes.

Estava assim a cismar quando João, um negrinho bastante jovem ainda, apareceu na porta e indagou:

– E então, vó Tonha, não vem?

Tonha olhou-o admirada, surpresa com sua presença, e respondeu, hesitante:

– O que disse?

– Perguntei se você não vem. A caravana já está pronta para sair, e todos já estão reunidos no terreiro. Só falta você.

Tonha desviou o olhar e fitou o horizonte, como que se lembrando do que estava acontecendo. Sim, pensou, era hora de partir. Mas partir para onde? O que seria de sua vida dali pra frente? Havia muito sonhava com esse dia... sonhava com o dia em que a liberdade poria um fim nos anos de tortura e humilhação. A muitas lutas havia assistido pela conquista daquele dia. Foram surras e mais surras que presenciara, seus irmãos amarrados ao tronco, sentindo na carne a ponta afiada do chicote a castigá-los sem piedade. E para quê? Para terminarem seus dias como quando nasceram: prisioneiros de sua cor, de sua condição de escravos, de sua miséria.

Voltou os olhos para João e, por fim, respondeu:

– João, para onde vão todos? Que farão daqui pra frente?

João, confuso, não sabia ao certo o que responder. Nunca pensara naquilo. Era jovem, saudável, nem era escravo, alcançado que fora pela Lei do Ventre Livre. Mesmo Tonha, com seus quase 97 anos de idade, conseguira a liberdade três anos antes, quando da promulgação da Lei dos Sexagenários. Permanecera na fazenda por opção, por não ter para onde ir, para poder ficar junto dos seus.

– Vó Tonha, não sei para onde todos irão. Só o que sei é que não quero ficar nem mais um minuto aqui, neste lugar horroroso, onde meus pais tanto sofreram, e você também. Venha comigo, por favor. Todos estão esperando por você. Não quer partir?

A velha encarou-o com ternura e compreensão, e retrucou, a voz embargada pelas lágrimas, que de mansinho começavam a deslizar por suas faces.

– Meu filho, durante muito tempo não desejei outra coisa senão partir daqui e nunca mais voltar. Mas agora... não sei.

– Como pode dizer isso? Você nunca foi feliz aqui.

– Esse é o mundo que me foi oferecido por Deus, e não me lembro mais de nenhum outro. O que será de mim lá fora? Não sofrerei mais? Sou sozinha, não tenho ninguém, nem filhos, nem irmãos, nada...

– Não diga isso. Você tem a todos nós. Somos sua gente, seu povo. Como pode pensar que está só?

– É muita bondade sua, João, mas não quero ser um entrave na vida de ninguém. Sei que estou velha, enxergo mal, já não posso mais trabalhar. Seria um fardo para qualquer um de vocês. E, além do mais, não sei o que nos aguarda do outro lado dessas serras.

– A liberdade, vó Tonha, a tão sonhada liberdade!

– Será, João? Será que arrebentar os grilhões de ferro será suficiente para nos tirar do cativeiro? Se deixamos de ser escravos, com certeza permanecemos negros e pobres. E a gente branca não gosta de negros. Como sobreviveremos em um mundo dominado por brancos?

– Você está sendo muito dura. Pense naqueles que lutaram para que pudéssemos ser livres. Se há muitos brancos maus, com certeza há os bons também. Senão, continuaríamos ainda escravos.

– Talvez você tenha razão, não sei...

– Você está apenas com medo, é natural. No fundo, todos estamos. Mas precisamos lutar contra esse medo. Somos gente também. Não acha que merecemos nosso lugar no mundo, como qualquer outra pessoa?

Tonha não respondeu. Cerrou os olhos e continuou a chorar baixinho. Ele estava certo. Era preciso lutar, e a luta ainda não terminara. A primeira etapa podia estar vencida, mas havia ainda a luta contra o preconceito. Sim, embora libertos, precisavam ser aceitos pelos brancos como iguais, como irmãos, filhos do mesmo Deus. Será que conseguiriam?

Ao abrir os olhos, João já não se encontrava mais ali. Será que tinha partido? Teria desistido de convencê-la e ido embora, com medo de que o abandonassem? Não. Tonha conhecia seu povo. Com certeza João, vendo que não conseguira convencê-la, saíra a buscar ajuda.

Olhando pela porta aberta, Tonha avistou ao longe a casa grande. Portas e janelas fechadas, parecia que ninguém vivia ali. Sequer a chaminé, sempre a expelir a gostosa fumaça do fogão, parecia ter vida. Era como se todos estivessem dormindo ou ausentes. Ninguém... ninguém aparecera para se despedir ou desejar-lhes sorte. Já era de se esperar. De todos os habitantes da casa, apenas Luciano e Clarissa se importavam. Apesar de serem bisnetos de Licurgo, não se pareciam em nada com ele. Ela até estranhou que os dois não tivessem aparecido para dizer adeus. De repente, porém, avistou-os cruzando o terreiro, acompanhados do negrinho João, que vinha gesticulando e apontando para a senzala. Pouco depois, os três apareceram na porta, e Clarissa, toda meiga, cumprimentou:

– E então, vó Tonha, como vai?

– Vou bem, minha menina, obrigada.

– Não vai embora? – ajuntou Luciano. – Todos os demais já estão prontos.

– Já sei, já sei. Só falta eu, não é?

– Parece que sim.

– Por que estão com pressa de se livrar de mim?

– Ora, vó Tonha, mas que besteira – censurou Clarissa. – Apenas não compreendemos por que não quer ir. Todos os escravos, quero dizer, ex-escravos, estão no maior alvoroço para partir.

– É verdade. Estão todos na porta da fazenda, prontinhos para ir, só aguardando você. O que está esperando?

– Não sei... – balbuciou – ...tenho medo... Acho que... não quero ir...

– Estão vendo? – interrompeu João. – Eu não falei? Ela se recusa a ir, vai entender...

– Acalme-se, João – tranqüilizou Luciano –, e deixe tudo por nossa conta. Pode ir andando. Logo ela estará com vocês.

João afastou-se e Luciano encarou Tonha com ar de profunda admiração. Gentilmente segurando suas mãos, perguntou:

– Não quer nos contar o que está acontecendo? Pensamos que ficaria feliz com a abolição, no entanto, a encontramos aqui, toda lamuriosa, recusando-se a acompanhar os seus. O que houve?

Tonha, olhos banhados em lágrimas, apertou as mãos de Luciano e começou a chorar compulsivamente, dizendo entre soluços:

– Oh, sinhozinho, você não compreende. É muito jovem para compreender.

– Engano seu, Tonha. Compreendo muito bem. Sabe o quanto Clarissa e eu lutamos por sua liberdade, mesmo contra a vontade de meu avô e de meu pai.

– É verdade, vó Tonha – concordou a moça. – Sempre estivemos do lado de vocês.

– Sim, eu sei, e fico muito agradecida por isso. Mas essa liberdade não é mais para mim. É para os mais moços, que ainda têm a esperança no coração. A liberdade que hoje espero é outra, e vocês não podem me dar.

– Como assim? Que liberdade é essa?

– É a liberdade da alma, que somente Deus é capaz de conceder.

– Não fale assim, vó Tonha, fico triste.

– Não fique, menina. Você é também muito moça, e tem a vida toda para viver. Aproveite sua vida; eu já aproveitei a minha.

– Mas que besteira – censurou Luciano. – Você ainda pode aproveitar esse restinho de vida e viver seus últimos dias em liberdade. Não seria bom?

– Sim, seria. Mas não longe daqui. Não tenho mais forças para isso.

– Ora essa...

– Por favor, deixem-me ficar.

– Eu gostaria muito, mas não posso. Papai não quer mais nenhum negro aqui. Disse que se querem ir, que se vão, mas que ninguém poderá ficar hospedado em suas terras. Foi o que ele disse.

– Oh! Meu Deus, meu Deus! Rogo que não me abandonem. Sinto que, se partir, não viverei o suficiente para concluir a jornada. E gostaria de terminar meus dias aqui, em segurança, onde sempre vivi.

– Ainda que longe dos seus?

– Ainda que longe dos meus. Eles têm a vida deles. Não tenho o direito de pedir para que fiquem.

– Não sei, não. Papai ficaria furioso.

– Ora, Luciano, o que é isso? Agora deu pra ter medo de papai?

– Por favor, sinhozinho, peça a ele – suplicou Tonha. – Não vou incomodar ninguém. Fico quietinha aqui no meu canto. Por favor...

Luciano estava confuso. Embora quisesse deixá-la ficar, temia que o pai não aprovasse. Clarissa, porém, resolveu dar por encerrada a discussão.

– Muito bem, Luciano. Vó Tonha pode ficar. Deixe papai comigo, saberei convencê-lo.

Ele olhou com dúvida para a irmã, mas acabou por aquiescer:

– Está bem, fale com ele, então.

– Farei isso agora.

Clarissa saiu e voltou após quase uma hora, com a permissão para que Tonha ficasse. O pai, finalmente, concordara, depois que Clarissa lhe lembrara que a velha escrava havia sido ama-seca de todas as crianças dali, inclusive dele mesmo. Assim, ainda que meio a contragosto, o velho Fortunato acabou por concordar. Não por gratidão à ex-escrava, mas para agradar à menina Clarissa, que era a preferida no coração do pai.

– Muito bem – foi logo dizendo, assim que voltou à senzala –, tudo resolvido. Papai concordou.

– Oh! Bendita seja, sinhazinha! Muito obrigada, Deus há de lhe pagar em dobro.

– Mas o que é isso, vó Tonha? Não precisa agradecer, não.

– Como você conseguiu? – quis saber Luciano, cheio de curiosidade. – E tão rápido!

– Ora, irmãozinho, tenho meus métodos. Conheço papai e sei muito bem que armas usar com ele.

– Bem, vá lá. O importante é que você conseguiu.

– Sim, e agora precisamos avisar aos outros que vó Tonha não irá. Papai disse que pode continuar no quarto das escravas de dentro.

Tonha chorava de gratidão. Os meninos eram-lhe muito dedicados e amorosos, e isso era um conforto para seu coração cansado.

Os amigos de Tonha receberam a notícia com uma certa tristeza, mas acabaram por aceitar sua decisão. Afinal, ela tinha razão. Já estava velha, e a viagem poderia ser por demais penosa para ela. Isso sem contar que, efetivamente, seria um estorvo para os demais, que teriam que se preocupar com sua saúde e bem-estar. Ficaram gratos à sinhazinha Clarissa e ao sinhozinho Luciano, que tão carinhosamente a acolheram, e depois das despedidas, partiram, sem levar na alma a mais leve sombra de pesar ou saudade da fazenda São Jerônimo.

Depois de confortavelmente instalada no quartinho que lhe fora reservado, Tonha passou a ser diariamente paparicada por Clarissa e Luciano, que a tinham na mais alta estima. Certo dia, quando conversavam sobre os tempos idos, Luciano indagou:

– Vó Tonha, por que não nos conta sua história?

– Ora, vocês já conhecem a minha história. Pois então não viram?

– Não, não. Você nunca nos contou como chegou aqui. Por que não nos conta tudo?

– E por que essa curiosidade do sinhozinho agora?

– Não sei. De repente me lembrei que no próximo mês você fará 97 anos, e creio que deva ter muita coisa para contar.

– Hum, não sei não.

– Ora, vamos, vó Tonha – entusiasmou-se Clarissa. – Penso que seria emocionante.

– Talvez. Ou talvez vocês fiquem aborrecidos.

– Por que não experimenta? Talvez nos interessemos muito.

– Bom, se é assim que querem, não me custa nada. Ao contrário, até me fará bem recordar...

– Vamos, conte logo.

Tonha pareceu vagar o olhar, como que a buscar alguma coisa perdida no horizonte. Olhou para o céu e para o sol, que estava a pino, e lembrou-se de quando para ali fora, menina ainda, com seus poucos nove anos, trazida da África em um navio negreiro, juntamente com dezenas de seu povo. Vagarosamente, voltou os olhos úmidos para Luciano e Clarissa e começou a contar toda a sua história, desde o dia em que fora vendida aos brancos portugueses, havia muitos, muitos anos...

Capítulo 2

O mês de janeiro era tórrido, e as crianças procuravam afastar o calor da melhor forma possível, brincando na água. Tonha ria gostosamente, atirando água na face de seus amiguinhos, pulando e mergulhando feito um peixinho arisco. Contava apenas nove anos de idade e levava uma vida tranqüila no pequeno povoado angolano onde vivia, às margens do rio Cunene. Naquela época chamava-se Mudima, nome dado à folha do limoeiro, porque fora sob a sombra dessa árvore que nascera, filha de uma escrava capturada de um povo rival. Morta a mãe, passara a residir na casa de seus senhores e, com o tempo, adquirira ares de filha, passando a chamá-los, inclusive, de pais.

Mudima estava estirada na areia, os olhos cerrados para se proteger do sol, quando foi bruscamente sacudida por sua irmã mais velha, que fora dizer-lhe que o pai mandava chamá-la. Um tanto quanto contrariada, levantou-se e seguiu a irmã, sem nada dizer, certa de que o pai lhe reservara alguma tarefa aborrecida. Ao entrar em sua cabana, porém, encontrou ali, além dos pais, o ancião-chefe a falar e gesticular com um homem branco a quem nunca vira. Na verdade, Mudima jamais havia visto homem branco algum, e aquilo deixou-a espantada.

A mãe chorava de mansinho, olhando-a disfarçadamente, enquanto o ancião e seu pai pareciam acertar com o branco algum tipo de negócio. Passados alguns minutos, o pai chamou-a a um canto e ordenou-lhe que pegasse suas coisas; faria uma viagem para bem longe, além-mar, em companhia do homem branco. Sem compreender muito bem, Mudima tentou protestar, mas o pai ordenou que se calasse e obedecesse; eram ordens do chefe da tribo.

Mas Mudima não queria obedecer. Estava com medo, não queria partir. Afinal, embora não fosse sua filha de verdade, aqueles eram os únicos pais que conhecera em toda sua vida, e não estava disposta a abandoná-los assim, sem mais nem menos. Chamou pela mãe e perguntou-lhe o que estava acontecendo. Por que tinha que partir? Para onde iria? Quem era aquele desconhecido de pele desbotada que parecia mandar ali?

A mãe, porém, não parava de chorar, até que, não podendo mais suportar, afastou-se de Mudima, correndo feito louca para o terreiro.

Trouxa pronta, o pai puxou-a pela mão e saiu arrastando-a porta afora. Apavorada, Mudima começou a berrar e a espernear. Não entendia aquilo. Por que a mandavam embora? Era por ser escrava? Mas não era justo. Vivera ali, naquela família, sua vida inteira, e amava a todos como seus pais e irmãos. Pensava que eles a amassem também, e sentia-se arrasada com aquela rejeição. A mãe, por fim, roída pela dor, correu para ela e disse, olhos banhados em lágrimas:

– Mudima, minha filha, eu te amo muito. No entanto, nada pude fazer, pois o chefe da tribo vendeu-te ao homem branco que viste em nossa tenda.

– Vendeu? Como assim?

– Trocou-te por um punhado de fumo e cachaça.

– Mas como? – ela estava confusa e assustada. – O que foi que eu fiz?

– Não fizeste nada. Mas és escrava aqui, e o chefe mandou que fosses vendida. O homem branco comprou-te junto com alguns jovens também escravizados. Sinto muito, mas nada posso fazer. Lembra-te, apenas, que nós te amamos como se fosses nossa, e estaremos orando aos nossos *inkices*[1] para que te protejam.

– Mas mamãe, não quero ir, não quero!

1. Divindades africanas, de Angola e do Congo, que representam as forças da natureza. (N.A.)

O comerciante chegou trazendo nas mãos uma espécie de coleira, e afastando a mãe de seu caminho, colocou-a no pescoço de Mudima e saiu a puxá-la. Ela, tomada de pavor, esperneava cada vez mais, deixando cair ao chão a trouxa com suas roupas, que o homem chutou para longe.

– Não vais precisar destes trapos – falou com desprezo. – Agora vem, segue-me e cala a boca, se não quiseres apanhar.

Mudima, porém, não compreendendo a língua do homem branco, berrava alto e esticava os braços num gesto súplice, implorando à mãe que a salvasse. O traficante, cansado daquela algazarra, apertou forte a coleira em torno do pescoço de Mudima, que quase sufocou, puxando-a com violência. A menina caiu ao chão e começou a arfar, e o homem, impiedoso, saiu a arrastá-la pela terra áspera, enquanto ela tentava, desesperadamente, segurar a coleira, a fim de impedir que a enforcasse.

E assim foi Mudima, chorando e soluçando, nos olhos impressa toda a dor que naquele momento sentia: a dor do abandono, da humilhação, do desprezo... A mãe, ante sua impotência, ficou ali a chorar, sustentada pelos braços fortes do marido, assistindo com horror à partida da menina que criara e amava como uma filha.

Em pouco tempo Mudima reuniu-se ao resto do grupo, constituído de homens jovens e robustos, todos atados pelo pescoço. A menina chorava incessantemente, chamando pela mãe a todo instante. Não podia crer que aquilo estivesse acontecendo. Deveria ser obra de algum pesadelo medonho, do qual despertaria em breve. Mas não. Tudo era real demais. Em silêncio, pensou em sua mãe Kaitumbá, deusa do mar, pedindo-lhe proteção na travessia do oceano.

Ao avistar o navio, Mudima se desesperou. Nunca tinha viajado por mar antes, e o medo do desconhecido fez com que estacasse ante aquela visão medonha. Mas ela era a última da fila, a única criança do grupo, e o repuxo dos que a precediam fez com que fosse, novamente, arrastada. Aos prantos, segurava a coleira e gritava:

– Não quero ir, não quero! Quero minha mãe! Por favor, quero minha mãezinha...

O comerciante, porém, vendo que Mudima não parava de chorar e espernear, atrapalhando a fila, foi para onde ela se encontrava e estalou o chicote em suas costas, fazendo com que urrasse de dor.

– Cala-te, miserável! – rugiu o homem enfurecido. – Senão te mato aqui mesmo!

Mudima, sem compreender as palavras, percebeu-lhes, contudo, o sentido, e encolheu-se toda, seguindo a tropa com os olhos pregados no chão, o lombo ardendo feito ferida em fogo. O rapaz da frente, compadecido, virou-se para ela e falou com brandura:

– Acalma-te, menina, e não grites mais. Não adianta chamar por tua mãe, que ela não te pode socorrer. A partir de agora não tens mais mãe, não tens mais ninguém. Vais embora, e nunca mais vais voltar.

– O que queres dizer? Não compreendo.

– Não compreendes porque és ainda muito criança. Mas estamos sendo levados para um país distante, do qual já ouvi falar. Antes de ser capturado pelos de seu povo, o chefe de minha tribo, que também fazia escravos, vendeu inúmeros jovens para serem traficados para esse país. Agora é a minha vez...

Mudima não respondeu. Estava por demais amedrontada para falar qualquer coisa. Em silêncio, seguiu a tropa, a mente em torvelinho a fazer inúmeras perguntas. Só havia ali homens, ela era a única criança, e do sexo feminino. Não entendia por que, dentre tantas outras, fora ela a escolhida para ser enviada naquela viagem sem volta. Sentia que os homens também tinham medo, mas continuavam avante, aceitando com dignidade o destino que lhes fora reservado. Ao cruzarem a ponte que levava ao navio, porém, hesitaram, temerosos, sentindo em seus íntimos que partiam não apenas para o desterro, mas para o inferno. Mudima, tentando ganhar coragem, juntou forças e começou a cantar baixinho, com a vozinha arrastada, quase como num lamento:

"E mikaiá,Selumbanda selomina
Demama e o mikaiá, selukó...
Selomina demama e, o mikaiá e..."[2]

---

2. "Mares profundos, que guardam a Arte Mágica / O encontro da luz é de minha Mãe, / Dos mares profundos. / O encontro da luz é mamãe, dos mares profundos!" (N.A.)

Logo foi seguida pelos demais, que buscavam na deusa das águas salgadas forças para prosseguir naquela jornada de morte. O mar estava sereno, e a luz do sol batia em cheio nas ondas, refulgindo, como se Kaitumbá derramasse sobre ele seu olhar cristalino, marejado de brilhantes lágrimas devotadas aos filhos que se iam. Os homens brancos, a princípio, tentaram impedir a cantoria, mas a sonoridade daquela melodia tão doce, aliada àquelas palavras desconhecidas e enigmáticas, fez com que retrocedessem e consentissem no canto, muitos deles até mesmo balançando o corpo no ritmo da música.

À medida que subiam a bordo, os escravos iam sendo atirados no porão do navio, onde foram acorrentados tão próximos uns dos outros que ficava-lhes difícil se movimentar e até mesmo respirar. Mudima também foi acorrentada juntamente com os demais, e havia ali tantos homens que era impossível precisar-lhes o número. Ela reconhecia muitos de sua tribo, mas havia outros de tribos vizinhas, e outros ainda, de mais distante.

A viagem transcorreu como num suplício. A princípio, apesar do calor e do pouco espaço, os negros suportaram bem a travessia, mas depois, quando ela começou a se alongar devido aos ventos e às tempestades tropicais, muitos começaram a adoecer. Mudima sentia o estômago doer, a garganta seca a reclamar água. Mas a comida servida no navio era escassa e indigesta, e a água tinha um sabor ruim, como se estivesse suja. A fome aumentava a cada dia, e a falta de higiene facilitava a proliferação de epidemias. Mudima viu muitos dos homens sucumbirem, acometidos pela peste, ou então quedarem prostrados, vítimas de *banzo*[3]. Ela mesma pensou que morreria, pois sentia freqüentes náuseas e dores de cabeça. Mas, inexplicavelmente, seu corpo de criança conseguira sobreviver aos ataques infectos.

Ao desembarcar no porto do Rio de Janeiro, Mudima estava magra e fraca, a pele baça a delatar os maus-tratos e a falta de sol. Após breve repouso, os homens foram conduzidos ao mercado de escravos para serem leiloados, mas Mudima, sem saber por que,

3. Sintoma agudo da doença do sono. (N.A.)

foi acorrentada e atada a uma carroça, iniciando, assim, nova e longa jornada, dessa vez por terra. Apesar de tudo, ela estava maravilhada. A beleza natural daquele país encantava e, não fosse a trágica situação em que se encontrava, muito se teria deliciado com a exuberância das paisagens a seu redor.

Sentados na charrete, dois homens brancos iam conversando. Mudima não conhecia o condutor, mas pôde reconhecer no outro seu carrasco, o mesmo que a amarrara e chicoteara ainda em seu distante país. Os dois iam conversando, e ela, por mais que se esforçasse, não conseguia compreender nada do que diziam.

– Pois é – dizia Manuel, o comerciante –, agora veja se pode uma coisa dessas. Seu Licurgo me incumbiu pessoalmente de trazer essa negrinha aí. Disse que é para a filha.

– Para a filha? – retrucou o outro, indignado. – Mas por quê?

– Disse que é aniversário da menina, vai fazer dez anos, e queria dar-lhe algo novo de presente. E escolheu justo uma negrinha.

– Ainda assim, não compreendo. Creio que não se justifica uma viagem tão longa só para trazer uma criança negra. Por que não lhe deu um cão, ou mesmo bonecas?

– Creio que quis dar uma boneca que anda e fala... – respondeu com ironia. Jorge caiu na gargalhada e acrescentou:

– De qualquer forma, não teria uma negrinha na fazenda, cria da casa?

– Não sei. Mas acho que é porque seu Licurgo manda que se venda a maioria dos filhos de escravos quando eles atingem os três anos, em média. Diz que sai mais barato comprar escravos adultos e produtivos do que alimentar crianças que não têm ainda força para o trabalho. Assim, nada melhor do que uma negrinha novinha em folha, só para fazer companhia à filha.

– Qual! Isso só pode ser coisa de gente rica, que não tem o que fazer com o dinheiro. Enfim, vá lá.

Corria o mês de março, e as grossas chuvas anunciavam o fim do verão. Foi quando, de repente, desabou forte temporal sobre a cabeça de Mudima, que permaneceu atada à charrete, enquanto os homens se encolhiam debaixo da lona.

– Não acha melhor colocarmos a negrinha dentro da charrete? – indagou Jorge.

– Para quê?

– Ela pode pegar uma gripe, sei lá.

– Ora vamos, Jorge. Essa daí sobreviveu ao tumbeiro, pode muito bem apanhar um pouco de chuva.

Jorge, porém, um pouco mais humano, compadeceu-se de Mudima e insistiu com o amigo:

– Por favor, Manuel, paremos, sim? Deixemos que a pequena se ajeite na carroça. Além de tudo, deve estar cansada e com fome.

Manuel, a contragosto, acabou por ceder à pressão do outro. Assim, pararam, e Jorge ajudou Mudima a subir na charrete, deu-lhe água fresca e um pedaço de charque, além de um cobertor surrado e sujo. A menina agradeceu com o olhar, comeu e bebeu, indo se deitar, em seguida, entre uns sacos de víveres jogados no chão da carroça. Breve adormeceu, o coração dilacerado, já sentindo falta da terra natal. Mudima sentiu-se extremamente só e orou, pedindo a seus *inkices* que se apiedassem de sua alma e fossem buscá-la... Não desejava mais viver.

Chegando à fazenda São Jerônimo, Mudima foi logo levada ao patrão, seu Licurgo, que a analisou como se fosse um animal. Vira daqui, mexe dali, apalpa de um lado, aperta de outro, abre sua boca para ver os dentes. Passados alguns minutos, seu Licurgo olhou para Manuel e elogiou:

– Muito bem, seu Manuel. Vejo que se desincumbiu bem da tarefa que lhe dei. A negrinha parece saudável, apesar de um pouco magrinha.

– Bom, seu Licurgo – acrescentou Manuel –, é que a travessia não é das mais fáceis, o senhor sabe. No entanto, fiz o que pude para trazê-la intacta. Uns dias de repouso, com alimentação adequada, com certeza reerguerão as forças da negrinha.

– Sim, sim. Agora vamos acertar nossas contas, que tenho muito o que fazer – disse e retirou do bolso do colete uma bolsinha de couro, que estendeu para Manuel. – Aqui estão, 80.000 réis, conforme o combinado.

Manuel, olhos cheios de cobiça, apanhou o saquinho e experimentou o peso, parecendo satisfeito com o resultado.

– Bem – concluiu –, foi um prazer trabalhar para o senhor, seu Licurgo. Precisando, é só mandar chamar.

– Está bem, adeus então.

– Adeus, e boa sorte com a negrinha.

Depois que Manuel se retirou, Mudima ficou só na sala com aquele homem grande e de aspecto pouco amistoso. Embora ela não entendesse nada do que ele dizia, podia perceber, por seus gestos, que se tratava de pessoa poderosa, rude e intolerante, e que não estava disposto a perder tempo tratando-a com cortesia. Assustada, abaixou os olhos e já ia começar a chorar quando escutou a voz retumbante do homem a penetrar em seus ouvidos:

– Josefa! Josefa, venha aqui imediatamente!

Pouco depois, Josefa apareceu na porta e parou estupefata ao dar de cara com a jovem Mudima, encolhida a um canto, com medo até de se mexer. Ao avistá-la, porém, Mudima sentiu uma alegria inexplicável. Então, havia ali outros de sua gente, e isso a deixou um pouco mais confortada. Em silêncio, dirigiu-lhe um olhar de súplica, que Josefa acolheu com simpatia.

– Chamou, sinhô? – indagou ela, fazendo uma mesura.

– É claro que chamei. Esta negrinha acaba de chegar de Angola e não compreende a nossa língua. Como você também é angolana, quero que ensine a ela nosso idioma e nossos costumes, o mais rápido possível. Daqui a seis meses será o aniversário de Aline, e quero fazer-lhe uma surpresa, dando-lhe de presente uma negrinha só para ela, como tanto queria. É o tempo de que você dispõe para ensiná-la, e está dispensada de seus afazeres domésticos nesse período. Quero que você se dedique só a ela.

– Sim, sinhô.

– Agora leve-a, lave-a bem, para desinfetá-la, que está fedendo, e veja se não tem piolhos. Depois dê-lhe algum alimento e faça-a descansar. Nada de trabalho para ela, por enquanto. Ficará com você, no quarto das escravas de dentro. Não a quero metida com os demais.

– Sim, sinhô. Mais alguma coisa?

– Ensine-a a obedecer e a se colocar em seu lugar. Fale dos castigos. Não quero escravas rebeldes aqui.

– Sim, sinhô. Só isso?

– Sim. Agora pode ir. Ah, já ia me esquecendo. Precisamos arranjar-lhe um nome.

– Ela já há de ter um, sinhô.

– Ora, Josefa, mas que despautério! E eu vou querer aqui negras com nomes complicados?

– Por que não deixa sinhazinha Aline escolher?

– Boa idéia. Agora vá, ande. Você tem pouco tempo.

– Sim, sinhô.

Josefa saiu, carregando pela mão a pequena Mudima, indo com ela em direção ao quintal. Levou-a para trás de um barracão, onde se encontrava uma tina de água cercada por uns lençóis, despiu-a e enfiou-a na bacia, começando a esfregá-la com um sabão áspero e de aroma acre. Mudima deixou-se lavar sem protestar. Estava até gostando de se livrar de toda aquela sujeira. Afinal, durante aqueles dois meses em que estivera viajando só tomara banho uma vez, naquele dia mesmo, e, ainda assim, de chuva.

Josefa, penalizada, indagou em angolano:

– Como se chama?

Mudima surpreendeu-se ao ouvi-la falar em sua língua, e respondeu meio sem jeito:

– Mudima.

– Muito bem, Mudima. Eu me chamo Josefa, e de agora em diante vou cuidar de você, e lhe ensinarei tudo o que precisa saber para viver bem aqui. Compreende?

Mudima assentiu com a cabeça, mas, no fundo, não compreendia muito bem. Por que tinha que estar ali? Por que tinha que se submeter a um homem branco, aparentemente cruel, que nem conhecia? Mas, logo depois, pensou que sua mãe Kaitumbá a devia estar protegendo, visto que a colocara nas mãos de uma mulher amiga e bondosa.

Durante os seis meses que se seguiram Josefa dedicou-se a ensinar Mudima, concentrando-se na tarefa que lhe fora reservada. Acordavam cedo, faziam o desjejum e iniciavam as aulas, só parando para almoçar e, à noite, para jantar. Logo em seguida, dormir. A menina era inteligente e aprendia rápido, e em breve já quase dominava o Português tão bem como seu próprio dialeto. A princípio, falava com leve sotaque, que foi perdendo com o passar do tempo.

Contudo, a despeito da dedicação de Josefa, Mudima perdia as noites a chorar a falta da África querida, dos pais, dos irmãos, mas, em especial, da mãezinha adorada, que a vira partir em lágrimas. Nessas horas, quando a menina deixava as lágrimas correrem soltas por seu rosto, a boa Josefa, estreitando-a contra o peito, dizia baixinho em seu ouvido:

– Pode chorar, criança, que sua mamãe também deve sentir sua falta. Mas você precisa se conformar, porque nunca mais vai vê-la. Infelizmente, minha filha, a maldade do homem branco é tanta que ousa separar as criancinhas do seio materno, como se elas fossem bezerrinhos prontos para serem desmamados. Vamos, desabafe e faça de conta que eu sou ela. Abrace-me forte, bem apertado, que estou aqui e vou consolar você, e vou tentar fazer de tudo para compensar a perda de sua mamãezinha querida.

Mudima, então, dava livre curso às lágrimas, e chorava com tanta angústia, com tanto sentimento que Josefa, condoída e emocionada, acompanhava a menina naquele canto triste, e juntava às dela suas lágrimas sentidas.

Capítulo 3

Licurgo Sales de Albuquerque era proveniente da Bahia, de onde havia migrado em busca de novas terras para o plantio, e casara-se com uma jovem de nome Teodora. A moça, de constituição frágil e delicada, não gozava de boa saúde, mas tentava, a todo custo, engravidar, visto que Licurgo insistia para que ela lhe desse herdeiros. Mas ela não conseguia levar avante nenhuma gravidez, e sofria com os inúmeros abortos que a natureza lhe impunha, sempre por volta do terceiro mês. Por isso, quando a pequena Aline chegara ao mundo, o coração de Licurgo se enchera de esperança e alegria, e ela passara a ser, para ele, mais do que a própria vida.

Teodora, porém, extremamente enfraquecida depois de um parto difícil e traumático, nunca mais se recuperara, e falecera cerca de um ano depois, vítima de novo aborto, deixando Aline entregue aos cuidados do pai e de Josefa, escrava que lhe fazia as vezes de ama-seca. Embora Licurgo muito lamentasse a perda da esposa amada, voltara suas atenções para a filha, que desde então passara a ser merecedora de todo o carinho e atenção, cuidando o pai de satisfazer todos os seus desejos e caprichos. Ela era a única que o dominava, e sua austeridade e dureza só não tinham lugar quando se tratava da filha.

Aline, nessa época, encontrava-se em viagem pela capital da colônia, passando o verão com os avós, em Salvador. O mês de março chegava ao fim, e Aline em breve estaria de volta, a fim de retomar os estudos, já retardados ante sua demora. É que a menina, encantada com a vida na capital, não queria voltar, e ia prolongando sua estada cada vez mais. Assim, foi ficando, e os pais de Licurgo lhe escreveram avisando que haviam providenciado uma professora que lhe ministrasse as lições, não sendo necessário, portanto, que voltasse naquele mês.

A pequena, contudo, já saudosa do pai, prometera-lhe voltar a tempo para a celebração do seu décimo aniversário, e assim, em meados de agosto, chegou, carregada de embrulhos, trazendo nas mãos uma boneca lindíssima, toda de porcelana inglesa, presente dos avós pelo seu aniversário. Aline foi recebida com festa pelo pai, e mesmo por Josefa, que muito a ela se afeiçoara. Mudima, porém, permaneceu escondida, a fim de não estragar a surpresa.

– Papai! – gritou ela logo que o viu. – Quantas saudades!

– É verdade, minha filha – respondeu ele, sentando-a em seu colo. – Mas isso não se faz. Não a quero mais tanto tempo assim longe de casa.

– Ora, papai – protestou ela, fazendo beicinho –, eu estava apenas me divertindo.

– Mas, minha filha, você ficou fora mais de seis meses! Não acha que é muito tempo? Afinal, você é ainda uma criança...

Aline estalou-lhe um beijo no rosto e levantou-se correndo, indo buscar a boneca nova, que Josefa segurava.

– Olhe, papai, a boneca nova que vovó me deu. Não é linda?

– Uma beleza. – Vendo, contudo, o ar amuado da filha, Licurgo indagou: – Mas o que é isso, queridinha, então não gostou do presente que a vovó lhe deu?

– Não é isso, papai.

– E o que é, então?

– Bem, o senhor sabe que eu queria outra coisa...

– Lá vem você de novo.

– Oh! Por favor, papai, deixe-me ter uma negrinha só pra mim! Seria maravilhoso ter alguém com quem brincar!

– Eu sei, eu sei.

– Então? Posso?

– Vou pensar.

Licurgo se desvencilhou da filha, ordenando-lhe que se lavasse e repousasse até a hora do jantar, e sorriu satisfeito. Sim, ela muito apreciaria o presente que lhe comprara. Custara caro, mas valeria a pena; se valeria!

O dia do aniversário de Aline amanheceu claro, porém frio, e ela se espreguiçou na cama, olhando a fina névoa que já começava a se espargir no límpido azul do céu. Ouviu batidas na porta e, maquinalmente, ordenou:

– Entre.

A porta abriu-se e Josefa entrou, trazendo nas mãos a bandeja do café.

– Bom dia, sinhazinha. Dormiu bem?

– Muito bem, Josefa. E meu pai?

– Mandou dizer que já vem. Quer logo cumprimentá-la por seu aniversário.

– E você, Josefa? Não me deseja felicidades?

– É claro que sim, sinhazinha. Que Deus a proteja e a cubra de bênçãos.

– Obrigada, Josefa.

A porta se abriu novamente e Licurgo entrou, sorridente.

– Parabéns, minha filha. E muitas felicidades!

Aline olhou-o de cima a baixo, procurando por seu presente. Não o encontrando, pensou que o pai lhe tivesse comprado algum outro cavalo, e falou, desapontada:

– Papai, não me comprou nada de presente?

– Mas é claro que sim.

– E onde está? Não vá me dizer que há outro cavalo lá fora...

Licurgo não deixou que concluísse. Dando um passo para o lado, deixou que Mudima aparecesse, linda num vestidinho branco de algodão, todo enfeitado de rendas, que Josefa confeccionara especialmente para a ocasião. Vendo-a, Aline soltou um grito de admiração, mal acreditando no que via.

– Oh! Papai, é mesmo o que penso que é?

– Claro que sim, querida. Não era o que queria?

– Sim, sim! E é toda minha?

– Toda sua.

Josefa, interrompendo, disse gentilmente a Mudima:

– Vamos, Mudima, cumprimente a sinhazinha.

Mudima, completamente acanhada, balbuciou meio sem jeito:

– Bom dia, sinhazinha.

– Oh! Mas é um encanto! E fala!

– É claro que fala, minha filha. Não é um cão ou um gato; é uma negra – e, virando-se para Josefa, acrescentou: – Vejo que a treinou muito bem.

– Obrigada, sinhô. Mas a menina é inteligente e aprende depressa.

Mudima estava abismada. Aquelas pessoas a tratavam como se ela fosse uma coisa ou um animal. Como ousavam referir-se a ela daquele jeito? Já ia esboçar um protesto quando se lembrou dos conselhos de Josefa e da dor que sentira quando o chicote de Manoel rasgara-lhe a carne, ainda na África, e silenciou. Era melhor ficar quieta. Não queria apanhar.

– Como disse que se chama? – interpelou Aline.

– Mudima, sinhazinha. É o nome que trouxe de Angola, e com o qual se apresentou para mim.

– Mudima... até que não é feio. Mas não, lembra "mudinha". Não quero esse nome.

– Pode chamá-la como quiser, minha filha.

– Hum... Que tal Tonha? Era o nome daquela cadelinha que tive e que morreu debaixo das patas de uma égua. Lembra, papai?

– Lembro-me bem, minha filha. Como você chorou!

– Pois é... Então? Posso chamá-la de Tonha?

– Você é quem sabe.

– Está bem, então. Seu nome, daqui pra frente, vai ser Tonha, em homenagem a minha antiga cadelinha.

Mudima, então Tonha, lançou um olhar discreto para Josefa, demonstrando que não ficara nada satisfeita com aquilo. Embora alertada pela outra, Mudima tinha esperanças de que continuaria a ser chamada pelo mesmo nome. Mas, em lugar disso, fora rebatizada de Tonha, um nome feio, que nada queria dizer. Enfim, não havia nada que pudesse fazer, a não ser conformar-se e aceitar, e desde esse dia, Mudima tornou-se parte de seu passado e ela passou a ser tratada por todos como Tonha.

Tonha, porém, ganhou certas regalias, somente reservadas aos escravos de dentro, além de outras que Aline só a ela conferiu. Aline não queria estragar seu mais novo brinquedo, e se desvelava toda só para vê-lo limpo e bem-cuidado. Assim, Tonha ganhou roupas novas e muito mais bonitas. Aline, às vezes, até a presenteava com alguns de seus vestidos que não cabiam mais nela, pois que Tonha, um ano mais nova, era menor em estatura e largura do que sua ama.

Aline, por sua vez, apesar de mimada e voluntariosa, não era propriamente má; apenas não possuía a menor noção de que os escravos eram também gente, e tratava-os até bem, mas como se trata um cão, um gato ou um cavalo. Na verdade, Aline mimava Tonha como se mima um cãozinho ou uma boneca, fazendo da outra o principal objeto de suas brincadeiras. Assim, Tonha era constantemente submetida a sessões de escárnio e chacota, servindo de mula para carroças improvisadas, de bruxa aprisionada em baús escuros, de serva nos aposentos da princesa. Era Tonha quem arrumava o quarto de Aline, quem lhe dava banho e a ajudava a vestir-se, quem lhe penteava o cabelo, e até quem coçava suas costas.

Tonha sempre demonstrara um temperamento fantasioso e, por isso mesmo, era ótima para as brincadeiras, inventando traquinagens as mais variadas. Quando surpreendidas em alguma travessura, Aline sempre jogava a culpa em Tonha, que não se cansava de levar broncas e mais broncas e, por vezes, até algumas chineladas. Mas Aline não permitia que a castigassem com severidade. Tinha medo de perder seu brinquedo preferido, e o pai acabava por deixar pra lá, fazendo a vontade da filha.

Com tudo isso, o fato é que as duas meninas acabaram se afeiçoando de verdade, e Tonha, com seu jeito meigo e delicado, conquistou em definitivo o coraçãozinho de Aline, mais estouvado e irrequieto. Ambas passavam os dias envolvidas em folguedos, e mesmo nas horas em que Aline tinha que parar para aprender as lições ou estudar piano, Tonha a acompanhava e ficava sentadinha em um canto da sala de estudos ou de música, à espera de que a sinhazinha acabasse.

Aline, porém, não admitia ser contrariada, e costumava gritar com Tonha e dar-lhe bofetadas quando esta não concordava com alguma coisa que dizia ou fazia. É que a sinhazinha ainda não compreendera que Tonha, apesar de escrava, não era um brinquedo desprovido de emoções, mas um ser humano fervilhando de sentimentos, alguns dos quais bem dolorosos. Foi assim que, um dia, estavam as meninas brincando de bonecas quando Tonha, inadvertidamente, deixou cair a boneca de louça inglesa, presente da avó de Aline, que se espatifou logo que tocou o chão. Aline, furiosa, partiu para cima da escrava e começou a esbofeteá-la no rosto, gritando enfurecida:

– Sua idiota! Não tem cuidado? E agora, o que farei?

– Perdoe-me, sinhazinha – choramingava Tonha –, foi sem querer!

– Não me interessa! Você quebrou minha boneca preferida. Merece uma surra.

Tonha calou-se e se encolheu. Embora Aline sempre a ameaçasse com uma surra, o fato é que nunca cumprira suas ameaças. Mas, dessa vez, ela estava realmente zangada.

– Negra inútil! – berrava ela. – Merecia o tronco. Saia daqui, não quero mais ver a sua cara por hoje.

Tonha virou as costas magoada, e já ia se retirar, mas voltou-se e disse, o rosto coberto de lágrimas:

– A sinhazinha está sendo injusta comigo. Então não percebe que tudo o que faço é para agradá-la?

A menina, tomada de surpresa com aquela resposta, estacou e replicou com severidade:

– O que é isso? Ainda se atreve a me responder? Agora deu pra ficar atrevida?

– Não, sinhazinha, claro que não. Apenas gostaria que a sinhazinha tivesse um pouco mais de consideração comigo, já que gosto tanto de você.

Aline parou atônita, de boca aberta ante aquela revelação. Ela nunca pensara que aquela negrinha pudesse extravasar tanto ressentimento em suas palavras.

– Você é uma negra – disse por fim –, e negros não merecem consideração.

– E por que não?

– Bem... porque... porque negro não é gente.

– Não? E o que sou, então? Algum tipo de bicho? Por acaso sou peluda, ronco e fuço por aí?

– Não... não é isso, é que... é que... – Aline gaguejava. Na verdade, não sabia o que dizer. Podia simplesmente acabar com aquilo, mandando que a outra se calasse. Mas não. Algo dentro dela lhe dizia que Tonha tinha razão. O que seria? A voz de sua consciência? A razão? Não. Era o próprio sentimento. Naquele momento, Aline se dera conta de que amava Tonha como se ama uma irmã, apesar do abismo que as distanciava. Essa descoberta a chocou. O que diria o pai?

– Perdão novamente, sinhá – falou Tonha, caindo em si, e percebendo as barbaridades que havia dito à sinhazinha. – Já estou saindo, e se você quiser, pode mandar me castigar.

– Não, Tonha, espere – pediu Aline, gentilmente. – Não se vá ainda.

Tonha parou e ficou esperando que a outra tornasse a humilhá-la e até que lhe batesse. Mas Aline não se moveu. Ficou ali parada a encará-la, sem encontrar as palavras certas. No fundo, tinha vontade de pedir-lhe desculpas por havê-la tratado tão mal, mas o orgulho de sinhá não permitia. Afinal, ela era branca, filha do senhor de escravos. Como poderia rebaixar-se ao ponto de pedir desculpas a uma negrinha desaforada e insolente, que ousava pensar que era gente? Sim, mas Tonha era gente, pois que não era bicho, nem planta, nem muito menos pedra.

– Deixe, Tonha, não é nada – concluiu Aline. – Pode ir. Por hoje chega de brincadeiras. Deixe-me agora, quero ficar só.

Tonha saiu acabrunhada, temendo que Aline mandasse castigá-la. Ela fora diversas vezes alertada por Josefa para que nunca respondesse aos patrões, pois os castigos ali eram impiedosos e cruéis. Mas ela não resistira. Não pudera se controlar. Aquilo já era demais. Era certo que não era igual aos seus senhores, pois que era negra e pobre. Mas afinal, não estava ali por vontade própria, não escolhera aquela vida. Fora arrancada do seio de sua pátria e para ali levada para servir de boneca viva para a filha do homem branco. Era uma humilhação, que ela vinha suportando bem. Mas dizer que ela não era gente, não. Não poderia tolerar.

Aline, por sua vez, entregou-se a profunda reflexão. Em silêncio, deitou-se na cama e olhou para os cacos da boneca, espalhados no chão. Que importância tinha aquilo? Era só uma boneca, não tinha vida, não sentia nada. Mas Tonha... Tonha não. Vivia, respirava, falava e pensava. Como podia ser uma coisa, uma peça, uma mercadoria? Com lágrimas nos olhos, Aline virou-se para a parede e adormeceu, dirigindo a Tonha o último pensamento da noite.

No dia seguinte, Aline foi procurar o pai, a fim de dividir com ele as dúvidas que lhe iam no coração. Como ele havia saído pela fazenda a vistoriar a plantação, Aline mandou selar sua égua preferida e saiu à sua procura. Ao avistá-la, de longe, o pai correu ao seu encontro, e falou em tom de reprovação:

– Aline, minha filha, sabe que não deve andar a cavalo sozinha. É perigoso; você é ainda uma criança e pode cair...

– Papai, por favor, preciso falar com o senhor.

O pai, vendo o ar de gravidade no rosto da filha, indagou preocupado:

– O que é? Aconteceu alguma coisa?

– Bem, não exatamente.

– Como assim? O que foi então? Fale logo, Aline, por Deus!

– Aqui não.

– Por quê? É algo assim tão grave?

Aline, abaixando a voz, murmurou:

– É que não gostaria que os escravos ouvissem.

– Por quê? Por acaso algum deles lhe fez alguma coisa? Se fez, fale, minha filha, que mando castigar o insolente agora mesmo.

– Não, papai, não. Não se trata disso.

– Mas o que é, criatura? Já está me deixando aflito!

– Já disse que aqui não.

Licurgo, vendo que a filha não falava, resolveu acompanhá-la, e voltando-se para o capataz, ordenou, incisivo:

– Tome conta de tudo, sim, Terêncio? Vou até minha casa, mas volto logo. Veja se esses negros preguiçosos estão trabalhando direito.

– Sim senhor, patrão. Não se preocupe. Pode ir sossegado que cuido de tudo direitinho.

Assim que entraram em casa, Aline foi logo perguntando:

– Papai, negro é gente?

– Como é que é?

– Perguntei se negro é gente.

– Mas que história é essa agora?

– Responda-me, papai. Negro é gente ou não é? Se não é gente, é o quê?

– Bem, minha filha, embora uns acreditem que sim, tenho certeza de que negro não é gente.

– Por quê?

– Ora, porque... porque não é gente e pronto.

– Então o que é?

– Minha filha, mas o que deu em você para se interessar por esses assuntos? Logo você, que é ainda uma criança, sempre às voltas com rendas, bonecas e coisas bonitas...

– Sou criança, mas não sou estúpida.

– Não disse isso. Ao contrário, você é uma menina bastante inteligente, e por isso não compreendo essa sua indagação.

– Por isso mesmo é que estou indagando.

– Aonde quer chegar, Aline?

– Bem, papai. Vou falar claro com o senhor. Eu tenho para mim que negro é gente sim.

O pai quedou silente e encarou-a por alguns minutos. Aquela conversa não o agradava em nada. Com certeza, alguém havia metido caraminholas na cabeça da menina. Mas quem? Ah! Quando descobrisse o responsável, ele ia ver. Alterando o tom de voz, respondeu severo:

– Olhe, minha filha, não creio que esse assunto lhe diga respeito. Você é ainda uma menina, e não tem cabimento que se envolva com problemas dessa natureza. Então não lhe dou tudo? Não tem bonecas, animaizinhos, e até uma negrinha, que mandei importar da África especialmente para você?

– É isso mesmo.

– Isso o quê?

– A negrinha. Ela tem nome. Chama-se Tonha, e não é um animal.

– Ah! Então foi Tonha quem andou metendo coisas na sua cabeça? Ela há de se ver comigo. Escrava atrevida! Vou já mandar aplicar-lhe um corretivo.

– Não, papai, não. Não é culpa de Tonha. Eu é que fiquei pensando...

– Pensando em quê? Nessa besteira de que negro é gente?

– Não é besteira. Eu pensei, pensei, e cheguei à conclusão de que negro é gente e, como tal, deveria ser tratado com um pouco mais de respeito e...

– Agora basta, Aline! Não quero ouvir nem mais uma palavra dessa infâmia! Aqui nesta fazenda, como em qualquer outra de pessoas de bem, negro é escravo, e escravo não merece respeito; escravo deve respeito. E se você pensa que vai começar a defender esses animais, está muito enganada. Aplico-lhe, eu mesmo, uma surra da qual nunca mais vai se esquecer!

– Mas papai, eu só falei que acho que negro é gente. Que mal há nisso?

– Chega, Aline, ou vai apanhar aqui mesmo! O que pensa que está fazendo?

– Eu? Nada. Só pensei que o senhor, assim como eu, também se convenceria.

– E posso saber o que a fez convencer-se de que negro é gente?

– Bom, se eu disser, o senhor promete que não fará nada? Promete?

– Está bem.

– É que ontem, brincando com Tonha, ela deixou quebrar a boneca de porcelana inglesa que vovó me deu, e eu fiquei muito aborrecida e gritei com ela...

– Fez bem...

– Gritei com ela, e ela ficou profundamente magoada.

– Magoada? Essa é boa. E onde é que negro sente mágoa? Só se for na ponta do chicote.

– Papai, por favor, deixe-me terminar.

– Ah! Sim, prossiga.

– Bom, ela disse que ficou magoada, chorou e tudo.

– Ora, minha filha, negro adora fazer cena, que é para ver se nos comove e se livra do castigo.

– Não é isso, papai. O senhor sabe que não castigo Tonha. Mas é que ela falou que gostava de mim, e que não era bicho, que era gente, que não merecia e...

– E você ficou impressionada e acreditou.

– Bem, sim.

– Ora, minha filha. Essa Tonha é uma espertalhona, isso sim, e resolveu abusar da sua ingenuidade. Fez isso só para não apanhar. Mas não se deixe levar pelas lágrimas dos negros; elas são falsas. E creia-me, minha filha. Negro, com certeza, não é gente.

– Não acha, então, que eles são espertos demais para quem não é gente?

– Cale-se, Aline, não quero ouvir mais nada. Você é uma criança, e não entende nada disso. E o assunto está encerrado. Vá para o seu quarto e só saia quando eu mandar. Está de castigo.

– Mas papai...

– Ande, estou mandando!

– Mas papai, não é justo!

– Vamos, Aline, obedeça-me.

– Papai, por favor...

– Agora!

Vencida, Aline foi para o quarto com os olhos ardendo, segurando as lágrimas de raiva que já insistiam em escorrer. Licurgo, por sua vez, indignado e furioso, mandou chamar Tonha, e logo que a viu entrar, começou a esbravejar:

– Negra imunda, quem lhe deu o direito de ousar pensar que é gente?

– Sinhô – contestou ela, toda trêmula –, não estou entendendo...

– Cale a boca, atrevida, que não lhe dei ordens para falar! – Apavorada, Tonha encolheu-se toda e começou a chorar, enquanto Licurgo continuava a dar vazão a seu ódio.

– Então se atreve a confundir a cabeça de minha filha, uma criança ingênua e impressionável, com essa barbaridade de que é gente?

Tonha, naquele momento, sentiu-se pequenininha diante daquele homenzarrão bravo e ríspido, que gritava com ela como um gigante prestes a esmagar um anãozinho. Sem olhar para ele, Tonha esboçou uma resposta, a voz embargada pelo pranto que já sacudia seu corpo:

– Sinhô... – começou – eu... eu... sinto muito... Não queria... não foi minha intenção...

– Silêncio! – urrou Licurgo, esbofeteando-a com vigor.

Tonha levou a mão ao rosto e começou a soluçar, enquanto ele gritava pelo capataz.

– Terêncio! Terêncio! Onde está?

Josefa, escutando aquela gritaria, correu a atender o senhor, e entrou na sala às pressas, levando um choque ao ver Tonha ajoelhada no chão, chorando, as mãos no rosto delatando que havia apanhado.

– Terêncio não está, sinhô – disse humilde, olhando de soslaio para Tonha. – Creio que está na roça, vistoriando a plantação.

– Mande chamá-lo agora mesmo. E rápido.

Josefa saiu feito um furacão, dando ordens para que fossem buscar o capataz o mais breve possível. Terêncio chegou apressado, perguntando cheio de preocupação:

– Mandou me chamar, patrão?

– Mandei. Quero que leve esta negra para o tronco e lhe dê uma lição da qual nunca mais se esqueça. Ela precisa aprender a se comportar.

Terêncio, olhar de satisfação, respondeu, irônico:

– Pode deixar, seu Licurgo. Será um prazer ensinar-lhe boas maneiras.

Com brutalidade, Terêncio segurou Tonha pelo cabelo e puxou-a, fazendo com que ela gritasse de dor e se levantasse. Josefa, sem saber o que fazer, ainda tentou interceder:

– Por Deus, sinhô, não faça isso. Ela é só uma criança.

– Cale-se, Josefa, ou mando castigá-la junto com ela.

Josefa calou-se, os olhos já úmidos turvando-lhe a visão. Sem dizer nada, Tonha deixou-se levar, consciente de que não havia meios de fugir ao castigo. O capataz saiu com ela para o terreiro e amarrou-a ao tronco, rasgando-lhe a blusa em seguida. Ela estava apavorada, e instantaneamente orou para que sua mãe Kaitumbá a protegesse e lhe desse forças. À exceção daquela vez na África, nunca mais havia sentido na carne a força da chibata.

Sem dó nem piedade, Terêncio começou a chicotear a menina, que chorava e soluçava, tamanha a dor que o açoite lhe causava.

Josefa, desesperada, sem saber bem o que fazer, correu ao quarto de Aline e bateu na porta com estrondo.

– Sinhazinha! Sinhazinha Aline, por favor, responda!

Aline, que acabara por adormecer e nada percebera do que se passava, acordou assustada.

– Meu Deus, Josefa, o que houve? – perguntou aflita.

– Sinhazinha, por favor, corra, ajude! É Tonha. Seu pai mandou castigá-la, e Terêncio está, agora mesmo, chicoteando-a sem piedade.

Aline, tomada de surpresa, levou a mão ao peito, a culpa a corroer-lhe a alma. Coração descompassado, correu a procurar o pai, que calmamente tomava um licor na biblioteca.

– Papai! – implorou em lágrimas. – O senhor prometeu que não faria nada com Tonha, e agora manda castigá-la?

– Quieta, Aline, e volte para o seu quarto. Não a liberei do castigo.

– Não vou! O senhor prometeu, não é justo!

– Não prometi nada. Onde já se viu, prometer algo a uma negra?

– Mas papai, o senhor disse...

– Não importa o que disse. Mandei dar uma lição na negrinha para que nunca mais diga asneiras.

Aline fitou o pai com ódio e disse entre dentes:

– Papai, pensei que o senhor fosse um homem honrado, mas agora vejo que não sabe o que é honra.

Licurgo, cheio de indignação, ergueu a mão para bater-lhe, mas parou a meio e retrucou com frieza:

– Já basta, Aline. Volte para o seu quarto imediatamente.

– Não! – protestou ela, e saiu porta afora, desabalada em direção ao terreiro. Quando lá chegou, Terêncio já havia terminado as chibatadas e Tonha estava sendo tirada do tronco por Josefa, que não parava de chorar.

Arrasada, Aline correu para ela, e segurando sua cabeça com as mãozinhas alvas e macias, desabafou num soluço:

– Tonha, perdoe-me, por favor, perdoe-me! Eu juro que isso nunca mais vai acontecer.

Tonha não respondeu. Estava por demais ferida e magoada para falar qualquer coisa. Em silêncio, deixou-se levar para o quarto de Josefa e caiu num sono profundo, sequer sentindo o contato do emplastro que Maria, negra velha e feiticeira, cuidadosamente deitava sobre as feridas. Aline, triste e sentida, indagou:

– Ela vai ficar boa?

– A sinhazinha não precisa se preocupar – respondeu Maria, cheia de compreensão. – A menina, logo, logo, vai sarar, e breve vai estar pulando por aí de novo.

– Obrigada – arrematou e saiu, ganhando o terreiro, no coração a certeza de que amava Tonha muito mais do que poderia supor, muito mais do que imaginara amar qualquer outra pessoa em toda sua vida.

Capítulo 4

Desde o dia em que Tonha fora amarrada ao tronco e açoitada por Terêncio, Aline nunca mais tornara a tocar naquele assunto com o pai, mas sempre que podia procurava auxiliar os escravos, tomando sua defesa quando injustamente acusados.

Seu temperamento explosivo fez com que ela e o pai começassem a se distanciar, e ela vivia a desobedecer suas ordens. Já não se interessava mais por seus presentes, e sua companhia já não lhe era mais tão agradável. Preferia andar livre pela fazenda, respirando o ar puro, sempre em companhia de Tonha. Licurgo, estimulado por Terêncio, começou a desaprovar aquela amizade, temendo que a negrinha, esperta que só, começasse a influenciar a cabecinha de Aline, incutindo-lhe idéias que pudessem pôr em risco a docilidade dos escravos. Mas Aline, viva e perspicaz, de há muito percebera que os negros não eram animais, mas pessoas de carne, osso e alma feito ela, cujos sentimentos e pensamentos em nada diferiam dos anseios de todo ser humano vivo: ser livre, respeitado e tratado com dignidade por seus semelhantes. Assim, foi logo tratando de colocar Terêncio em seu devido lugar, e avisou ao pai que não estaria disposta a abrir mão de Tonha. Afinal, fora ele mesmo quem a importara da África só para servir-lhe de companhia, e não iria agora querer separá-las. Tonha era-lhe imprescindível e indispensável, e ela não consentiria em que o pai a tirasse dela. O pai, vendo-se vencido, não viu outro remédio senão permitir que elas continuassem juntas, mas alertou Aline que não toleraria insolências por parte de uma negra em sua própria casa.

– Pode deixar – disse Aline friamente –, Tonha é minha escrava, e eu saberei orientá-la para que se mantenha em seu lugar.

O tempo foi passando e as duas meninas foram crescendo juntas, até que, já mocinhas, tornaram-se duas beldades inigualáveis, se bem que totalmente diferentes. Tonha e Aline em apenas uma coisa eram bastante semelhantes: nos olhos. Possuíam ambas os mesmos olhos escuros, tão pretos que mais pareciam abismos insondáveis e misteriosos, pedindo para serem desvendados. Tonha, de pele negra e lustrosa, mais parecia uma estátua de ébano, tamanha a perfeição de suas curvas, que tanto provocavam, mesmo sem querer, escravos e senhores da fazenda. Aline, por sua vez, possuía a alvura das manhãs, cabelos castanhos, de um tom bem claro, que gostava de usar soltos, contrariando a última moda em penteados para as moças da colônia.

A diferença de idade entre as duas meninas era de apenas um ano, e elas desenvolveram uma forte amizade. Não fossem separadas pela cor e pela sorte, dir-se-ia que eram irmãs. Costumavam passear juntas, de mãos dadas, saíam a cavalgar pela manhã, só retornando à tardinha, banhavam-se na cachoeira sozinhas e, às vezes, quando o pai se encontrava ausente, Aline pedia a Tonha que dormisse em sua cama, quando então se divertiam a contar histórias de fadas e fantasmas. Nessas ocasiões, quando não havia ninguém a vigiá-las, Aline pedia a Tonha que a chamasse pelo nome, em lugar de sinhazinha, e elas se riam gostosamente, imaginando-se, verdadeiramente, irmãs consangüíneas.

As duas meninas, estiradas no chão, fitavam o céu, tão límpido e tão azul naquela tarde morna de verão.

– Tonha, que tal se fôssemos nadar no rio? – indagou Aline, risonha.

– Hum... não sei não. Seu pai já está pra chegar e, com certeza, não gostará de ver que você não está em casa.

– Ora, Tonha, deixe de ser medrosa. Papai não manda mais em mim.

– Até parece, pois se ele é seu pai...

– É meu pai, mas não é meu dono. Posso fazer o que bem entender.

– Você ainda vai acabar mal.

– Cruzes, Tonha, mas o que é isso agora? Está me rogando praga, é?

– Deus me livre, sinhá, isso não! É que temo por sua segurança.

– Ora, deixe de besteiras. O velho Licurgo é meu pai, o que pode fazer contra mim? Amarrar-me num tronco e mandar surrar-me?

Tonha baixou os olhos e não respondeu. Ela estava certa. Castigos eram para negros, e a sinhazinha jamais conheceria o sabor da chibata. Vendo que a outra se entristecera, Aline arrematou:

– Desculpe-me, Tonha, não queria ofendê-la.

– Não foi nada, Aline. Bobagem minha. Então, vamos ou não vamos nadar?

– Claro que vamos!

Levantaram-se e foram correndo para o rio, só voltando à tardinha, quase na hora do jantar. Ao entrar, Aline foi logo interpelada pelo pai:

– Aline! – gritou ele da biblioteca. – Venha aqui imediatamente.

A menina, certa de que levaria uma bronca, armou-se toda para se defender e entrou na biblioteca, já esboçando uma resposta, parando a meio ao dar de cara com um homem, jovem ainda, que a fitava surpreso, com uma taça de vinho na mão. Aline, meio sem jeito, balbuciou:

– Oh! Papai... desculpe-me... não sabia que tinha visitas.

Licurgo, porém, vendo-a ali toda descabelada, o vestido sujo, as botas na mão, perguntou estupefato:

– Mas o que é que houve com você? Por acaso veio de alguma guerra?

O jovem sorriu e olhou para ela, que achou encantador aquele sorriso. Fitando o moço pelo canto do olho, respondeu num gracejo:

– Ora, papai, mas o que é isso? Então não sabe que sou de paz?

– Não respondeu a minha pergunta.

– Bem, é que eu estava nadando no rio.

– Nadando, sei.

– É que estava fazendo tanto calor que eu...

– Está bem, está bem. Agora suba vá se lavar e volte vestida adequadamente. Temos visitas para o jantar, e não posso apresentá-la a ninguém assim desse jeito.

Aline, percebendo que o pai se referia ao jovem desconhecido, com quem simpatizara de imediato, pediu licença e saiu apressada, passando pela cozinha e gritando por Tonha:

– Tonha! Tonha! Venha aqui, preciso de você!

– Mas o que é que houve, meu Deus? – perguntou Josefa, do fogão.

– Josefa, onde está Tonha? Preciso dela agora mesmo.

– Calma, sinhazinha. Tonha está lá fora se lavando.

– Oh! Josefa, leve-me água quente agora mesmo e prepare-me um banho. E diga a Tonha que vá ao meu quarto assim que terminar. É urgente!

– Mas o que pode haver de tão urgente?

Aline, contudo, já não escutava mais. Estava eufórica, e precisava se colocar bem bonita para conhecer o jovem que a aguardava. Entrou no quarto às pressas, despiu-se e ficou aguardando que Josefa chegasse com a água. Mas, em vez dela, Tonha entrou apressada, trazendo na mão uma chaleira de água quente, que despejou na tina de banho de Aline.

– Mas o que foi que aconteceu, Aline? Por que esse escândalo todo?

– Adivinhe.

– Não faço a menor idéia.

– Meu pai está lá embaixo com o rapaz mais atraente que já vi.

Tonha fez um olhar de desagrado, que Aline, em sua euforia, não percebeu. Auxiliou-a a entrar na banheira e concentrou-se em escovar-lhe as costas, evitando encontrar seu olhar.

– E daí? – indagou, tentando aparentar naturalidade.

– E daí que quer apresentá-lo a mim.

– E por que tanto entusiasmo?

– Ora, Tonha, não seja tola. Ele é lindo!

– Nunca vi você interessada por homem nenhum. Não acha que é muito jovem?

– Deixe de besteira, Tonha. Já tenho dezessete anos. Sou moça, e gostaria de conhecer rapazes interessantes.

– Mas você nunca falou nisso antes.

– Nunca falei porque antes nunca havia me interessado mesmo. Mas agora, depois que o vi...

– Não vai me dizer que está apaixonada?

– Claro que não. Onde já se viu? Eu nem o conheço.

Aline terminou o banho e escolheu um vestido branco, todo de rendas e bordados. Prendeu o cabelo com uma fita, perfumou-se, empoou as faces. Estava linda! Mais parecia uma princesa saída de conto de fadas.

– Você está uma beleza! – elogiou Tonha, admirada.

– Obrigada, Tonha. Acha que ele vai apreciar?

– Com certeza que vai. Talvez aprecie até demais.

– O que quer dizer?

– Nada, nada.

Aline, percebendo o que ia no coração da outra, segurou-lhe o queixo e disse, olhando fundo em seus olhos:

– Ouça, Tonha, você não precisa sentir ciúmes.

– Não estou com ciúmes.

– É claro que está. Está com ciúmes e com medo de que eu a troque por ele. Mas isso não vai acontecer.

– Eu não disse isso. Eu apenas...

– Apenas...

– Apenas me preocupo, é só.

Aline soltou uma gargalhada e retrucou:

– Preocupa-se... sei. Mas não precisa. Aliás, nem há por que se preocupar. Agora vamos, deixe-me ir. Mal posso esperar para saber quem é aquele jovem tão garboso que veio me visitar.

Sem esperar resposta, Aline desceu correndo as escadas, nem percebendo as grossas lágrimas que Tonha, discretamente, derramava.

Aline parou na porta da biblioteca e tossiu, chamando a atenção do pai, que estava de costas mostrando ao jovem visitante o retrato de um antepassado longínquo, que iniciara a fortuna da família, ainda em terras baianas. Os dois se voltaram, e só então Aline pôde perceber, de pé, oculta pelo corpo do pai, a presença de uma senhora de seus quase quarenta anos, a ostentar na face uma beleza madura e um tanto quanto austera.

– Ah! Aline – disse Licurgo ao vê-la. – Até que enfim chegou.

– Desculpe-me, papai, mas eu estava me arrumando...

– Sei, sei. Essas mocinhas de hoje... gastam horas na frente do espelho.

– Não se preocupe, Licurgo – atalhou a senhora –, as moças são assim mesmo. Minha filha, hoje com dezesseis anos, vive a se pentear e perfumar.

– Bem, bem, deixemos isso para lá. Aline, minha filha, venha até aqui. Quero que conheça a senhora Palmira Vilas Boas e seu filho, Cirilo. Dona Palmira foi esposa do falecido senhor Gaspar Vilas Boas, proprietário de uma fazenda na vizinhança.

– Como vai, senhorita? – adiantou-se o rapaz, segurando-lhe a mão e beijando-a com gentileza. – É um prazer conhecê-la.

– O prazer é todo meu – respondeu Aline, sem entender o que faziam os dois ali. Pensara que o pai tencionava apresentar-lhe o rapaz, mas viu que não. Ele estava ali apenas acompanhando a mãe. O que significava tudo aquilo?

– Ora, mas é uma jovenzinha muito bonita – elogiou Palmira. – Quantos anos tem?

– Dezessete, senhora.

– Espero que se dê muito bem com Camila.

– Camila?

– Sim, Camila, minha filha. Breve irá conhecê-la, assim que chegar de viagem.

Aline, sem nada entender, virou-se para o pai com uma interrogação no olhar, em silêncio pedindo uma explicação. Licurgo, sem saber por onde começar, sentou a filha no sofá e começou a dizer:

– Você sabe, minha filha, que já estou viúvo há bastante tempo, e que durante todos esses anos não vivi senão para você, não é?

– Sim.

– Desde que sua mãe morreu, quando você era ainda um bebezinho, eu venho fazendo o possível para que você não sinta muito a falta dela, não é verdade?

– Sim, papai, mas e daí?

– E daí que... bem, você sabe, depois de tantos anos vivendo sozinho, creio que chegou a hora de refazer minha vida.

– Papai, por favor, deixe de rodeios e vá direto ao assunto, sim?

– Bom, é que dona Palmira e eu já nos conhecemos há algum tempo; ela também é viúva, vive só há mais de sete anos, e por isso...

– Por isso vocês resolveram se casar.

Palmira enrubesceu e abaixou os olhos. Bem que ela preferia que Licurgo tivesse aquela conversa sozinho com a menina, mas ele insistira em que ela estivesse presente. E se ela não aprovasse? Achou melhor nada dizer. Afinal, Aline era apenas uma criança, e não tinha nada que concordar ou deixar de concordar.

Licurgo, por sua vez, a princípio não conseguiu responder, mas aos poucos foi retomando o controle da situação e revelou:

– Sim, minha filha, é isso mesmo. Nós pensamos muito e chegamos à conclusão de que nos amamos e que gostaríamos de nos casar. Cirilo e Camila já deram seu consentimento. Agora só falta o seu.

– Não creio que precise de meu consentimento para nada – objetou Aline. – O senhor e dona Palmira são adultos e devem saber o que fazem. Só não entendo é por que só agora fui avisada. Pelo visto, vocês já estão se encontrando há bastante tempo. Por que não me contou, papai?

– Perdoe-me, minha filha, mas receei que você se opusesse. Afinal, depois de tanto tempo sem mãe, tive medo de que não compreendesse.

– Ora, papai, bem se vê que não me conhece.

– Quer dizer então que aprova nosso casamento?

Aline lançou para Palmira um olhar enigmático, que a outra não soube definir. Na verdade, Aline não simpatizara muito com a futura madrasta, mas não havia motivo algum que justificasse aquela antipatia. Já com Cirilo fora diferente; desde que o vira, momentos antes, sentira uma forte atração por ele, como se já se conhecessem havia muito tempo.

– E então, minha filha – tornou o pai, interrompendo seus pensamentos –, o que me diz?

– Bem, papai, se o senhor escolheu dona Palmira para esposa, eu nada terei a opor.

– Ótimo! – exclamou Licurgo, vitorioso. – Agora vamos, brindemos ao nosso noivado.

Terminado o jantar, Aline pediu licença e se retirou para a varanda, indo sentar-se sobre o alpendre, onde ficou a admirar o luar estendido sobre as colinas. Estava tão absorta em seus próprios pensamentos que não ouviu a chegada de Cirilo, assustando-se quando ele indagou:

– Sente-se bem?

Aline levou a mão aos lábios, abafando o grito que, por pouco, não deixara escapar. Cirilo, vendo que realmente a assustara, acrescentou, embaraçado:

– Senhorita, perdoe-me, por favor. Não era minha intenção assustá-la.

– Mas assustou de verdade. É que eu estava distraída e não vi o senhor chegar. Também, com esses passos silenciosos, mais parece um felino...

– Perdoe-me, mais uma vez – repetiu ele, sorrindo. – Juro que não foi minha intenção. E depois, meus passos não são assim tão macios. A senhorita foi que não os ouviu.

– É, pode ser. Mas deixe isso pra lá, não importa. E o senhor? Deseja alguma coisa?

– Eu? Não, não. Vim apenas tomar um pouco de ar fresco e, quando vi a senhorita, pensei em fazer-lhe companhia. Importa-se?

– É claro que não. Fique à vontade.

Cirilo puxou uma cadeira de palha e sentou-se perto de Aline, fitando-a discretamente.

– Por que me olha? – inquiriu ela.

– Perdoe-me, senhorita. Estava apenas admirando sua beleza.

– Ora, muito obrigada – retrucou Aline, corando. Era a primeira vez que um homem lhe fazia um elogio. – O senhor é muito gentil.

– Não acha que devíamos nos tratar com menos formalismo? Afinal, seremos quase irmãos...

Aline franziu o cenho e contestou veemente:

– Senhor Cirilo, o fato de meu pai resolver se casar com sua mãe não faz do senhor meu irmão. E prefiro que não seja.

– Meu Deus, senhorita, não precisa se zangar. Foi apenas modo de dizer.

– É, mas discordo do senhor, e não gostei dessa aproximação.

– Desculpe-me, não queria ofendê-la. Mas vejo que minha presença não lhe faz muito bem. Por isso, peço que me desculpe mais uma vez. Foi um erro tentar conquistar sua simpatia e sua amizade. E agora, com licença, senhorita. Creio que é melhor voltar para dentro.

Aline hesitou, e quando ele se levantou para se retirar, ela delicadamente pôs a mão em seu braço e pediu:

– Não, por favor, fique. Eu é que lhe devo desculpas. Fui rude e grosseira; não tive a intenção. Mas gostaria que o senhor compreendesse que esse casamento foi uma surpresa para mim. Meu pai nunca me falou nada a respeito, e eu sequer desconfiava.

Cirilo, sentando-se novamente, respondeu, compreensivo:

– Entendo como se sente. E devo confessar-lhe que até eu fiquei surpreso.

– É mesmo?

– Sim. E não pense que já sabia desde o princípio. Não. Minha mãe só nos contou há pouco mais de dois meses, justo quando minha irmã estava de malas prontas para viajar.

– Verdade? E sua irmã, como reagiu?

– Bem, minha irmã é o tipo de moça que não se importa com nada. Vive praticamente no Rio de Janeiro, em casa de uns tios, e pouco vem à fazenda. Diz que o futuro está lá, e que o Rio de Janeiro, logo, logo, se transformará numa grande cidade.

– E foi para lá que ela viajou?

– Para o Rio de Janeiro? Não, não, ela partiu em viagem pela Europa, com minha tia Zuleica. Só deve retornar dentro de uns seis meses.

– Puxa, seis meses viajando... Deve ser fantástico!

– Para quem gosta...

– O senhor não gosta?

– Bem, não é isso. É que aprecio muito a vida na fazenda, e depois que meu pai morreu, eu praticamente tive que assumir tudo sozinho.

– Compreendo.

Os dois silenciaram e ficaram a olhar as estrelas, embevecidos com a presença um do outro. Passados alguns minutos, Cirilo continuou:

– E então, senhorita Aline? Ainda não respondeu a minha pergunta.

– Que pergunta?

– Já se esqueceu?

– Confesso que sim.

– Perguntei se não podíamos nos tratar com menos formalidade.

– Ah, é isso. Não sei.

– Por quê? Foi pelo que falei de sermos quase irmãos? Por favor, esqueça isso. Foi apenas uma brincadeira, e já me desculpei. E então, o que me diz? Posso chamá-la apenas de Aline?

Após alguns segundos, Aline respondeu num gracejo:

– Desde que eu possa chamá-lo apenas de Cirilo...

Os dois se olharam e riram abertamente. Estavam encantados. Cirilo pensou que Aline era a moça mais bonita que já conhecera em toda sua vida, e Aline julgou Cirilo um príncipe encantado que aparecera para transformar sua vida num mar de felicidades. Os dois jovens estavam tão impressionados um com o outro que passaram a noite quase toda a conversar, sem perceber que as horas se foram passando e que já era hora de partir. Assim, Cirilo deixou a casa de Aline, acompanhado de sua mãe, por volta das dez horas, prometendo que, no dia seguinte, logo após a lida, apareceria para continuarem a conversar.

Capítulo 5

Bom dia, sinhazinha – cumprimentou Tonha, trazendo a bandeja do café, como sempre fazia. Vendo que Aline não respondia, pousou a bandeja na mesinha e escancarou as cortinas, deixando que a luz do sol penetrasse no ambiente, batendo em cheio no rosto da mocinha.

– Hum... – gemeu ela, levando a mão aos olhos para protegê-los da claridade. – O que há com você, Tonha, por que não me deixa dormir?

– Ora, sinhazinha, o sol já vai alto. Não é mais hora de dormir.

– Meu Deus, como dormi!

Tonha não respondeu, e Aline ficou ali parada, um meio sorriso nos lábios, fitando o teto branco do quarto, seus olhos brilhando feito duas pérolas negras.

– Oh! Tonha, foi maravilhoso!

– O que foi maravilhoso, sinhazinha?

– Ora, o quê... a noite passada. Cirilo é um rapaz encantador.

– Ah! Então é Cirilo o nome dele...

– É sim, por quê?

– Nada, nada.

– Você o conhece?

– Eu? Imagine...

– Então por que o espanto?

– Não foi espanto, sinhazinha. Eu apenas gostei de saber o nome do homem que a impressionou tanto assim desse jeito. Ele a beijou?

– Tonha! – Aline estava horrorizada. – Onde já se viu uma coisa dessas? Eu conheci o rapaz ontem, como haveria ele de se atrever a me tocar? Cada uma!

– Desculpe-me, sinhazinha, mas é que está tão empolgada...

– Ora, Tonha, deixe de ser ciumenta. E pare de me chamar de sinhazinha.

Tonha calou-se e ficou ali a fitá-la, à espera de que dissesse algo. Mas Aline estava nas nuvens. Após alguns minutos, continuou:

– Trouxe-me o café, Tonha? Estou faminta.

– Claro que trouxe, como faço todas as manhãs.

– Obrigada.

Aline serviu-se de uma xícara de leite, apanhou uma fatia de bolo de milho e ficou ali a se deliciar com o desjejum. Terminada a refeição, pediu:

– Por favor, Tonha, desça e traga-me mais um pedaço de bolo, sim? Está uma delícia!

– Você assim vai ficar gorda feito a velha Maria.

– Mas o que deu em você, Tonha? Agora resolveu implicar comigo, é?

– Não, sinhá, desculpe. Já vou buscar o bolo.

Tonha saiu e voltou logo em seguida trazendo na mão um prato cheio de fatias de bolo, e entregou-o a Aline.

– Também não precisava exagerar.

– Você não sabe o que quer. Primeiro pede bolo, depois, quando trago, diz que exagero. Vai entender...

– Está bem, Tonha, não quero discutir.

Aline, que acabara por perder o apetite, pegou um pedaço do bolo e mordeu-o mecanicamente, encarando a outra com ar de ironia. Tonha estava extremamente séria e sisuda, e Aline desatou a rir, o que fez com que ela se zangasse e perguntasse, mal-humorada:

– A sinhazinha está rindo de mim, é?

Aline, só a muito custo conseguiu segurar o riso, e já com lágrimas nos olhos, retrucou:

– Tonha, Tonha, como é tola! Está morrendo de ciúme e não quer admitir.

– Não estou!

– Está.

– Não estou, não.

– Está sim. Basta se ver no espelho. Sua cara não mente.

Tonha, maquinalmente, voltou-se para o espelho e deu de cara com seu rosto fechado, as sobrancelhas franzidas, os lábios fazendo beicinho. Estava tão carrancuda que ela mesma achou graça, e acabou por rir também. Breve, as duas estavam às gargalhadas, e Aline puxou Tonha pelo braço e derrubou-a no chão, subindo nela e fazendo-lhe cócegas. Tonha dava altas gargalhadas, chorava de tanto rir, terminando por implorar:

– Por favor, Aline, pare com isso. Assim você me mata de tanto rir!

– Ah, é? Não queria ser durona? Não queria parecer zangada? Pois agora vou acabar com essa sua rabugice.

– Não! Não! Pare, por favor, eu lhe suplico, pare! Ha, ha, ha... pare, ha, ha...

Depois de algum tempo – Tonha já ofegante – Aline soltou-a e saiu de cima dela, sentando-se no chão, a seu lado. Cessadas as risadas, segurou-lhe a mão, ergueu seu queixo e disse, olhos nos olhos:

– Tonha, como você é bobinha. Então não sabe que a amo, e que o meu amor por você homem nenhum jamais poderá destruir? Você é e sempre será minha irmãzinha – disse isso e pousou-lhe nos lábios um beijo suave, concluindo: – Não precisa temer Cirilo. Estou interessada nele, sim. É jovem, bonito, cavalheiro, e tratou-me com muita distinção. Mas não é como você, não é meu irmão. Você é especial, e eu a amo tanto que até morreria por você.

– Cruzes, Aline, não diga isso.

– É verdade. Não sabe o quanto a amo. Se soubesse, jamais sentiria ciúmes, nem de Cirilo nem de qualquer outra pessoa. Se eu tivesse um filho, creio que não o amaria tanto assim.

– Mas que bobagem, sinhazinha. Diz isso porque ainda não se casou e não tem filho algum.

– Se não acredita, espere e verá. Não sei, Tonha, mas sinto por você um amor que não posso explicar, algo muito mais sublime, algo que não encontra similar neste mundo. É isso; creio que nosso amor não é deste mundo, mas de outro, muito maior e mais bonito.

– O que está dizendo, Aline? Não compreendo.

– Nem eu, foi só uma idéia maluca, deixe pra lá.

– Eu, hein? Cada uma...

– Agora vamos, o dia está lindo, e não vejo a hora de sair e cavalgar.

De mãos dadas, as duas meninas desceram as escadas, e já iam saindo quando Licurgo, vendo as duas moças tão próximas, berrou:

– Aline, venha já até aqui!

Aline assustou-se e respondeu:

– Já vou, papai – e virando-se para Tonha, acrescentou: – Espere-me lá fora. Vou ver o que ele quer e saio logo.

Tonha saiu e Aline foi ao encontro do pai, que a esperava em seu gabinete.

– Entre e feche a porta – ordenou.

Aline obedeceu e indagou, curiosa:

– Aconteceu alguma coisa?

– Você é quem vai me dizer, Aline.

– Como assim, papai? Não estou entendendo.

– Quero saber por que você e essa negra vivem tão agarradas.

– Oh! Papai, então é isso? Sabe que Tonha é minha companhia. Sua função é me acompanhar e servir. Por que o espanto?

– E precisam andar de mãos dadas?

– Que mal há nisso?

– Não fica bem. Você é branca, uma sinhazinha, e Tonha é uma escrava negra e imunda.

– Não fale assim, papai. Tonha pode ser negra e escrava, mas não é imunda.

– É claro que é. Todos os negros são.

– Papai, se me chamou aqui para isso, peço licença para me retirar. Não vou tolerar que ofenda Tonha assim desse jeito. Ela me pertence, e o senhor não tem o direito de se intrometer em nossa amizade.

– Amizade? Onde já se viu branco ser amigo de negro?

– Papai, por favor, pare com isso, ou irei embora agora mesmo. Já disse que não vou ficar aqui escutando essas ofensas.

– Mas não a estou ofendendo!

– Mas está ofendendo Tonha, o que é a mesma coisa.

– Sabe que posso mandar castigá-la de novo?

– Experimente, e nunca mais me verá. Eu fujo daqui, ou então me mato.

– Como pode dizer isso, minha filha? Será que aquela negra maldita lhe jogou algum feitiço?

– Ora, papai, deixe de besteira. O senhor é um homem inteligente e não acredita nisso.

– Aline, não compreendo você – acrescentou Licurgo, já em tom apaziguador. – Dou-lhe tudo o que posso, e é assim que me trata?

– Trato-o da mesma forma que o senhor me trata.

– Isso não é justo, minha filha. Só quero o seu bem.

– Se quer o meu bem, deixe-me em paz, e não se meta com Tonha. Ela é assunto meu.

– Está bem, está bem. Não vamos brigar, não foi para isso que a chamei aqui. – Aline permaneceu calada, à espera de que o pai prosseguisse. – Bem, como você sabe, Palmira e eu em breve nos casaremos.

– E daí?

– E daí que ela é uma senhora de respeito, e vem de uma família tradicional.

– Sim? E qual o problema?

– O problema é que não fica bem que minha filha, filha de um dos maiores escravocratas desta região, ande por aí aos beijos e abraços com uma negra.

Aline levantou-se furiosa e, dedo em riste, passou a esbravejar:

– Então é isso! Eu devia imaginar que aquela dona Palmira não era boa coisa. Isso foi idéia dela, foi?

– Claro que não. Ela nem sabe que você e essa negra vivem por aí como se fossem irmãs. E é exatamente por isso que estou lhe falando. Não quero que Palmira presencie essa barbaridade.

– Deixe-me dizer-lhe o que é barbaridade. Barbaridade é o senhor tratar os escravos como se fossem bicho. Barbaridade é o senhor mandar açoitá-los como se fossem criminosos. E barbaridade, ainda, é tentar me manipular para satisfazer seus interesses, agradando a uma senhora que, pelo visto, não merece minha consideração.

– Cale-se, Aline. Você é minha filha e me deve respeito!

– Se quer respeito, então trate de me respeitar primeiro. Sou sua filha, e não aquele borra-botas do Terêncio, que vive atrás do senhor a lamber-lhe as botas. O senhor faz com ele o que bem entender; não comigo. E agora, com licença, tenho mais o que fazer.

Aline rodou nos calcanhares e saiu, batendo a porta com estrondo, e Licurgo ficou ali a fitar o vazio, o estômago a embrulhar. Aquela menina era impossível. Por mais que tentasse, não conseguia domá-la. A quem haveria puxado aquele gênio? Pensou em mandar castigar Tonha só para provar a Aline que quem mandava ali era ele. Mas do jeito que ela era teimosa e arrogante, era bem capaz de fugir só para afrontá-lo, isso se não tentasse mesmo se matar. Não. Era melhor pensar em outra coisa.

Foi então que se lembrou do jovem Cirilo. Estava claro que Aline se interessara por ele, e que ele também demonstrara simpatizar com ela. Talvez Cirilo fosse a solução. Chamaria o rapaz, estimularia o namoro entre eles e, quem sabe, ele pudesse dar um jeito naquela menina. Afinal, não há nada que um amor não possa resolver, ainda mais quando se é jovem, tão jovem como Aline.

O relógio da sala bateu cinco horas ao mesmo tempo em que Cirilo batia à porta da frente. Lalá, uma negrinha de seus dezoito anos, que recentemente passara a ser escrava de dentro, correu a atender, introduzindo o sinhozinho na sala de visitas, onde Aline já o aguardava.

– Oh! Cirilo, que bom que veio. E, pelo que vejo, é pontual.

– Imagine se me retardaria, ou pior, se faltaria a um encontro com você.

– É muito gentil – virou-se para a escrava e ordenou: – Pode ir agora, Lalá, e peça a Tonha para servir o chá, sim?

– Sim, sinhá, mas se quiser, eu mesma posso servir.

– É muita delicadeza de sua parte, mas prefiro que Tonha faça essa tarefa. Já está acostumada.

– A sinhá é quem sabe.

Lalá, saiu e Aline, voltando-se para Cirilo, convidou-o a se sentar.

– E então? – começou ela. – Como vai a fazenda?

– Bem, muito bem. Seu pai e eu, além de alguns poucos agricultores, somos dos primeiros a investir no plantio do café.

– É, mas, pelo que sei, o café não ocupa lugar de destaque na economia da colônia.

– Ainda não, Aline, mas o futuro da agricultura está no café.

– Será? Ouvi dizer que o açúcar, a despeito da concorrência antilhana, continua dominando o mercado. Creio que até a pecuária oferece melhores resultados.

Cirilo olhou-a com profunda admiração. Como podia uma mocinha, tão jovem e tão bela, que ele julgava até mesmo fútil, conhecer tanto da economia agrária do país?

– Bem... – balbuciou ele – ...é questão de acreditar. Em pouco tempo, o açúcar cairá e perderá seu império. As novas medidas da Coroa são no sentido de fomentar a produção de alimentos básicos, como a mandioca, o milho, o feijão e o arroz. E os preços desses produtos acabam por superar o preço do açúcar.

– Pode ser...

Nesse instante a conversa foi interrompida pela chegada de Tonha, que vinha trazendo o chá.

– Com licença, sinhá. Posso servir?

– Ah! Sim, Tonha, por favor. Mas gostaria que conhecesse o senhor Cirilo Vilas Boas, cuja mãe, em breve, desposará meu pai.

Tonha, envergonhada, abaixou os olhos e nada disse, com medo de desagradar ao jovem visitante. Cirilo, porém, para descontraí-la e mostrar-se gentil, cumprimentou-a com delicadeza:

– Como vai, Tonha?

– Bem, obrigada, sinhô – respondeu ela com humildade.

– Tonha é minha escrava preferida – acrescentou Aline, mais para testar o moço do que propriamente para esclarecê-lo. Como não conhecia seus pendores, desconhecendo o que pensava e sentia com relação ao escravagismo, Aline julgou que seria conveniente experimentá-lo, e acrescentou: – É quase como minha irmã.

– É mesmo? – indagou ele, surpreso. – E seu pai? Permite essa amizade?

– Ora. Papai é um escravocrata que nada entende de seres humanos. E você, Cirilo, o que pensa a respeito da escravidão?

– Que minha mãe e seu pai não me ouçam, mas acho a escravidão um atentado em face das leis de Deus.

– Verdade? – Aline mal conseguia esconder a satisfação que aquelas palavras lhe causavam, e mesmo Tonha deixou escapar um leve sorriso, já olhando o moço de outra forma.

– Sim, é verdade. Meu pai, infelizmente, conseguiu arrebanhar um grande número de escravos, que minha mãe bem soube preservar. Mas, depois de sua morte, eu passei a cuidar da fazenda, e aboli os castigos. Só não alforriei os negros porque minha mãe não permitiu.

– Cirilo, não sabe como essas palavras me deixam feliz.

– E você também, Aline, deixou-me bastante impressionado. Além de linda, inteligente e culta, demonstra ser uma pessoa sensata e de bom coração, e isso é essencial numa mulher.

– O que quer dizer?

– Quero dizer que uma mulher sem piedade e sem amor não pode ser chamada, verdadeiramente, de mulher.

– Ora, e o que é, então?

– Pode ser uma fêmea, mas jamais será uma mulher.

Aline quedou-se ainda mais admirada. Quanta sabedoria em um homem tão jovem. Ele era perfeito e, ainda por cima, comungava de seus ideais.

A conversa prosseguiu animada, com Cirilo lançando olhares discretos para Tonha. Ele pensou que jamais havia visto uma mulher negra tão bonita, e estava mesmo impressionado. Depois que ela se retirou, comentou com Aline:

– Tonha é mesmo um encanto.

– Sim, é. Gosto muito dela, e temos uma sólida amizade, embora papai tente, a todo custo, nos separar.

– É mesmo? E por quê?

– Ora, porque papai desaprova que me envolva com negros, como ele mesmo diz. Mas eu não ligo, faço o que quero.

– E Tonha? Já está com você há muito tempo?

– Hum, deixe ver... há uns sete anos, mais ou menos. Tonha veio para cá, importada de Angola, para servir-me de presente de aniversário. Fiquei radiante! Mas ela me ensinou que é um ser humano, ela e todos os escravos, daqui ou de qualquer outro lugar. Hoje a tenho na mais alta estima.

– Fico feliz em saber. Ela me parece muito reservada.

– E é.

– Você deve estar muito satisfeita com ela. Além disso, possui rara beleza...

– Por acaso está interessado nela?

– Eu? Mas o que é isso? Não que não pudesse me interessar por uma mulher negra. Mas, se quer saber a verdade, neste momento, só tenho olhos para você.

Aline corou e respondeu, acanhada:

– Cirilo, você sabe mesmo como impressionar uma moça.

– Na verdade, não estou tentando impressioná-la. Você é que me impressionou deveras... Bom, creio que já é hora de partir. Já está anoitecendo, e não quero me atrasar para o jantar.

– Oh! Que pena! Gostaria que pudesse ficar.

– Também gostaria, mas devo ir. Minha mãe está só, me aguardando, e não quero que se preocupe.

– Ela sabe que veio aqui?

– Sim. Por quê?

– Por nada. Será que ela desaprova?

– Minha mãe? Claro que não, e nem poderia, visto que vai se casar com seu pai.

– É verdade.

– Bem, embora a contragosto, preciso ir. Mas, se me permite, amanhã, a essa mesma hora, voltarei para vê-la.

– Será um prazer.

– Bem, até amanhã, então.

– Até amanhã, Cirilo.

Cirilo saiu e Aline pôs-se a sonhar, nem percebendo que Tonha entrara na sala.

– Sonhando acordada, sinhazinha?

– Oh! Tonha, ele não é um amor?

– Bem, devo concordar que é.

– O quê? Quer dizer que gostou dele?

– Gostei, sim. Ele é bastante simpático, e me parece um homem de bem.

– Ele também gostou de você.

– De mim?

– É. Achou-a muito bonita.

– Ora, sinhá, ele só falou isso para agradar a sinhazinha.

– Não, Tonha, ele gostou de você de verdade. Eu até fiquei com ciúmes.

– Ciúmes? A sinhá? Agora vê se pode. Primeiro ralha comigo porque eu é que sou ciumenta. E depois sente ciúmes de mim, logo de mim, uma negra escrava que não chega nem aos pés de sua beleza.

– Engano seu, Tonha. Você é uma moça muito bonita, e deve tomar cuidado com tanta beleza.

Tonha apanhou a bandeja do chá e se retirou, tão distraída que nem notou a presença de Lalá, que, ao vê-la, saiu em desabalada carreira para a cozinha, nela esbarrando e derrubando a bandeja. O baque da louça caindo no chão provocou um barulho tremendo, e bule, xícaras e pratos se partiram em diversos pedacinhos, o que chamou a atenção de Aline e de Josefa..

– Meu Deus, Tonha – indagou surpresa –, o que aconteceu?

– Não sei, Josefa. Eu estava andando e, de repente, Lalá passou correndo e esbarrou em mim.

– Eu não – protestou a outra –, você é que não presta atenção no que faz.

– Eu? Pois se vinha andando, e você foi quem passou por mim feito um furacão.

– Qual! Tonha está é com medo de ser castigada e quer colocar a culpa em mim. Mas não vou deixar, ouviu?

– Bem, bem, agora chega – interveio Aline –, não importa quem causou o acidente. O que importa é que foi um acidente. Lalá, por favor, limpe essa sujeira, está bem?

– Eu, sinhá? Mas não fui eu que derrubei...

– Mas eu estou mandando você limpar.

Muito a contragosto, Lalá não viu outro remédio senão obedecer e limpar o chão. Mas estava possessa. Então a protegida da sinhazinha não fazia nada? Derrubava a louça e ela é que tinha que limpar? Aquilo não estava direito. Por que não poderia ser ela a preferida da sinhá? Em silêncio, remoendo dentro de si um enorme ressentimento, além de uma inveja desmedida de Tonha, Lalá ficou a imaginar como faria para destronar a outra e ocupar seu lugar. Afinal, Tonha era ali uma estranha, ao passo que ela, nascida e criada na fazenda, merecia a honra de ser acompanhante da sinhá.

Aline, por sua vez, saíra dali com um estranho pressentimento. Aquela Lalá, que havia bem pouco fora introduzida na casa grande, não era digna de confiança. Tinha ares de mandona, era arrogante, falsa e mentirosa. Nem Josefa, acostumada a lidar com as escravas mais rebeldes e afetadas, parecia gostar dela. Aline notara o ar de desagrado que fizera ao perceber que Lalá fora responsável pelo tombo da bandeja. Sim, era preciso ter cuidado, pois aquela negrinha ainda seria capaz de aprontar alguma.

Capítulo 6

Já passava da meia-noite quando Terêncio entrou no quarto onde dormiam as escravas de dentro e acordou Lalá com uma sacudidela.

– Ande, negra estúpida, de pé – mandou num cochicho.

Lalá, meio sem compreender, sacudiu a cabeça para espantar o sono e sussurrou:

– Hein? O que é? O que foi?

– Quieta, infeliz. Quer acordar todo mundo?

– Ah! Seu Terêncio, é o senhor. O que quer?

– O patrão mandou chamá-la.

– Mas a essa hora? Já é tarde.

– Cale-se, Lalá, e obedeça.

Em silêncio, Lalá levantou-se e vestiu-se, não fazendo um ruído sequer. Já estava habituada àquelas escapadelas. Cuidadosamente, abriu a porta do quarto e saiu, Terêncio a seu lado mascando um pedaço de fumo de rolo.

– Puxa, seu Terêncio, sinhô Licurgo não podia ter mandado me chamar um pouco mais cedo? Estou com tanto sono...

– Mas o que é isso, Lalá? Sabe que o patrão não tem hora para chamar. Ele precisa de você agora, e você deve sempre estar pronta para servi-lo.

– Mas o que foi que houve?

– Ele chegou lá da casa de dona Palmira. Creio que a coisa esquentou, mas como ainda não se casaram, precisa de você para se aliviar.

Lalá não respondeu e sorriu intimamente. Era sempre assim. Toda vez que sinhô Licurgo se excitava com a outra, mandava chamá-la para que ela o aliviasse. Chegou à porta do quarto dele e bateu, olhando ainda uma última vez para Terêncio, que já descia as escadas.

– Entre – soou uma voz retumbante lá de dentro.

– Dá licença, sinhô – pediu com humildade. – Mandou me chamar?

– Mandei. Vamos, tire a roupa e deite-se na cama. Não tenho tempo a perder com falatórios. Estou com sono e quero logo terminar isso.

Sem dizer uma palavra, Lalá despiu-se e deitou-se, como ele havia ordenado. Pouco depois, velas apagadas, Licurgo deitou-se sobre ela, e antes de possuí-la, indagou:

– Lavou-se hoje?

– Sim, sinhô, como mandou. Passei até a essência que o senhor me deu para essas ocasiões. Não estou cheirosa?

Licurgo não lhe deu resposta e possuiu-a como a um animal. Saciado o desejo, levantou-se e puxou-a para fora da cama, ordenando-lhe com brusquidão:

– Agora troque esse lençol e saia daqui. Não gosto do cheiro de negros. E não se esqueça de lavá-lo bem.

– Sim, sinhô.

Licurgo conhecera Lalá num dia de sol escaldante, quando ela prestava trabalho na lavoura. Estava ele vistoriando a plantação quando dera de cara com ela. Era uma mulatinha bonitinha, bem-feita de corpo, feições finas, cabelos crespos e compridos. Quando comprara a mãe, não sabia que ela estava grávida, e a menina acabara por nascer ali mesmo, na fazenda. Lalá fora uma das poucas crianças que, à época, tiveram permissão para ficar, tendo sido poupada de ser vendida no mercado de escravos. Assim, crescera na senzala, a mãe uma escrava robusta, ocupada com a lida, o pai, provavelmente, algum capataz antigo que a violentara, o que era bastante comum.

Ao vê-la, Licurgo enchera-se de cobiça. Fazia já algum tempo que não se aliviava com ninguém. Palmira, embora viúva, era uma mulher honesta, e não permitia que ele a tocasse antes do casamento. Assim, o corpo ardendo de desejo, chamara Terêncio e inquirira:

– Terêncio, você costuma se deitar com as negras, não é?

– Quem, eu? Mas o que é isso, patrão?

– Ora, vamos, deixe de fingimentos comigo. Então pensa que sou cego? Pode falar; não vou brigar com você.

– Bem, patrão, sabe como é. Sou homem, não tenho esposa, e tenho minhas necessidades...

– Conheço bem suas necessidades, não precisa explicá-las. Mas o que quero saber mesmo é se é bom deitar-se com as negras.

– Ora, patrão, o senhor assim me deixa acanhado.

– Pare de besteiras, homem. Por acaso é alguma mocinha para se acanhar assim desse jeito? Vamos, conte-me, quero saber.

– Bem, já que insiste. Sim, posso dizer que é bastante agradável e prazeroso.

– E você não sente nojo?

– Nojo? Não, não sinto. As negras, apesar de tudo, costumam ser bem limpinhas.

– Hum...

– E por que o patrão quer saber?

– Ouça, Terêncio, vou me abrir com você, mas se disser uma palavra disso a alguém, está despedido. E eu mesmo cuidarei para que não encontre emprego em lugar nenhum, daqui até a cidade do Rio de Janeiro.

– Pode deixar, patrão, tem a minha palavra de que não abrirei a boca.

– Bem, é que estou interessado numa negrinha que vi hoje na plantação.

– É mesmo? E quem é ela?

– Não sei o seu nome. Só sei que é uma mulatinha jovem, bonitinha, de cabelos compridos. Sabe quem é?

– Hum, pela descrição, me parece a Lalá.

– Lalá?

– Sim, deve ser ela mesma. É a única por aqui assim, com essas características.

– E essa Lalá, você já experimentou?

– Não, ainda não. Tenho me divertido com a Filó, e ainda não me fartei dela.

– Quer dizer então que ainda é virgem?

– Não sei, mas creio que sim. Nunca a vi com ninguém, embora o Benedito esteja sempre a rondá-la.

– Benedito, sei quem é. Já foi para o tronco uma vez, não foi?

– Sim, porque dormiu em serviço. Disse que estava doente.

– Isso mesmo. Bem, Benedito não me interessa. Estou interessado na jovem Lalá. Quero que você faça o seguinte. Hoje à noite, depois que todos estiverem dormindo, quero que a leve até o meu quarto. Faça com que se lave e se penteie, dê-lhe algo decente para vestir. Em seguida, mande-a ao meu quarto. Enquanto não me casar, preciso de alguém que me sirva, e ela veio bem a calhar.

– Como quiser, patrão.

– E não se esqueça, Terêncio, nem uma palavra disso a ninguém. Principalmente a Aline. Ela jamais poderá saber que durmo com escravas.

– Não se preocupe, seu Licurgo, e pode deixar que Lalá também não dirá nada.

– Ótimo.

Mais tarde, Lalá, completamente assustada, fora introduzida no quarto de Licurgo, que, sem dizer palavra, deitara-a na cama e a deflorara ali mesmo, com extrema brutalidade. Quando terminara, Lalá estava apavorada e dolorida, e começara a chorar baixinho, vendo o sangue derramado sobre o lençol. Licurgo, duro como sempre, falara, impaciente:

– Deixe de besteira, menina, e pare de chorar. Não lhe fiz nada de mal. Apenas a desvirginei, e agora você deve me servir como mulher, e só a mim. Vamos, levante-se, limpe essa sujeira e vá embora daqui. Não preciso mais de você. E lembre-se de estar sempre pronta para quando eu a chamar. Outra coisa: nem uma palavra a ninguém, ouviu bem? – Lalá balançou a cabeça em sinal afirmativo. – Se você me servir direitinho, mandarei recompensá-la. Caso contrário, sua recompensa será o tronco. Agora vá.

Lalá, ainda chorando, juntara os lençóis numa trouxa, passara pano no colchão, virara-o do outro lado para esconder a mancha, e se fora.

No dia seguinte e nos próximos que se seguiram Licurgo não mandara chamá-la, somente o fazendo uma semana depois. Dessa vez, Lalá, orientada pela mãe e por algumas outras escravas da senzala, entrara no quarto mais decidida e entregara-se a Licurgo com tamanha docilidade que ele em breve passara a requisitá-la quase que diariamente. Ele estava tão satisfeito com seus serviços que logo a tirara da senzala, passando-a para dentro da casa grande, com a função de auxiliar Josefa nos afazeres domésticos. Assim, Lalá ficara responsável pela limpeza e arrumação da casa, tarefa que procurava executar com perfeição. E por isso fora, a cada dia, granjeando mais e mais os favores de Licurgo, que passara a fazer-lhe pequenos agrados, presenteando-a com essências, fazendas e, por vezes, alguma jóia de pouco valor. Com tudo isso, Lalá fora se sentindo senhora daquela casa, e passara a tratar as outras escravas com desdém e arrogância, logo desagradando sinhazinha Aline, que passara a olhá-la com desconfiança.

Tonha estava sozinha à beira do riacho lavando as anáguas da sinhá quando viu a sombra de Terêncio projetada sobre seu ombro, espraiando-se na água cristalina do regato. Assustada, voltou-se rapidamente, soltando uma exclamação.

– Oh! Seu Terêncio, o senhor me assustou!

– Desculpe-me, Tonha – respondeu irônico –, não tive a intenção.

O capataz ficou ali parado a admirá-la, as saias levantadas acima do joelho, deixando à mostra parte de suas pernas bem torneadas. Percebendo o olhar de cobiça do rapaz, Tonha levantou-se, apanhou a trouxa de roupa e pediu baixinho:

– Dá licença, seu Terêncio?

– Por que a pressa? Já terminou seu serviço?

– Bem... sim... o sol já está ficando forte, e o calor sufoca.

– Verdade? E você não pode ficar exposta ao calor, não é mesmo? É muito boa para isso.

– Por favor, seu Terêncio, deixe-me passar.

– Espere um instante; vamos conversar.

– Seu Terêncio, desculpe a honestidade, mas não tenho nada para conversar com o senhor.

– E se eu lhe disser que você é muito bonita para uma negrinha?

– Por favor, preciso ir embora.

– Por quê? Por que não fica mais um pouco aqui comigo, bem juntinho? Tenho algo para lhe mostrar, e sei que você gostará muito

– terminou a frase puxando-a pelo braço, e derrubando a roupa lavada no chão, segurou-a com vigor, tentando beijá-la à força. Tonha lutou desesperadamente, empurrando-o para o lado. – Mas o que é isso? Então perdeu o respeito? Olhe que posso mandar castigá-la.

– Como se atreve a colocar essas mãos imundas em Tonha? – era a voz de Aline, que, furiosa, gritava do alto de seu cavalo. – Solte-a imediatamente, ou você é quem será castigado.

Terêncio, contrariado, não viu outro remédio senão largá-la, o que fez com um empurrão. Ensaiando uma desculpa, falou com cinismo:

– Queira perdoar, dona Aline. Eu e Tonha estávamos apenas brincando, não é Tonha?

Tonha não respondeu. Em vez disso, pegou a trouxa e saiu correndo pela trilha, indo se refugiar no colo de Josefa. Ao vê-la entrar, toda desgrenhada e chorosa, a outra perguntou:

– Nossa, Tonha, mas o que foi que aconteceu?

– Oh! Josefa, foi Terêncio. Ele tentou me agarrar.

– Aquele traste. Vive atrás de escravas jovens e bonitas como você. Na certa, já se enjoou da Filó.

Tonha não parava de chorar, e Josefa tentou consolá-la:

– Não chore assim, menina. Tenho certeza de que sinhazinha Aline não vai deixar que nada de mal lhe aconteça.

– Eu sei, Josefa, e se não fosse por ela, a essa hora... nem quero pensar. Ela chegou bem no momento em que Terêncio tentava me beijar.

– Graças a Deus, sinhazinha Aline parece ter um anjo a soprar-lhe coisas no ouvido. Sempre que alguma coisa de ruim está para acontecer, parece que sinhá Aline adivinha e corre para evitar o mal.

Nesse momento, Aline entrou no quarto das escravas e encontrou Tonha deitada no colo de Josefa, que carinhosamente acariciava seus cabelos.

– Você está bem, Tonha?

– Estou sim, sinhá. Não foi nada.

– Como não foi nada? Pois se eu mesma surpreendi aquele animal do Terêncio tentando agarrá-la!

– Mas já passou.

– É, sinhá – acrescentou Josefa. – E, graças a Deus, ele não conseguiu fazer-lhe mal algum.

– Pode deixar, Tonha. Já lhe passei um sabão, e logo que papai chegar, vou imediatamente até ele exigir providências. Quero que despeça Terêncio. Ele não presta, e vive a importunar as escravas.

– Será que é prudente? – inquiriu Josefa.

– E por que não seria?

– Bem, se a sinhazinha me permite, todos sabemos que seu pai gosta muito desse capataz, que é como um cão a lamber-lhe as botas. Provavelmente, sinhô Licurgo vai passar outra descompostura em Terêncio, mas não o mandará embora, e o homem vai ficar furioso com a Tonha aqui. E sabe-se lá do que será capaz...

– Hum... talvez você tenha razão. E eu ainda acabaria por ficar desmoralizada. Está bem, Josefa, me convenceu. Não pedirei a papai que despeça Terêncio, mas exigirei que o repreenda severamente, e que peça desculpas a Tonha.

– Por favor, sinhá – interrompeu Tonha –, não precisa de desculpas, não. De seu Terêncio eu quero distância. Se ele não se aproximar mais de mim, isso já me basta. Mas não quero provocá-lo ainda mais.

– Está certo, Tonha, você é quem sabe.

Quando Licurgo chegou já era hora do jantar, e Aline foi apressada ao seu encontro, narrando-lhe o episódio do riacho. Embora a contragosto, pois que também ele se servia das negrinhas, Licurgo teve que dar razão à filha. Terêncio havia sido idiota e imprudente. Então tinha que mexer logo com a protegida de sua filha? E bem às claras, onde ela pudesse ver? Afinal, Aline era moça, e não ficava bem expô-la àquela situação. Era preciso respeitá-la acima de tudo. Licurgo tranqüilizou a filha, prometendo falar com o capataz ainda naquela noite. Ao vê-lo, disse asperamente:

– Mas onde é que está com a cabeça, Terêncio? Então foi escolher justo a escrava particular de minha filha para suas diversões?

– Desculpe-me, seu Licurgo, mas é que pensei...

– Pensou, pensou. Pensou o quê? Que Aline nunca descobriria? Mesmo que não tivesse visto, Tonha certamente lhe teria contado. E o que faria? Seria obrigado a despedi-lo para não desagradar minha filha.

– O senhor tem razão, seu Licurgo. Mas a negrinha é tão apetitosa...

– Deixe de ser ambicioso, homem. Já não tem a Filó?

– Filó já está me cansando.

– Pois então, que arranje outra. Escravas, há muitas na senzala. Pode tomar a que quiser. Mas não Tonha. Essa não. Não o quero mais perto dela, entendeu?

– Sim, senhor.

– Estou falando sério, Terêncio. Se eu souber que a andou importunando de novo, serei obrigado a mandá-lo embora daqui. Prometi a minha filha.

– Está bem, seu Licurgo. Fique tranqüilo, isso nunca mais se repetirá.

– Acho bom. E agora pode ir.

– Sim, senhor, com licença.

Logo que ele saiu, Aline voltou para o gabinete do pai e indagou:

– E então? Como foi?

– Bem, chamei sua atenção e ameacei mandá-lo embora caso ele não se comporte. Diga a Tonha que não se preocupe; Terêncio não irá mais importuná-la.

Aline sorriu e dirigiu-se para a porta, não sem antes virar-se para o pai e arrematar com sincera gratidão:

– Obrigada, papai. Do fundo do meu coração, muito obrigada.

Licurgo sorriu de volta, seus olhos se enchendo de lágrimas, e ficou vendo a filha se afastar, com seu porte esbelto, seu andar decidido. Sim, apesar de tudo, ele a amava, e ainda seria capaz de tudo para vê-la feliz.

Capítulo 7

Palmira bateu à porta do quarto de Cirilo e entrou, sem esperar resposta.

– Mamãe – disse ele em tom de reprovação –, não deve entrar assim, sem bater.

– Ora, mas eu bati.

– Bateu, mas não esperou resposta, o que dá no mesmo.

– E qual o problema? Sou sua mãe, e acho que você não tem segredos para mim. Ou tem?

– Não sei. Talvez.

– É mesmo? E que segredos seriam esses?

– Por favor, mamãe, pare com isso. Estou cansado e quero dormir. Amanhã levanto cedo.

– Não foi ver Aline hoje?

– Fui sim, por quê?

– Por nada. Aline é uma boa moça; um pouco rebelde, talvez, mas uma boa moça.

– Mamãe, por favor, onde pretende chegar?

– Eu? A lugar nenhum. Estou apenas proseando, nada mais.

– Sei. A quem pensa que engana? Então não a conheço? Por que o interesse súbito em Aline?

– Interesse nenhum, meu filho. Apenas noto que você é quem está interessado nela. Não é verdade?

– Sim, é verdade. E que mal há nisso?

– Ora, nenhum. É até muito bom.

– E posso saber por quê?

– Porque vou me casar com o pai dela, que é extremamente rico, e seria excelente se você se casasse com ela. Aposto que o dote será fabuloso.

– Mamãe, por favor, como pode dizer uma coisa dessas?

– Ora, meu filho, deixe de bobagens. Sabe que nossa situação não é lá das melhores.

– Isso não é verdade.

– É verdade, sim. Você, com essa mania de pensar que negro é gente, acabou perdendo muitos braços que auxiliavam na lavoura. E no que é que deu? Nossa produção está caindo.

– As coisas não são bem assim. Podemos não ter mais os lucros exorbitantes que tínhamos quando papai estava vivo, mas, ainda assim, pode-se dizer que somos afortunados, e o que ganhamos é mais do que suficiente para nossas necessidades e nosso conforto.

– É, mas agora precisamos economizar, o que antes não fazíamos.

– Mamãe, está exagerando. Nós apenas paramos de esbanjar dinheiro, nada mais, e isso não faz mal a ninguém. E depois, está lhe faltando alguma coisa?

– Bem, faltar não falta.

– Então, de que se queixa?

– Não estou me queixando. Por mim, está tudo bem. Licurgo é um homem rico e generoso.

– Então, qual é o problema?

– O problema é sua irmã.

– O que tem ela? Que eu saiba, está muito bem, aproveitando sua viagem.

– Está, sim. Mas ela já é uma moça, e breve se casará.

– E daí?

– E daí que deve ter um dote condigno.

– Mas ela terá.

– Não como o de Aline.

– Mamãe, por favor, inveja agora não.

– Como pode chamar-me de invejosa? Inveja é coisa que, absolutamente, não sinto.

– Ah, não? E o que é, então?

– É preocupação. Não fica bem sua irmã se casar com um dote inferior ao da filha de meu marido. O que dirão as pessoas?

– Sinceramente, pouco me importa o que dirão as pessoas. Mas não se preocupe. Ainda possuímos o bastante para dar a Camila um dote considerável. E, por acaso, Camila está noiva sem que eu saiba?

– Imagine, meu filho, claro que não. Você é o homem da casa agora, e ela precisaria de seu consentimento.

– Então, não estou entendendo o porquê dessa preocupação, pois se Camila nem pretendente tem.

– Aí é que você se engana. Pretendente ela tem. Hoje recebi uma carta de sua tia Zuleica, informando que há um jovem advogado interessado em fazer a corte à sua irmã.

– Verdade? E onde se conheceram?

– Em Paris. Parece que o rapaz está lá em férias.

– É mesmo?

– É sim. E, segundo sua tia, o rapaz tem um futuro promissor, e está com as melhores das intenções.

– Sei. E a senhora já arranjou seu casamento, não é?

– É claro que não. Precisamos conhecer o rapaz primeiro. Saber se suas intenções são realmente sérias.

– Agora tenho que concordar com a senhora. Camila é uma menina sonhadora e avoada, e não seria difícil cair nas garras de algum espertalhão.

– Pois é. Por isso é que pensei em convidá-lo para o meu casamento, e gostaria de saber se você julga conveniente trazermos o rapaz aqui para que o conheçamos.

– É... creio que a idéia é boa.

– Aprova, então?

– Sim, aprovo. Também não gostaria de ver Camila enganada e iludida por um aproveitador.

– Ótimo, Cirilo. Amanhã mesmo escreverei a sua tia recomendando que convide o rapaz. Então, veremos.

– Faça isso. Ah, a propósito, mamãe, como se chama?

– Basílio, meu filho. Basílio Souza de Menezes.

Cirilo deixou Basílio de lado e voltou os pensamentos para Aline, seu coração enchendo-se de ternura. Rebelde: essa era a opinião de sua mãe sobre ela e, provavelmente, do próprio Licurgo. Cirilo tinha que reconhecer que Aline possuía um temperamento estouvado e explosivo, mas era uma menina carinhosa e afetiva, cheia de amor pra dar. Bastava ver como tratava a escrava Tonha, como tratava os escravos em geral.

E Tonha? Como era bela aquela negrinha! Tinha os olhos mais expressivos que já conhecera. Aliás, seus olhos eram como os de Aline, vivos e impenetráveis. Cirilo pensou que seria muito fácil amar Tonha. Ela era doce e meiga, incapaz de um gesto mais rude ou brusco. Ah, se ele já não estivesse perdidamente apaixonado por Aline, com certeza, se apaixonaria por Tonha. Mas o que estava dizendo? Tonha era uma escrava, e seu Licurgo jamais consentiria que fosse tirada dali para viver como senhora em outras terras.

Seus olhos já estavam se fechando, pesados de sono, e Cirilo, antes de dormir, teve tempo ainda de dirigir um último pensamento à dona de seu coração. E assim, cerrou os olhos e adormeceu, os lábios abertos a sussurrar o nome de Aline.

O dia nasceu nublado, com nuvens cinzentas encobrindo o céu, em sinal de que a chuva não tardaria. Era domingo, e Cirilo estava sentado à sua escrivaninha, lendo o jornal do dia, que havia mandado buscar logo cedo na cidade. Estava assim distraído quando Jacinto, um negrinho de seus doze anos, entrou correndo no quarto, gritando e arfando feito louco. Cirilo, sem nada compreender, disse-lhe sorrindo:

– Ei, Jacinto, mas o que é que houve? Que bicho o mordeu?

– Corra, sinhô, que uma carruagem está chegando.

– Carruagem? E de onde vem?

– Não sei. Mas de longe me pareceu de sinhozinho Inácio.

– Será, meu Deus?

Rapidamente, Cirilo correu para a varanda e espiou, tentando reconhecer algum sinal que identificasse o passageiro da carruagem. Palmira, atraída pela algazarra, também saiu, perguntando, curiosa:

– Quem poderá ser?

– Não sei ao certo, mamãe – respondeu Cirilo, eufórico. – Mas me parece Inácio.

– Inácio? Oh! Graças a Deus! Já não era sem tempo.

– Veja, mamãe. É ele mesmo. Está a acenar.

Cirilo e a mãe desataram a correr pela estradinha que levava à casa grande, interceptando a carruagem, que já ultrapassava a porteira da entrada. O carro estacou e a porta se abriu, dando passagem a Inácio, mais lindo e esbelto do que nunca.

– Tia Palmira! – exclamou ele logo que a viu, levantando-a no colo. – Há quanto tempo!

– Quase dois anos, seu ingrato. Isso é coisa que se faça, sumir assim, sem dar notícias?

– Ora, titia, sabe que estava terminando os estudos. E depois, nunca deixei de lhe escrever.

– Mas não podia vir me visitar?

– Desculpem-me interromper – acrescentou Cirilo num gracejo –, mas será que também eu não mereço um abraço?

– Cirilo, meu caro! – cumprimentou com alegria, enquanto o envolvia em fraternal abraço. – Que prazer revê-lo!

– O prazer é todo meu, Inácio. Nem sabe o quanto senti sua falta durante esses anos todos. Mas venha, vamos entrar. Você deve estar cansado da viagem.

– Sim, e como! Mal via a hora de chegar.

– Você devia ter me avisado que vinha. Teria mandado preparar seu quarto, trocar as cortinas, fazer novos lençóis...

– Ora, mas o que é isso? Tenho certeza de que tudo está muito bem cuidado, como sempre.

Inácio, entre Cirilo e Palmira, seguiu em animada conversa, rumando para casa, quando iniciou a chover. Abraçados e sorrindo, os três começaram a correr, fugindo da chuva fria que já ensopava suas roupas. Ao entrarem, Palmira tocou a sineta, e quando a escrava apareceu, ordenou:

– Corra e vá buscar as malas do senhor Inácio, depois prepare-lhe um banho e sirva-lhe algo quente para comer. Ele acaba de chegar de viagem e está muito cansado e com frio.

– Obrigado, tia Palmira.

– E agora – acrescentou Cirilo –, vamos às novidades.

– Oh! Por favor, Cirilo, mais tarde. Estou exausto e faminto e, no momento, só quero comer e dormir.

– É verdade, meu filho. Deixe Inácio descansar. Depois teremos muito tempo para conversar.

– Tem razão. Pretende ficar?

– Não sei bem ainda, mas tudo indica que sim. A cidade carece de bons médicos, e com o dinheiro que papai me deixou, posso montar um consultório e clinicar por aqui mesmo.

– Excelente idéia! – animou-se Palmira.

– É sim. Mas agora, se me dão licença, vou me recolher ao meu quarto e repousar. Mais tarde estarei com vocês.

Inácio rodou nos calcanhares e tomou o rumo de seus aposentos, louco de vontade de se deitar e dormir. A viagem fora mesmo exaustiva, e era bom estar em casa.

Inácio, com seus 25 anos, era sobrinho de Palmira, e perdera os pais quando contava ainda dois anos de idade, tendo sido por ela criado como seu próprio filho. Crescera junto aos primos, a quem muito se afeiçoara, principalmente a Cirilo, quase da mesma idade que ele e companheiro inseparável de brincadeiras e segredos. Ao atingir idade suficiente, optara por estudar e se formar, partindo para Lisboa a fim de concluir os estudos de Medicina. Mas estava de volta, e não pensava em sair dali. Queria exercer sua profissão onde pudesse ser útil, em meio a sua gente. Inácio era uma alma extremamente boa e generosa e se revoltava e indignava com as injustiças da escravidão. Para ele, a escravidão era a maior mancha que poderia cair sobre a humanidade, e pensava que aqueles que maltratavam seus escravos, em verdade, maltratavam a si mesmos, pois acreditava que um dia todos teriam que prestar contas de seus atos ao Criador.

Quando a noite caiu, Inácio acordou, lavou-se, barbeou-se, penteou-se e desceu ao encontro da tia e do primo, encontrando-os na sala de estar, à espera de que o jantar fosse servido.

– Até que enfim! – disse Cirilo. – Pensei que não o veríamos mais hoje.

– Amigo Cirilo, por pouco não durmo até o dia seguinte. Estava realmente cansado.

– Espero que já tenha se refeito da viagem – acrescentou Palmira.

– Já sim, querida tia. Graças ao aconchego do lar, pude tirar de cima de mim todo o peso do cansaço.

– Que bom que está mais disposto.

– Vocês não sabem como é bom estar em casa.

– Posso imaginar.

– E Camila, ainda não voltou da Europa?

– Ainda não, mas já deve estar para chegar.

– Ótimo. E o seu casamento, titia? Para quando será?

– Para breve. Logo que Camila voltar prepararemos tudo.

– Mal posso esperar para conhecer o noivo. Pelo que disse em sua última carta, ele é proprietário de uma fazenda vizinha, não é?

– É sim. É um homem muito bom e generoso. Tenho certeza de que vai gostar dele.

– E você, Cirilo? – inquiriu, voltando-se para o primo.

– Cirilo já está comprometido com a filha de meu noivo – apressou-se Palmira em dizer.

– Comprometido, eu? Ora, mamãe, francamente, como pode inventar uma coisa dessas?

– Não estou inventando nada. Então você e Aline não vêm se encontrando constantemente? – Ele assentiu. – Então, não estão compromissados?

– Claro que não, mamãe. Aline e eu somos apenas amigos...

– Pelo tom de sua voz, me parece que são mais do que amigos – considerou Inácio.

– Bem, não exatamente. Aline e eu ainda não nos declaramos.

– E o que estão esperando?

– Não sei.

– Ora, então vá logo e peça ao pai dela o consentimento para que lhe faça a corte.

– Tem razão, Inácio. Vou falar com Aline, e se ela concordar, pedirei a seu pai permissão para namorá-la.

O jantar foi servido e os três passaram horas agradáveis e descontraídas, Inácio a contar aos demais as peripécias e aventuras de Portugal. Terminada a refeição, os rapazes se retiraram para um giro, aproveitando que a chuva havia dado uma trégua.

– E então, Cirilo – iniciou Inácio, puxando conversa –, que tal a moça, hein?

– Oh! Inácio, você nem imagina! É uma beleza. Linda como uma flor, embora com espinhos compridos e afiados.

Inácio sorriu e complementou:

– Penso que as mulheres temperamentais são bastante interessantes. Mas eu, por mim, prefiro lá as mais dóceis.

– Sim, é verdade. Mas Aline não é propriamente temperamental, embora não tenha nada de dócil. É muito decidida e independente, mas de um coração puro e bondoso.

– Bem, isso é o que importa. Gênios, controlam-se com o tempo e com o amor. Mas o coração empedernido, esse é mais difícil de domar.

– Tem razão. Mas Aline não é assim. Como já disse, é uma pessoa boa e carinhosa. Basta ver como trata sua escrava Tonha.

– Tonha? – Ao ouvir aquele nome Inácio sentiu um leve estremecimento, como se uma sombra de reconhecimento perpassasse-lhe a mente num átimo de segundo, logo se desvanecendo.

– Sim, sua escrava e amiga.

– Escrava e amiga?

– Sim. Aline é contra a escravidão e tem sérias brigas com o pai por causa dos escravos.

– Hum... entendo. Mas, fale-me de Tonha. Como ela é?

– Tonha? É uma negra muito bonita. Talvez a mais bonita que já tenha visto.

– É mesmo?

– Sim, é. E meiga como uma rosa, só que sem espinhos.

– Escute, Cirilo, gostaria de conhecer Aline e sua escrava. Será que você me apresentaria a elas?

– Ora, Inácio, seria um imenso prazer. Que tal amanhã à tardinha? É quando irei encontrá-la. Quer ir comigo?

– É o que mais quero.

Trato feito, no dia seguinte, à hora aprazada, Cirilo voltou para casa a fim de buscar Inácio, para juntos irem ao encontro de Aline. O rapaz já o esperava ansiosamente, o coração a disparar na expectativa de conhecer Tonha. Sem nem saber por que, Inácio não conseguira parar de pensar nela a noite toda e o dia todo, louco que estava por encontrá-la.

Chegando à fazenda São Jerônimo, os moços foram introduzidos na sala de visitas, e logo Aline desceu, linda como nunca em um vestido azul-celeste. Ao vê-la, Cirilo deixou escapar um suspiro de admiração, enquanto Inácio murmurava baixinho em seu ouvido:

– Cirilo, tem razão. A moça é mesmo um encanto.

Aline acercou-se dele e estendeu-lhe a mão, que ele beijou com paixão. Em seguida, Cirilo apresentou-a ao primo:

– Aline, quero que conheça meu primo Inácio, de quem já lhe falei, e que acaba de chegar de Lisboa, formado em Medicina. Inácio, esta é Aline, filha de seu Licurgo, noivo de mamãe.

– Como vai, senhorita? – cumprimentou Inácio, fazendo uma mesura. – É realmente um imenso prazer conhecer a moça que conquistou, de forma irremediável, o coração de Cirilo. É uma linda flor, com certeza.

Aline, faces em fogo, respondeu, tentando disfarçar o nervosismo e a vergonha:

– É muita gentileza sua, senhor Inácio.

– Por favor, trate-me apenas por Inácio. E não estou sendo gentil, mas apenas retratando a realidade. A senhorita é, realmente, muito bela.

– Obrigada. E você também pode me chamar só de Aline.

– Aline – interveio Cirilo –, Inácio gostaria de conhecer Tonha.

– É mesmo? – perguntou, desconfiada. – E por que, posso saber?

– Bem, nem eu mesmo sei por quê. Só o que sei é que, quando ouvi esse nome, não pude mais deixar de pensar em Tonha.

– E por quê? – Aline estava surpresa. – Poderia me explicar que interesse poderia ter em Tonha?

– Já disse que não sei. No entanto, posso lhe garantir que nenhum mal lhe farei. Ao contrário, só desejo seu bem.

– Não se preocupe – tranqüilizou Cirilo. – Inácio é pessoa da mais alta confiança, e odeia a escravidão tanto quanto nós.

– Bem, se você garante... – tornou Aline cheia de desconfiança.

– Garanto. Pode chamá-la. Por Inácio ponho a mão no fogo. Eu o conheço desde criança e sei que seria incapaz de qualquer gesto grosseiro ou desonroso.

– Está bem, Inácio, vou apresentar-lhe Tonha. Mas se fizer algum mal a ela, vai se ver comigo.

Inácio riu da braveza de Aline e retrucou, sereno:

– Não é preciso tanta preocupação. Além disso, que mal poderia fazer-lhe aqui, diante de Cirilo e de você, que mais parece uma leoa?

– Senhor Inácio – retrucou, rindo –, quando se trata de Tonha, eu posso, realmente, virar uma fera brava e selvagem, e tenho certeza de que o senhor não gostaria de experimentar a força da minha mordida.

– Com certeza não.

Aline saiu e voltou minutos depois trazendo Tonha pela mão, um pouco tímida ante a inusitada situação. Era a primeira vez que um estranho pedia para conhecê-la.

– Muito bem – começou Aline –, aqui está minha amiga Tonha.

Tonha, acanhada, não tirava os olhos do chão, mas Inácio estava encantado. Ela era mesmo uma deusa, e seu coração começou a pulsar com tanta intensidade que sentiu medo de que fosse ouvido pelos demais. Gentilmente, aproximou-se de Tonha, segurou-lhe a mão e nela pousou um beijo prolongado e suave, dizendo com um sorriso:

– Senhorita, não sabe como estou feliz por encontrá-la.

– Senhorita!? – fez Tonha, admirada. – Mas o que é isso, sinhô? Por acaso está caçoando de mim, é?

– Não, Tonha, claro que não. Por favor, não se zangue. É que estou encantado com sua formosura.

Tonha não acreditava no que aquele homem lhe dizia e sentia vontade de sair correndo dali, ou então de responder-lhe à altura. Porém, ciente de sua condição de escrava, apesar de protegida de Aline, ficou ali paralisada, os pés pregados no chão, recusando-se a andar.

– Sinhô, o que quer de mim? – indagou finalmente.

– Eu? Nada. Só conhecê-la.

– E me permite perguntar por quê?

– Porque algo dentro de mim me dizia que você é uma jovem muito especial.

Embora sem compreender, Tonha levantou os olhos e encarou aquele homem, admirando-se, ela também, com sua aparência galante e garbosa, e encantando-se com seus expressivos olhos azuis. Naquele momento, Tonha sentiu uma imensa alegria dentro do peito, como se não estivesse mais só, como se reencontrasse um amor perdido no tempo, perdido nas sombras de um passado que não imaginaria recordar.

E, em verdade, os quatro ali reunidos estavam ligados por laços muito mais fortes do que jamais poderiam supor. Eram almas afins que, depois de tanto tempo, logravam se reencontrar, e eles não podiam explicar a imensa felicidade que sentiram ao se verem reunidos, prontos para lutar, juntos, por algo que havia muito tentavam conquistar.

Capítulo 8

Lalá terminou de recolher os lençóis da cama de Licurgo, e enquanto o sinhô se vestia apressado, indagou, fazendo beicinho:

– Por que o sinhô sempre me manda trocar os lençóis depois que nos amamos?

– Ora, negrinha, mas o que é isso? Deu pra ficar atrevida agora, é?

– Não, sinhô, mas é que não compreendo...

– Sabe que não gosto do cheiro dos negros.

– Então por que se deita comigo?

– Porque você me serve.

– Mas não devia, se não gosta do meu cheiro.

– Cale-se, Lalá. Não gosto de atrevimentos.

– Desculpe-me, sinhô, mas é que venho lhe servindo com tanta dedicação...

– E daí?

– E daí nada. Mas é que eu pensei que o sinhô podia me fazer um agrado...

– Olhe, Lalá, escravo não precisa de agrado. Mas, ainda assim, sou bastante generoso com você, e até algumas jóias já lhe dei. Do que reclama?

– Nada não, sinhô. Só queria um pouco mais de atenção. Bem que o sinhô podia me tratar feito sinhazinha Aline trata a Tonha, como se fosse uma igual.

Licurgo, indignado, acertou em cheio uma bofetada na face de Lalá, que cambaleou e caiu sentada na cama. Furioso, começou a esbravejar:

– Negra insolente e atrevida! Onde já se viu pensar que escravos são iguais à gente!

– Desculpe, sinhô...

– Cale-se, ou a mando para o tronco! Nunca mais quero ouvir essa barbaridade. E, pra seu governo, Tonha não é e nem nunca foi tratada como uma igual. O que acontece é que ela serve a minha filha, que pode fazer com ela o que bem entender. E Aline a trata como se trata um cãozinho ou um gato, pois é isso o que Tonha é: um bichinho de estimação. Agora chega dessa tolice. Levante-se, junte sua trouxa e saia daqui. Já me aborreceu o bastante. Vamos! Não me escutou? Por acaso é surda ou está querendo ser castigada?

Lalá, olhos em fogo, levantou-se apressada e saiu para o terreiro, o coração carregado de ódio e inveja, e dirigiu-se para o regato a fim de lavar logo os lençóis. Por que só Tonha merecia aquela consideração? Afinal, não era melhor do que ninguém.

De tão furiosa, nem percebeu a presença de Terêncio, que chegara por detrás dela, indagando com curiosidade e malícia:

– Aconteceu alguma coisa, Lalá?

Lalá, tomada de surpresa, virou-se assustada, respondendo cheia de rancor e ressentimento:

– Não aconteceu nada, seu Terêncio. Não ainda.

– O que quer dizer?

– Nada. Não quis dizer nada.

– Olhe lá, menina. O que está tramando?

– Tramando, eu? E o que poderia uma escrava como eu estar tramando?

– Sei lá. Mas algo em seu tom de voz não me cheira bem.

– Talvez porque seu Terêncio também não goste do cheiro dos negros.

– Que história é esse, negrinha?

– Não é história nenhuma. Agora deixe-me em paz, por favor. Tenho muito o que fazer.

– Olhe lá como fala! Não sou o trouxa do Benedito para escutar desaforos. Sou muito bonzinho com você apenas porque serve ao patrão. Mas posso muito bem deixar a bondade de lado e aplicar-lhe um corretivo. Está ficando muito insolente e precisa de uma lição para lhe mostrar o seu devido lugar. Dormir com seu Licurgo não faz de você a dona da casa.

Lalá não respondeu. Apenas olhou para ele com desprezo, cuspiu no chão, recolheu a roupa e se foi. Ao passar pela porta da cozinha, Lalá escutou a voz de Tonha, que mantinha com Josefa animada conversa:

– Tome cuidado, menina – aconselhava Josefa –, você não conhece esse moço.

– Oh! Josefa, você não o viu. Que belos olhos ele tem, e tão sinceros...

– Como pode saber? Você nem o conhece.

– Mas eu sei. Sinto isso. Ele é tão gentil e delicado...

– Gentil e delicado... Isso é coisa para gente branca, não para escravos.

– Por que, Josefa? Também somos gente.

– Ora, Tonha, pare com isso. Não me venha com essas idéias de novo.

– Está bem, Josefa. Não estou mesmo interessada nesse assunto agora.

– Tonha, escute o conselho de uma velha que já viveu bastante por aqui. Esqueça esse moço. Ele não é para você.

– É sim.

– Menina, você vai acabar se machucando. Se alguém descobre...

– Descobre o quê? Nós não fizemos nada.

– Por enquanto não. Mas, pelo seu interesse, logo, logo, algo pode acontecer.

– O que, por exemplo?

– Tonha, você pensa que está apaixonada por esse rapaz, e isso é extremamente perigoso.

– Eu sei, Josefa, mas não posso evitar.

– Crie juízo, menina. Já falou com sinhazinha Aline a respeito?

– Ainda não.

– Pois creio que é melhor falar com ela. Talvez ela consiga colocar algum juízo nessa sua cabecinha oca.

– Minha cabeça não é oca. E sei muito bem o que estou fazendo.

– Tonha, não vê que me preocupo e que só quero ajudar você?

– Eu sei, Josefa, e compreendo. Você até teria razão, se estivesse acontecendo alguma coisa. Mas não aconteceu nada, e nem vai acontecer.

– Não? Então por que você está com esse moço na cabeça?

– Porque gosto dele.

– Aí, está vendo? Eu não disse?

– Não se preocupe, Josefa. Nada vai acontecer. Além disso, eu nem sei se ele gosta mesmo de mim.

– Olhe, Tonha, esses moços, na maioria, só querem deitar com as negras, e depois as mandam embora como se fossem lixo.

– Não sinhô Inácio. Ele é diferente.

– Como pode ter essa certeza? Você não o conhece, e os homens enganam direitinho, só para conseguir o que querem. Vamos, Tonha, esqueça esse rapaz. É perigoso, alguém pode descobrir, e você pode se dar mal.

– Não tema, Josefa. Ninguém sabe o que vai em meu coração.

– Deus a ouça, minha filha. Agora vamos, vá cuidar de seus afazeres que tenho muito trabalho a fazer.

As vozes silenciaram, e Lalá sorriu satisfeita. Então, aquela Tonha se atrevia a gostar de um moço branco? Ah! Quando sinhô Licurgo soubesse, por certo que a recompensaria e colocaria Tonha no seu devido lugar. Quem sabe até não a passasse para servir sinhazinha Aline, e Tonha fosse levada para a senzala? Lalá sorriu intimamente. Estava de posse de um grande segredo e saberia guardá-lo direitinho, deixando para usá-lo somente quando fosse necessário. Aí, então, todos iriam ver. E ela sairia vitoriosa, como a escrava dedicada que conseguiria desmascarar aquela falsa da Tonha. Ela que esperasse. Seu dia não tardaria...

Capítulo 9

E então, tia Palmira? – perguntou Inácio, animado. – Tudo pronto para a chegada de nossa princesinha?

– Sim. Não vejo a hora de abraçar minha filha. Faz tempo que não a vejo.

– É verdade.

– Sabe, Camila deveria parar de viajar por aí. Acho que já está na hora de arranjar um marido.

– Pelo que Cirilo me disse, há um pretendente.

– Há, sim. Um tal de Basílio Souza de Menezes, que virá para o casamento. Precisamos conhecê-lo, e se for um bom rapaz, seu primo dará o consentimento para que ele a corteje.

– Bem, Camila já está uma moça e deve se casar. Espero que o rapaz seja sincero e digno.

– Também espero, querido.

Nisso, Jacinto chegou, anunciando que a carruagem de sinhazinha Camila acabara de cruzar a porteira da fazenda.

– Graças a Deus! – exclamou Palmira. – Já não era sem tempo.

– Vamos, titia, depressa.

– Jacinto – ordenou Palmira, voltando-se para o menino –, corra e vá avisar ao sinhô Cirilo que Camilinha já chegou.

– Sim, sinhá. Já estou indo.

Mas Cirilo, ouvindo o som dos cavalos, correra para a varanda, avistando ao longe a carruagem da irmã, que vinha acompanhada de uma outra, cujo ocupante desconhecia. Passados alguns minutos, as carruagens pararam em frente à casa grande e todos correram para receber os recém-chegados. Zuleica foi a primeira a descer, seguida pelo marido, Eugênio, que ajeitou o pincenê, num gesto pedante e esnobe. Em seguida, desceram Camila e suas primas, Constância e Berenice, e logo a família se envolvia em calorosos abraços.

– Camila, minha filha! – Saudou Palmira, com lágrimas nos olhos. – Quantas saudades senti de você!

– Eu sei, mamãe. Também senti sua falta.

– Oh! Zuleica – tornou para a irmã –, há quanto tempo!

– Sim, bastante – fez Zuleica, com ar afetado.

Os jovens também se abraçaram efusivamente. Eram todos primos e se conheciam havia bastante tempo. Camila era linda. Cabelos fulvos, olhos cor-de-mel, mais parecia uma fada. Constância, por sua vez, era dotada de uma beleza exótica, e tinha um rosto que inspirava mistério. Tez pálida, cabelos negros e olhos de um verde escuro e profundo, às vezes cinzentos, era a imagem perfeita da esfinge, pronta para devorar. Sua irmã, Berenice, ao contrário, era feia e um tanto gordinha, e embora possuísse os mesmos cabelos negros, tinha os olhos castanhos amendoados, que denotavam bondade e confiança.

De tão entretidos com os cumprimentos, nem se deram conta da outra carruagem, e não perceberam a presença de um homem, jovem ainda, que permanecera afastado, à espera de que alguém o introduzisse. Só depois de um período mais ou menos longo foi que Palmira, apercebendo-se do estranho, inquiriu, cheia de curiosidade:

– E você, meu jovem, deve ser Basílio, não é mesmo?

– Oh, sim! – adiantou-se Zuleica. – Perdoe-me, Basílio, mas ficamos tão empolgados com nosso reencontro que confessc que me esqueci de você.

– Ora, não tem importância – objetou Basílio. – Sei como são essas boas-vindas. É natural.

– Bem, deixe-me apresentá-lo ao resto da família. Esta é minha irmã, Palmira, seu filho, Cirilo, e Inácio, nosso sobrinho, que Palmira criou como se fosse seu.

– Muito prazer – falou Basílio com voz melíflua. – Nem podem imaginar o quanto desejava conhecê-los.

– Ora, meu filho, o prazer é todo nosso – retrucou Palmira. – Estávamos ansiosos por conhecê-lo.

– E o noivo? – perguntou Zuleica. – Quando iremos conhecê-lo?

– Licurgo virá para o jantar, em companhia da filha, Aline, que é namorada de Cirilo.

– Mamãe, de novo não. Sabe que isso não é verdade.

– Não ligue, Zuleica. Ele insiste em negar o romance. Mas eu já percebi que os dois estão apaixonados.

– Mamãe, por favor.

– Está bem, está bem. Não direi mais nada.

A conversa mudou de rumo, e os recém-chegados foram levados até seus aposentos, Cirilo e Inácio guardando no coração um estranho pressentimento com relação a Basílio, pressentimento esse que não ousaram partilhar...

Às sete horas em ponto, Licurgo e Aline deram entrada na residência dos Vilas Boas, sendo apresentados aos demais com todas as honras. Ao ver Aline, linda e radiante em seu vestido de rendas azuis, Cirilo se derreteu todo para ela, buscando-a com o olhar a cada instante. Constância, que fora à fazenda cheia de esperanças de conquistar Inácio, não parava de se insinuar para ele, convidando-o para um passeio pelo jardim. Camila e Basílio, por outro lado, pareciam distantes e alheios, ocupados demais que estavam um com o outro.

Terminado o jantar, Cirilo puxou Aline pela mão e levou-a para a varanda. Olhando fundo em seus olhos, falou apaixonadamente:

– Aline, sabe que a amo, não é verdade?

– Eu? Não sei o que dizer.

– Por favor, Aline, não se acanhe. Estou sendo sincero ao declarar-lhe o meu amor, e você não pode fingir que desconhece o quanto a amo. – Ela não respondeu e ele prosseguiu: – Bem, Aline, o fato é que já estou há algum tempo pensando em falar com você, e se você concordar, gostaria de pedir a seu pai permissão para fazer-lhe a corte. Então, o que me diz? Podemos assumir um compromisso? Ou você não me ama?

– Oh! Cirilo, sabe que o amo, e ficaria muito feliz em ser sua namorada. Sim, você pode falar com papai.

– Ótimo! Amanhã mesmo irei à sua casa e falarei com ele.

Cirilo encerrou a conversa com um longo e apaixonado beijo, ao qual Aline correspondeu com amor. No dia seguinte, permissão dada, Aline e Cirilo passaram a namorados, para felicidade de Licurgo e Palmira, que havia muito desejavam aquele romance.

As vozes dos escravos se elevavam na noite, entoando cantos em louvor a seus orixás, aos quais pediam bênção e proteção:

"Katulemborasime konsanzala,
E e e, e Kafunje...
Katulemborasime konsanzala,
E e e, e Kafunje!"[1]

– Como é bonita essa canção! – exclamou Aline.
– A sinhazinha gostou? – quis saber Tonha.
– Gostei sim. O que significa?
– Nada de mais. Apenas uma saudação.
– Sabe, Tonha, nunca compreendi por que vocês cantam em sua língua louvores aos nossos santos católicos.
– E quem foi que disse que louvamos seus santos?
– Como é que é? Então não vejo as imagens de Jesus, de São Jorge e de outros naquele altar?
– Ora, Aline, não é bem assim.
– E como é, então?
– Se quer mesmo saber, eu contarei. Mas tem que prometer nunca falar sobre isso com ninguém.
– Eu prometo.
– Muito bem. Sabe, Aline, até que é simples. Por cima, no altar, nós colocamos as imagens dos seus santos e, por baixo, assentamos símbolos que representam cada um dos nossos orixás.
– Mas como pode ser?
– Bem, com o tempo, descobrimos que a cada santo católico podíamos associar um de nossos orixás, porque possuem características semelhantes, e assim, sem que o sinhô desconfie, podemos

1. "O respeito pela saúde ensina, / E sua aldeia o espera, / Kafunge!" (N.A.)

louvar nossos próprios deuses, e vocês pensam que essa é a forma que encontramos de louvar seus santos. Entendeu?

– Mas que maravilha! – E desatou a rir. – Agora veja só. Nós, brancos, nos julgamos tão espertos e superiores, e somos enganados por vocês bem debaixo de nossos narizes!

– Bem, sinhazinha, não se ofenda. Não queremos enganar ninguém. Mas é que essa foi a única maneira que encontramos de manter vivas nossas tradições.

– Não, Tonha, não estou ofendida. Pelo contrário. Fico muito feliz em saber que vocês não se deixaram dominar por completo. Continuem mantendo viva a sua fé, e talvez os seus orixás cheguem um dia a libertá-los da escravidão, já que o nosso Deus não pode fazê-lo.

– Sabe, Aline, a velha Maria diz que há um só deus...

– Mas como pode ser, se vocês mesmos cultuam tantos deuses?

– Eu também não entendo muito bem. Mas na nossa terra temos o nosso Zambi, que seria o seu Deus mesmo, onipotente e poderoso, criador do céu e da Terra. E é esse Deus que Maria diz ser único, apenas mudando de nome conforme o povo. Você acredita nisso?

– Pode ser, Tonha, não sei. Nunca pensei nisso. Religião não é o meu forte, embora acredite em Deus e em Jesus. Mas deixemos isso para lá. O que importa é que vocês encontraram um meio bastante original de praticar sua crença. E agora vamos, já é hora de dormir.

Aline deitou-se na cama e agradeceu a Deus pela existência de Tonha. Antes de dormir, porém teve a sensação de ver duas estrelas a cintilar diante de si, mas depois, fixando bem o olhar, pôde perceber que eram apenas os olhos de Tonha pousados sobre o seu olhar.

Capítulo 10

O dia do casamento de Licurgo e Palmira estava frio e chuvoso, e depois da cerimônia, os convidados foram recepcionados nos salões da casa grande, que se abriram para o baile. Havia ali muitas pessoas ilustres, barões e baronesas, comendadores, alguns políticos e até jornalistas. A família de Licurgo chegara de Salvador na véspera, e a casa estava repleta de gente, jovens e velhos, que foram só para o casamento.

Aline estava linda, como sempre, e chamou a atenção de muitos dos rapazes presentes. Constância, um pouco mais afetada, desmanchava-se em sorrisos para o primo Inácio, que parecia não lhe dar muita importância. A jovem Berenice, tímida e acanhada, permaneceu quieta a um canto, contentando-se em acompanhar as danças e os flertes dos rapazes e moças. Cirilo, por sua vez, um pouco enciumado da influência que a namorada exercia sobre os demais, procurava estar sempre a seu lado, mostrando a todos, de forma fina e educada, que Aline já estava comprometida.

Apenas Camila não se encontrava presente. Reparando melhor, Cirilo percebeu que, além da irmã, Basílio também não estava ali, e ficou imaginando onde poderiam estar aqueles dois. Pedindo licença a Aline, saiu à procura, percorrendo os salões e a varanda, não os encontrando, porém, em lugar nenhum. Sentindo um estranho pressentimento, Cirilo chamou Inácio e participou-lhe suas suspeitas:

– Acho que minha irmã deve estar fazendo o que não deve.

– O quê? Será o que estou pensando?

– Sim, temo que sim.

– Ora, Cirilo, mas o que é isso? Camila é uma moça ajuizada.

– Será mesmo? Sinto muito, Inácio, mas não compartilho de sua opinião. Ela sempre foi bastante avoada.

– Bom, isso lá é verdade. Mas uma coisa é ser avoada, e outra, bem diferente, é ser uma doidivanas.

– Duvida? E esse tal de Basílio? Ninguém o conhece realmente, e não sabemos quais são suas verdadeiras intenções. E, não sei por que, não simpatizei com ele.

Inácio refletiu por alguns instantes e acabou por concordar com o primo.

– Pensando melhor, Cirilo, creio que você tem razão. Tampouco eu simpatizei com ele. Vamos logo procurá-los.

Os dois rapazes, discretamente, afastaram-se e saíram para os jardins, procurando atrás de árvores e arbustos, mas nada conseguiram encontrar. Dali a alguns minutos, quando se reuniram novamente, Inácio falou acabrunhado:

– Não sei, não, Cirilo, mas não estou com um bom pressentimento. Esses dois não estão em lugar nenhum. Onde podem ter se metido?

– Hum... deixe-me ver. Não sei. Não conheço a fazenda, eles podem estar em qualquer lugar. E não temos tempo para vasculhar todos os cantos; poderá ser tarde demais.

– Espere um instante! Tenho uma idéia. Vamos buscar alguém que conheça a fazenda e que possa nos auxiliar de forma rápida.

– Ficou louco, Inácio? Estão todos na festa, e não quero que ninguém saiba disso.

– Não me refiro aos convidados, mas a outra pessoa.

– Quem?

– Tonha.

– Tonha? Boa idéia.

Tonha estava na cozinha ajudando Josefa a servir os pratos quando Inácio acenou-lhe da porta dos fundos. Arranjando uma desculpa, Tonha saiu, e já no terreiro, indagou, preocupada:

– O sinhozinho endoidou, é? E se alguém me vir aqui?

– Não se preocupe, Tonha. Só quero sua ajuda.

– Aconteceu alguma coisa?

– Espero que não.

Logo chegaram ao local onde Cirilo ficara escondido e, apressado, foi logo falando:

– Tonha, preciso de sua ajuda.

– Sinhô Cirilo, mas o que está acontecendo?

– Tonha, por favor, diga-me, aqui na fazenda, aonde podem ir dois jovens que querem ficar sozinhos?

– O sinhô diz sozinhos, para namorar?

– Isso Tonha, para namorar.

– Hum, deixe-me ver...

– Por favor, Tonha, seja breve. O tempo urge, e temo que seja tarde demais.

– Podem estar no riacho...

– Leve-nos até lá, por favor.

– Agora? Mas sinhô, já é noite, e o tempo está horrível. Logo, logo vai chover de novo.

– Tonha, é urgente. Leve-nos agora, pelo amor de Deus!

– Está bem, se o sinhô insiste. Mas, se não apanharmos chuva, apanharemos essa friagem e, com certeza, ficaremos todos doentes.

– Vamos, Tonha, não discuta.

– Sim, sim, já vou.

Caminharam em silêncio durante quase meia hora, guiados pela luz bruxuleante do lampião de Cirilo. Inácio, logo atrás de Tonha, procurava ampará-la nos trechos mais difíceis, estendendo a mão para que não caísse. Passados alguns instantes, começaram a ouvir barulho de água, e perceberam que já estavam chegando. Avançando um pouco mais, o som de vozes atraiu sua atenção, e eles estacaram por alguns minutos, a fim de escutar a conversa.

– Por favor, Basílio, não – suplicava Camila, hesitante e sem muita convicção. – Ainda nem estamos oficialmente noivos.

– Oh! Querida, mas eu a amo tanto!

– Eu sei. Também o amo.

– Então, por que esperar?

– Porque sim. É o certo, e não quero ficar falada.

– Chega, não diga mais nada – terminou Basílio, cerrando-lhe a boca com um beijo.

De onde estavam, Cirilo e Inácio podiam lobrigar apenas os vultos dos dois, e perceberam que Basílio estava acariciando o corpo de Camila, tentando deitá-la sobre a pedra. A moça, já sem forças para resistir, deixava-se levar passivamente, dando vazão ao desejo que a dominava.

– Oh! Querida, como a desejo, como desejo possuir esse seu corpo quente e macio... – sussurrava ardentemente.

Nisso, Cirilo, que já não podia mais se dominar, saltou sobre eles e agarrou Basílio pelo colarinho, esmurrando-lhe o queixo enquanto gritava:

– Miserável! Canalha! Como se atreve a tocar em minha irmã dessa maneira? Então é assim que me paga a confiança que lhe dei?

Cirilo nem deu tempo ao outro de se defender, e continuou a esmurrá-lo. Camila, apavorada, encolheu-se a um canto, e Basílio se ajoelhou, tentando aparar os golpes da melhor forma possível. Inácio, mais controlado, tentava conter a fúria do primo, e Tonha, assustada, desatou a correr de volta para a fazenda.

– Pare, Cirilo! – ordenou Inácio. – Não seja louco, vai matá-lo!

Cirilo, ouvindo a voz da razão, soltou Basílio, que já começava a choramingar.

– Por favor, Cirilo, não me bata mais – implorava. – Não fiz por mal, é que amo sua irmã, e não pude me conter.

– Não pôde se conter? Que espécie de homem é você? Um cavalheiro não faz o que você fez: traiu a minha confiança e tentou seduzir minha irmã bem no dia do casamento de minha mãe!

– Perdoe-me... perdoe-me. Isso não se repetirá, eu juro.

– Eu devia era mandar expulsá-lo daqui.

– Cirilo, por favor – cortou Camila, toda chorosa –, não faça isso. A culpa foi mais minha do que dele. Fui eu que o convidei para dar um passeio e...

– Pare, Camila, não faça isso. Você não tem que se acusar para salvar esse cachorro. Você é uma moça ingênua, e ele jamais deveria tê-la trazido aqui.

– Mas é verdade, Cirilo. Camila insistiu para que viéssemos, e quando a vi assim, tão jovem e tão linda, não pude resistir.

– Cale-se, Basílio, você me enoja. Além de traidor, é também um covarde, que se defende escondendo-se atrás das saias de mocinhas inocentes. Agora levante-se, saia da festa discretamente, pegue suas coisas e suma. Não quero mais vê-lo por aqui.

– Oh, não, Cirilo, por favor! – Implorava Camila. – Basílio e eu nos amamos!

– Mas o que ele fez foi imperdoável!

– Oh, não, não, Cirilo! Dê-lhe mais uma chance. Foi por amor, você não entende?

– Entendo apenas que um homem honrado jamais assumiria uma atitude indigna como essa. Ele é um covarde, um poltrão. Sequer levanta a cabeça ou ergue a voz para defender-se.

– Não, Cirilo, está enganado. Ele apenas não deseja desgostá-lo, não é, Basílio?

– Sim... sim... É verdade, Cirilo. Estou arrependido do que fiz. Se me der mais uma chance, prometo não decepcioná-lo.

– Como poderei confiar em você?

– Dou-lhe minha palavra de honra.

– Você não tem palavra. Não é um cavalheiro.

– Cirilo, por favor, não seja tão inflexível. Basílio já lhe deu sua palavra. Por favor, meu irmão, não me faça sofrer!

– Camila tem razão – intercedeu Inácio. – Todo mundo merece uma segunda chance. Vamos, Cirilo, dê uma nova oportunidade ao rapaz. Se ele a ama de verdade, saberá respeitá-la.

– E se não a respeitar? E se desonrá-la e for tarde demais para reparar o erro?

– Cirilo, assim você me ofende – retorquiu Basílio. – Sei que agi errado, mas foi apenas por amor. E não me julgue covarde; se não o enfrento é por respeito a você, que é irmão da moça que amo, e com quem pretendo me casar.

– Está bem – concordou Cirilo, por fim. – Dou-lhe mais uma chance. Mas se tornar a se portar dessa forma tão indigna, eu mesmo o porei para fora daqui a pontapés.

– Fico muito agradecido, Cirilo. Tenho certeza de que não se arrependerá.

Camila, agradecida, pôs-se a beijar as mãos do irmão, exclamando entre lágrimas:

– Oh, meu irmão! Obrigada, obrigada! Basílio não o decepcionará, você vai ver.

– Assim espero, Camila, assim espero.

De volta à festa, Cirilo e Inácio foram logo abordados por Aline, que os procurara por toda parte.

– Meu Deus, Cirilo! Por onde foi que vocês andaram?

– Tive um contratempo, Aline, mas já está tudo resolvido.

– Um contratempo? Mas o que foi?

– Nada de mais. Depois eu lhe conto.

– Está bem. Agora venha. Papai e sua mãe estão à sua procura. Querem lhe apresentar alguns convidados recém-chegados do Rio de Janeiro.

Os jovens riram e se afastaram, Cirilo saindo em busca da mãe. Inácio, um tanto quanto cansado, acercou-se de Camila, que estava constrangida e embaraçada, e aconselhou:

– Camila, procure agir com naturalidade. Está parecendo mais uma criminosa.

– Ora, Inácio, como queria que eu me sentisse depois da humilhação a que Cirilo me submeteu?

– Não foi bem assim. Ademais, você há de convir que aquele Basílio se portou feito um canalha.

– Ah! Então é aí que vocês estão – interrompeu Constância, que acabara de chegar. – Estava à sua procura.

– Minha ou de Inácio?

– Camila, como pode? – a outra não respondeu. Virando-se para o primo, continuou: – Por que não me tira para dançar, Inácio?

– Oh! Constância, agora não. Estou cansado.

– Ora, vamos, só uma música. Por favor...

– Bem, se insiste. Mas só essa música, está bem?

Inácio tomou-a pelo braço e partiu com ela para o centro do salão, enlaçando-a pela cintura e iniciando a valsa que a orquestra começara a tocar. Estava distraído, segurando a moça sem muito interesse, acompanhando maquinalmente o compasso da música. Seus pensamentos estavam em outro lugar. Inácio não parava de pensar em Tonha, em sua beleza, sua meiguice. Instintivamente, procurou-a com os olhos, encontrando-a com uma bandeja na mão, a servir canapés na sala contígua. De onde estava, podia distinguir-lhe a silhueta esguia, o perfil suave, seus gestos doces como os de uma dama. Inácio ficou a acompanhá-la, até que ela, ao acaso, virou-se para entrar no salão de dança e deu de cara com ele, que a fitava com paixão. Na mesma hora, sentiu um imenso calor subir-lhe pelas faces, o rosto afogueado a demonstrar o quanto a desconcertara aquele olhar. Tonha segurou firme a bandeja e entrou no salão, abaixando-se para oferecer os quitutes aos convidados. À medida que se movia, os olhos de Inácio se moviam com ela, e ele, sem perceber, foi diminuindo o passo, até quase parar. Constância, sem entender, virou o rosto para ele a fim de chamar-lhe a atenção, e percebeu que seu olhar se encontrava perdido em algum ponto do salão. Rapidamente, seguiu a direção daquele olhar e encontrou a figura de Tonha, que imediatamente disfarçou. Constância ficou vermelha de raiva. Então Inácio se atrevia a olhar para uma negra, e com aquele ar de paixão, enquanto ela, branca e linda como uma flor, se encontrava ali, solta em seus braços, pronta para entregar-se ao seu amor? Aquilo era uma afronta! Furiosa, inquiriu:

– Inácio! O que há com você? Por acaso sonha acordado?

– Hein? O quê? Oh! Constância, desculpe-me. Estava distraído e perdi o ritmo...

– Distraído, sei. Onde está com a cabeça?

– Em lugar nenhum. É apenas o cansaço, nada mais.

– Cansaço de quê? Que eu saiba, você acabou de chegar e nem está trabalhando ainda.

– Por isso mesmo. Cheguei há pouco, depois de longo período de estudos e provas. Dei muito duro para me formar.

– A quem quer enganar, meu primo?

– Como assim?

– Creio que você estava pensando em outra moça.

– Outra moça, eu? Mas em quem?.

– Também gostaria de saber. Por que não partilha seu segredo comigo?

– Segredo? Não tenho segredo algum.

– Ora, Inácio, não seja tolo. Sou sua prima, pode confiar em mim. Vamos, conte-me: quem é a dona do seu coração? Talvez eu possa ajudá-lo.

– Você está enganada, Constância. Ninguém conseguiu ainda dominar meu coração.

– Ninguém? Mas que pena.

– Por quê?

– Você é um tonto, Inácio. Então não percebe?

– Percebo o quê?

– Nada.

– Ora, vamos, fale. Quero saber.

– Não há o que dizer. Se você não consegue perceber as moças ao seu redor, principalmente aquelas que se interessam por você, então está mesmo apaixonado por outra.

– Vamos, Constância, deixe de tolices. Se não a conhecesse diria que está com ciúmes.

– Ciúmes, eu? E por que estaria?

– Não sei. Porque é minha prima, fomos criados juntos. Mas não precisa sentir ciúmes, não.

– Por que não?

– Primeiro, porque não há ninguém. E segundo, porque você, Berenice e Camila têm lugar especial em meu coração. São como irmãs para mim.

Constância estava furiosa. Afastou-se de Inácio, e a pretexto de uma forte dor de cabeça, retirou-se de sua presença, deixando-o confuso e sem entender. Ia partir em seu encalço quando avistou novamente Tonha, que ia voltando pelo outro lado com a bandeja. Imediatamente, mudou de rumo e foi em sua direção, e ela quase deixou cair a bandeja quando o viu caminhando para ela. Tonha estacou, e ele, gentilmente, retirou um canapé da bandeja, agradecendo com um sorriso. Ela retribuiu e se virou, voltando para a cozinha.

Tonha estava exultante. Ele a amava, tinha certeza. Aquele olhar, aquele gesto, aquele sorriso... Tudo nele falava de amor. Tonha entrou na cozinha sorrindo disfarçadamente, mas Lalá, que não perdia um movimento da outra, indagou com ironia:

– O que foi que houve, Tonha? Por acaso viu passarinho verde, é?

– O quê? Falou comigo?

– Ora, e com quem mais haveria de ser?

– Não sei. Não sou a única escrava trabalhando aqui.

– Mas é a única que está com esse sorriso bobo na cara.

Tonha já ia responder quando Josefa chamou Lalá e ordenou:

– Muito bem, menina, já chega de conversa. Pegue essa bandeja e volte para a sala.

Lalá, embora a contragosto, obedeceu, e Josefa, virando-se para Tonha, acrescentou:

– Vou lhe dar um conselho, Tonha. Tome cuidado. Lalá é perigosa, e já percebeu o que há entre você e sinhozinho Inácio.

– Percebeu o quê? Não há nada entre nós.

– Não, no corpo não há nada. Mas o sentimento, esse você não esconde. Está claro que pensa estar apaixonada.

Tonha abaixou a cabeça e seus olhos se encheram de lágrimas. Cheia de emoção, objetou:

– Engana-se, Josefa. Eu não penso estar apaixonada. Eu estou apaixonada, perdidamente apaixonada por sinhozinho Inácio.

– Minha mãe Oxum[1], valei-me!

– É sim, Josefa. E hoje tive a certeza de que Inácio também sente o mesmo por mim.

– Minha filha, você está se iludindo. Sinhô Inácio é branco, e brancos não se apaixonam por negras. Eles se servem delas, nada mais.

– Está enganada. Ele me ama, estou certa.

– Como pode ter essa certeza?

– Eu li em seus olhos.

– Tonha, minha menina, sabe que gosto de você como se fosse minha filha, não é? Afinal, fui eu quem a criou e ensinou a você tudo o que sabe, não é mesmo?

– É sim, Josefa.

– Então escute o meu conselho. Se esse moço realmente a ama, então você deve pedir a ele que se afaste de você.

– Não posso fazer isso!

– Mas é para o seu bem.

– Não posso, Josefa, não me peça. Eu o amo, e tenho certeza de que ele também...

– Mas é perigoso.

1. Senhora da água doce e rainha da beleza, no culto iorubá. (N.A.)

– Eu sei, você já disse. Mas acho que você está se preocupando à toa. Não aconteceu nada, e eu saberei me cuidar.

Josefa calou-se. Não adiantava falar mais nada. Sabia que as coisas tinham que seguir seu próprio destino, e o destino de Tonha já estava traçado, muito antes dela desembarcar ali naquelas terras. Só lhe restava rezar e pedir aos orixás que a protegessem, afastando de seu coração aquele amor que, se verdadeiro, acabaria por levá-los, a ela e a sinhô Inácio, a uma verdadeira desgraça.

Naquela noite Tonha dormiu no quarto de Aline e sonhou. Era um sonho estranho, passado em outro lugar, em outro tempo, com outras pessoas, que embora de fisionomias diferentes, eram-lhe bastante conhecidas. Mais parecia fragmentos de uma história vivida por ela mesma, mas cujo começo e fim ela não podia precisar.

Ela era pequena, uma menina branca de nove ou dez anos, e estava em companhia de sua mãe, numa sala ampla e arejada, a mãe ensinando-a a bordar. A tarefa era enfadonha, ela não queria aprender. Queria sair e brincar, correr pelos pátios do castelo onde vivia. Olhou para fora e avistou um menino tentando subir numa árvore para pegar uma maçã. O menino caiu e se machucou, e ela, de um salto, disse para a mãe:

– Mamãe, Fúlvio caiu da árvore! Preciso ajudá-lo.

A mãe olhou-a zangada, e respondeu com severidade:

– Deixe, minha filha. Fúlvio tem mãe, e ela há de se encarregar dele. Agora vamos. Volte para sua tarefa.

– Está bem.

A mãe acabou seu bordado, levantou-se e foi vistoriar o trabalho da filha, acrescentando com orgulho:

– Está muito bom. Continue assim que em breve você será uma excelente bordadeira.

– Obrigada, mamãe.

– Agora fique aqui e continue a trabalhar. Vou ver como está Fúlvio, e se a queda foi grave.

A mãe saiu e a pequena ficou ali, tentando se concentrar em sua tarefa, quando uma leve batida na porta desviou sua atenção.

– Entre – ordenou.

A porta se abriu e uma menina franzina, de seus doze anos, entrou e cumprimentou:

– Bom dia, senhorita Cláudia.

– O que quer? – retrucou com desprezo.

– Vim avisá-la de que o lanche está pronto.

– Não estou com fome.

– Mas sua mãe falou...

– Cale-se, insolente! – e esbofeteou-a com violência. – E não chore. Detesto ouvir esses soluços idiotas.

A outra calou-se e tentou engolir o choro, para não desagradar sua ama. Passados alguns minutos, vendo que Cláudia não se decidia, abaixou os olhos e falou com voz sumida:

– Senhorita Cláudia, perdoe-me a intromissão...

– Cale-se! – berrou a outra. – Não quero escutar suas ladainhas. E agora levante-se e vá buscar mais linha vermelha. Esse rolo aqui já acabou.

– Sim, senhorita.

A pequena se levantou e foi buscar a linha, mas a pressa e o nervosismo fizeram com que ela deixasse o rolo cair ao chão, rolando para baixo da cama. A menina, quanto mais tentava segurá-lo, mais deixava que ele escapasse de suas mãos, e a linha, além de desenrolar-se toda, acabou por embaraçar-se, causando imensa raiva em Cláudia. Furiosa, pôs-se de pé, apanhou a correia do baú e desferiu em Anastácia o golpe mais violento que sua força infantil pôde permitir.

– Inútil, peste! Por que não presta atenção no que faz?

E continuou a bater-lhe com a correia. A menina chorava sem parar, soluçando e implorando perdão, mas Cláudia, quanto mais escutava suas súplicas, mais lhe batia, até que, de repente, a porta se abriu e a mãe entrou, parando horrorizada ante aquela cena e esbravejando:

– Cláudia! Mas o que é que está fazendo, menina? Por acaso perdeu o juízo?

Ouvindo a voz da mãe, Cláudia soltou a correia e correu para ela, exclamando já em lágrimas:

– Oh, mamãe, veja o que essa tonta da Anastácia fez! – E apontou para a linha caída no chão. – Não merece um castigo?

Anastácia, amedrontada e dolorida, não parava de chorar, sentindo nas costas a ardência daqueles golpes.

– Perdoe-me, senhora Agnes – implorava Anastácia aos prantos –, eu juro que não foi por querer. O rolo caiu, não pude evitar.

– É mentira, mamãe! – esbravejava Cláudia. – Ela é uma tonta e uma desastrada.

– Está certo, Anastácia, agora pare de chorar – Agnes desvencilhou-se da filha e correu a acudir a menina, toda encolhida no chão, ferida e humilhada. Cuidadosamente, ajudou-a a se levantar, ergueu-a no colo com carinho e tomou a direção da saída, não sem antes voltar-se para Cláudia e decretar: – E você, mocinha, espere-me aqui. Precisamos ter uma conversa.

Agnes saiu e voltou logo em seguida, encontrando a filha deitada na cama, os olhos inchados de tanto chorar, com medo da dura repreensão que receberia da mãe. Receosa, começou a dizer:

– Mamãe, eu...

– Cale-se, minha filha. Deixe-me falar. Não sei por que você age dessa forma. Por que está sempre a maltratar os criados? Eles são gente, assim como nós.

– Não estava maltratando Anastácia, apenas dei-lhe uma lição.

– Lição? Que direito você tem de espancá-la? Por que fez isso, minha filha, por quê? – Cláudia não respondeu. – Sabe que a amo, não é mesmo? E que faria tudo por você, tudo, qualquer coisa. Mas não posso permitir que você seja cruel. O que fez foi vergonhoso, e você merece ser castigada.

– Eu? Mamãe, não acredito que vai me punir só porque dei umas palmadas naquela criadinha!

– Palmadas? Você a chicoteou como se ela fosse um animal. Isso não se faz.

– Ora, mamãe, mas eu nem a machuquei tanto assim.

– Machucou mais do que imagina, porque feriu seu coração.

– Mas mamãe, essa gente é diferente. Está certo, posso ter exagerado. Mas somos superiores, e gente dessa laia não tem a menor importância.

– Eu sei que somos superiores. Somos nobres, e Anastácia, como os demais criados, é gente da plebe, sem títulos ou nobreza. Mas eles também são gente, merecem nossa piedade e a nossa benevolência, e não devem ser tratados com crueldade.

– Mas mamãe...

– Chega, Cláudia, nem mais uma palavra. E, como castigo, ficará proibida de sair e brincar por uma semana.

– Uma semana? Mas, e Fúlvio? Vai estranhar minha ausência.

– Por falar nisso, você até se esqueceu, mas Fúlvio passa bem. Foi apenas um pequeno tombo, sem maiores conseqüências, salvo alguns arranhões.

– Oh! Graças a Deus.

– Bem, eu mesma me encarregarei de avisar Fúlvio. Tenho certeza de que ele compreenderá, e como bom menino que é, não virá perturbá-la.

– Oh! Mamãe, por favor, não faça isso! Por favor, não! Não posso ficar longe de Fúlvio. Não! Não!

Tonha acordou sobressaltada, com Aline a sacudi-la pelo ombro.

– Tonha! Tonha! – chamava. – O que foi que houve, meu Deus? Você está bem?

– Hein? Onde estou?

– Ora, mas que pergunta! Em meu quarto, é claro. E onde mais haveria de estar?

– Não sei – Tonha parou e encarou a outra, os olhos já marejados. – Tive um sonho esquisito.

– Um sonho? O que foi? Conte-me.

De forma detalhada, Tonha contou a Aline o estranho sonho que tivera e que lhe parecera tão real. Terminada a narrativa, virou-se para a sinhazinha e indagou:

– O que acha?

– Não sei. Mas deve ter sido só um sonho mesmo.

– Mas foi tão real!

– Bem, os sonhos são assim mesmo. Mas, visto que você é negra e, infelizmente, escrava, a menina de seu sonho não pode ser você.

– Não sei. E se tivemos uma outra vida?

– O quê? Ora, Tonha, mas que bobagem. Só se vive uma vez.

– Como pode saber?

– Se vivêssemos mais de uma vez, não acha que nos lembraríamos?

– Não sei. Deus faz coisas estranhas, que nós não conseguimos compreender. E depois, a velha Maria diz que nascemos e morremos diversas vezes.

– Sempre as histórias da velha Maria. Como ela pode saber?

– Não sei. Mas parecia tudo tão real! E tem mais uma coisa.

– O que é?

– Minha mãe, no sonho. Parecia você...

– Eu? Mas como pode ser isso?

– Não sei. Mas tenho certeza de que era você.

– Tonha, você sonhou e ficou impressionada, nada mais. E você associou a mulher do sonho a mim porque, afinal, sou eu quem cuida de você e a protege, não é mesmo? – Ela aquiesceu. – Então, vê? Foi apenas uma transferência. Agora venha, deite-se aqui comigo que eu a farei dormir.

Tonha, agradecida, deitou-se ao lado de Aline e se aconchegou a ela, abraçando-a com força. A outra, sentindo o abraço quente da negra, deixou-se ficar agarrada a ela, e abraçou-a também, envolvendo-a em seus braços como se ela fosse um bebê. Sim, Tonha era muito impressionável, tanto quanto uma criança. Carecia de cuidados especiais, e ela estava ali para cuidar dela e não deixar que nada de mal lhe acontecesse, a qualquer custo. Aline estava disposta a proteger Tonha, ainda que isso lhe custasse a vida.

Aline estreitou Tonha ainda mais contra si, e ela gemeu, aninhando a cabeça em seu colo. Como amava aquela negrinha! Um amor puro e desinteressado, mais parecido mesmo com um amor de mãe para filha. Se pudesse, viveria com ela para sempre, com ela e com Cirilo. Sim, amor de verdade ela só sentia por aqueles dois. Os demais... Bem, eram pessoas, e ela gostava de estar com pessoas e fazer-lhes o bem. Mas amor mesmo... tinha certeza, só por Tonha e por Cirilo...

Capítulo 11

Cirilo chegou à casa de Aline já depois das cinco horas, cansado e com fome, após mais um dia de trabalho. Encontrou Camila e Basílio na sala, conversando animadamente, Basílio guardando uma distância respeitosa de sua irmã. Desde que a mãe se casara, mudara-se para a fazenda São Jerônimo, acompanhada da filha e das sobrinhas, Constância e Berenice, que resolveram ficar e passar uns tempos na fazenda.

Na Ouro Velho permaneceram os rapazes. Cirilo, que tinha que cuidar da plantação, Inácio, que montara um consultório na cidade, e Basílio, que ficava por ali a rondar, sem nada para fazer. Desde o flagrante que os rapazes lhe haviam dado, porém, Basílio nunca mais se atrevera a bolinar Camila, e suas intenções pareciam mais sérias. Pedira permissão para namorá-la, o que fazia aberta e respeitosamente na presença dos mais velhos.

Cirilo, contudo, continuava não gostando do rapaz. Assim que entrou e o viu em animada prosa com a irmã, foi logo perguntando:

– Então, Basílio, já arrumou emprego?

– De novo, Cirilo? – censurou Camila. – Sabe que aqui não há trabalho para ele.

– Se não me engano, disse que é advogado, não é mesmo?

– Sou sim.

– Então, por que não vai trabalhar em algum escritório?

– Ora, Cirilo, essa é uma cidade pequena. Não há quase escritórios disponíveis, e os poucos existentes não precisam de mais ninguém. Afinal, para que advogados? Para cuidar de plantas e vacas?

– Engana-se, Basílio. Há muito trabalho por aqui. As questões envolvendo a posse de terras e escravos têm aumentado muito. Além disso, há sempre novas transações se realizando, pessoas que para aqui vêm em busca de um pedaço de terra para plantar. Todo dia são realizadas novas vendas, a população começa a acreditar e investir no café. E isso, sem falar nos testamentos e nas partilhas. Como vê, meu caro, o vale do Paraíba está crescendo, e muitas oportunidades vão surgindo.

– Bem, mas ninguém ainda me ofereceu um trabalho...

– Oh! Mas que pena. Pensei que os empregos batessem à sua porta e você os recusasse...

– Por favor, Cirilo, sem sarcasmos, sim? Basílio está falando sério. Não há nada que ele possa fazer aqui.

– Então por que não se muda?

– E deixar minha doce Camila? Nem pensar. Só depois de casar-me com ela.

– E como pretende casar-se se não tem como sustentá-la?

– Não tenho agora. Mas breve terei.

– E posso saber como?

– Ora, como? Na hora certa, saberá.

– Sabe, Basílio, estive conversando com minha mãe e com o senhor Licurgo, e ambos são da mesma opinião que eu.

– Que opinião, Cirilo? – quis saber Camila.

– Bem, somos todos da opinião de que o senhor é um aproveitador.

– Cirilo, mas que horror, que falta de educação! Como pode dizer uma coisa dessas de seu futuro cunhado?

– Deixe, Camila, eu não me importo. Cirilo tem razão em pensar assim. Afinal, não me conhece direito, e ainda não percebeu que minhas intenções são as melhores possíveis. Se ainda não arranjei emprego é porque não encontrei nada à altura.

– Sei. Mas, como eu ia dizendo, andei conversando com seu Licurgo, e ele se mostrou bastante interessado em ajudar.

– Sim? E daí?

– Bem, e daí que ele falou com um comendador amigo seu, e ele conseguiu para você um emprego no escritório de um conhecido.

– Que tipo de emprego?

– Eles estão precisando de um novo advogado por lá, para ajudar na elaboração de alguns contratos.

– Parece interessante.

– Não sei se é interessante ou não, e nem me interessa saber. Mas o fato é que, ou você aceita, ou terá que ir embora de minha casa.

– De novo com isso, Cirilo?

– Por favor, Camila, não se intrometa. Quero que saiba, senhor Basílio, que sua presença em minha casa só é tolerada porque minha irmã, por um motivo que desconheço, está apaixonada por você. Não fosse por ela e eu já o teria expulsado há muito tempo. Mas, como não queremos fazer Camila sofrer, minha mãe e eu consentimos em que ficasse, mas agora sob a condição de aceitar o emprego.

Camila olhou para ele ansiosa, enquanto Basílio, olhar perdido em um ponto qualquer do chão, mal conseguia ocultar a raiva que sentia naquele momento. Apertando as mãos, encarou Cirilo e respondeu entre dentes:

– Está bem, Cirilo, se é o que quer, diga ao amigo de seu Licurgo que aceito. Vou provar que amo Camila e pretendo casar-me com ela.

– Casar-se-ia ainda que ela não tivesse dote?

– Cirilo, pare com isso! – Camila estava indignada.

– Vamos, ainda não me respondeu. Casar-se-ia ou não?

– Sim... – balbuciou – ...claro que sim... Afinal, meu amor é por sua irmã, e não por seu dinheiro ou dote.

– Ótimo. Fico feliz em saber disso, porque, após uma longa reunião em família, resolvemos que o dote de Camila consistirá apenas nos bens necessários para concorrer com os encargos familiares, sem luxos ou ostentações. Portanto, senhor Basílio, se pensa que terá em mãos uma fortuna para administrar, está perdendo seu tempo.

Basílio espumava de raiva, as mandíbulas se contraindo, como se quisesse atacar Cirilo. Para dissimular a raiva e a frustração, e fingindo-se ofendido, Basílio levantou-se apressado e bruscamente contestou:

– Está enganado, Cirilo, e vou provar-lhe isso.

– É o que quero, senhor Basílio. Nada me dará mais prazer do que saber que estava errado, e que o senhor é um homem digno e honesto.

Em seguida, retirou-se da sala e saiu à procura de Aline, que o aguardava na varanda. Basílio, certificando-se de que ele se afastara, voltou-se para Camila e vociferou:

– Quem esse seu irmão pensa que é, afrontando-me assim desse jeito?

– Acalme-se, querido – contemporizou Camila. – Ele está apenas preocupado, é natural.

– Natural o quê? Ele é um esnobe, isso sim. Pensa que só porque tem dinheiro pode tratar-me desse jeito?

– Basílio, por favor, não se zangue. Cirilo está apenas cumprindo seu dever de irmão mais velho e de chefe de família. E depois, se você me ama mesmo, não entendo por que está tão zangado. Ou será que não me ama tanto assim?

– Ora, minha querida, é claro que a amo. Mas só que essa desconfiança de seu irmão mexe com meus brios. Afinal, sou um homem honesto, e não gosto de ser tratado como um aproveitador.

– Não se preocupe. Faça como Cirilo disse, aceite o emprego, trabalhe, e tudo se resolverá.

– Mas e o dote? Não falo por mim, mas por você. Afinal, é uma moça fina, acostumada a certos mimos que não poderei lhe dar. Sem o dote não terei como manter seus caprichos.

– Já disse para não se preocupar. Cirilo está apenas blefando. É óbvio que não me diminuirá o dote.

– Assim espero. Não suportaria vê-la infeliz, sem seus luxos.

Basílio aceitou o emprego e logo começou a trabalhar. Mas aquele trabalho estava muito aquém de seu potencial. Era um empreguinho, para o qual nem era necessário ser formado. Mas Cirilo que o aguardasse. Breve ele faria com que o outro se arrependesse de tê-lo tratado daquele jeito. Logo, logo, estaria implorando para que ele se casasse com Camila, e então faria qualquer coisa para convencê-lo.

Capítulo 12

Constância estava sentada num banco do jardim, admirando a beleza das flores, tão bem-cuidadas, quando escutou vozes atrás de si. A princípio não deu atenção, mas alguma coisa no tom daquelas vozes fez com que se concentrasse e apurasse os ouvidos, passando então a distingüir a conversa entre Tonha e Aline que passeavam pelas alamedas ensolaradas. Cuidadosa e silenciosamente, Constância se levantou, e oculta pelas árvores e arbustos, passou a segui-las de longe, bebendo cada palavra que proferiam.

– Não sei por que tanto medo – indignava-se Tonha –, não fiz nada!

– Eu sei, eu sei, Tonha – a voz de Aline demonstrava profunda preocupação.

– Então por que tanto espanto por nada? E, além do mais, não é você que vive dizendo que sou igual a você e a todo mundo?

– E é mesmo.

– Então não entendo. Qual é o problema?

– O problema é que as outras pessoas não pensam como eu.

– Nem Inácio?

– Ora, Tonha, não seja tola. Sabe que Inácio está apaixonado por você. E mesmo que não estivesse, ele é um cavalheiro e uma pessoa maravilhosa. Além disso, é anti-escravagista.

– E daí...

– E daí que Josefa está seriamente preocupada.

– Josefa... Só podia ser.

– Por que não me contou?

– Eu ia contar, mas tive medo que você se preocupasse sem necessidade. Mas Josefa não deveria ter falado nada, não tinha o direito de procurá-la para fazer mexericos.

– Tonha, como pode falar uma coisa dessas? Josefa é como sua mãe, e importa-se muito com você. Ela teme por sua segurança e por sua vida.

– Eu sei, Aline, perdoe-me. Sei que vocês só querem o meu bem. Mas o que posso fazer? Inácio já é dono do meu coração.

– Sei disso, e não pretendo afastá-la dele. Mas vocês precisam tomar cuidado. Podem ser vistos.

– Vistos? Mas como, se não fazemos nada? Na verdade, não há nada entre nós. Sequer nos encontramos a sós, nunca nos beijamos.

– Eu sei. Mas, logo, logo, isso vai acabar acontecendo. É só uma questão de tempo. E quando isso acontecer, quero que seja em segredo, sem ninguém por perto para delatá-los. Sabe o que papai faria, não é mesmo? – Tonha não respondeu. – Sabe, não é?

– Sei, sim. Me mandaria pro tronco na mesma hora.

– Isso mesmo. E sabe que você seria duramente açoitada, até quase morrer ou, o que é pior, até morrer mesmo, não é?

– Eu sei – Tonha abaixou os olhos e começou a chorar de mansinho. – Oh! Aline, o que posso fazer? Eu o amo. Maldita vida que me colocou aqui, nessa situação, como escrava, sem poder viver livremente o meu amor!

– Tonha, querida, não se desespere – a voz de Aline era carinhosa e meiga, e ela acercou-se da outra, enlaçando-a pela cintura e pousando sua cabeça em seu ombro. – Estou aqui para protegê-la, e tudo farei para que você e Inácio se encontrem. Mas você tem que colaborar.

– Mas como? O que devo fazer? Não posso me afastar de Inácio – Tonha soluçava convulsivamente.

– Eu sei, e nem ele vai querer isso. Mas tente não se denunciar. Evite as trocas de olhares, procure não sorrir em demasia quando o avista, oculte seus sentimentos. É para o seu bem, e o dele também. Afinal, dona Palmira também seria contra, e isso poderia causar uma briga em família, e você não quer isso, não é mesmo?

– Não, claro que não.

– Então procure disfarçar e deixe tudo por minha conta. Na hora certa, saberei como agir, e poderei, junto com Cirilo, patrocinar seus encontros de forma segura e discreta, está bem?

– Está bem.

– Então agora pare de chorar e confie em mim. Você confia em mim, não é mesmo?

– Na verdade, só posso mesmo confiar em você. Em você e na tonta da Josefa, que apesar de tudo, só pensa no meu bem.

– Não fale assim de Josefa. Ela é a mãe que você nunca teve.

– Sim, eu sei. Desde que parti da minha terra e nunca mais vi meus pais, Josefa e você têm sido minha única família. E agora Inácio... Como seria bom se pudesse casar-me com ele, ter filhos, uma família, um lar...

– Tonha, não quero desiludi-la, mas você está sonhando. Sabe que isso é impossível.

– Eu sei, mas não posso deixar de desejar isso. Se não sonhar com algo, se não tiver alguma esperança, então para que enfrentar o mundo por um amor impossível? Será que jamais poderei tê-lo?

– Não sei, Tonha. Só o tempo e o destino é que poderão dizer. Bem, agora chega de prosa e vamos embora. Já está anoitecendo, e estou começando a sentir frio.

De mãos dadas, Tonha e Aline se afastaram, seguidas pelo olhar fulminante de Constância. Então ela estava certa. Inácio estava mesmo interessado naquela negrinha. Era só o que faltava! E Aline, hein? Mas que papel, acobertando aquele romance indecente. Precisava fazer alguma coisa. Será que deveria contar tudo a tia Palmira? Não, por enquanto não. Seria melhor esperar o momento mais oportuno. Era preciso fazer com que a tia e seu Licurgo descobrissem sem que ela precisasse falar. Só assim poderia fingir-se amiga de Inácio, oferecendo-lhe sua compreensão e seu ombro para chorar. Saberia consolá-lo e fazer com que esquecesse aquela paixão absurda. Mas, para isso, ele não poderia sequer desconfiar de que ela estava por trás de tudo. Não. Ela não podia se deixar à mostra. O melhor seria esperar até que a oportunidade surgisse. Então ela ia ver. Aquela negra metida a besta teria o castigo que merece.

Constância entrou em casa furiosa, passando pela irmã como um raio. Berenice, assustada, levantou os olhos do livro que estava lendo e chamou-a, mas ela sequer se dignou a olhar para ela. Preocupada, Berenice largou a leitura e levantou-se, indo atrás da irmã. Constância entrou no quarto e já ia bater a porta, mas a mão de Berenice a impediu.

– Por Deus, Constância, o que foi que houve? Parece que está para explodir.

– E estou, Berenice.

– Mas o que foi que aconteceu para deixá-la assim desse jeito?

– Nada que seja de sua conta – a outra magoou-se e segurou nos olhos as lágrimas que tentavam escorregar. – Agora saia e deixe-me só.

– Constância, minha irmã, não fale assim. Só quero ajudá-la.

– E quem precisa de sua ajuda? Vá embora.

– Mas...

– Mas o quê? Por que não cuida da sua vida, em vez de ficar me aborrecendo?

Berenice, magoada, voltou-lhe as costas e saiu, as faces em fogo, chorando baixinho. Era sempre assim. Constância, com aquele gênio, sempre a humilhá-la e escorraçá-la. Mas por quê? O que tinha ela feito para merecer aquilo? Em silêncio, Berenice voltou para a sala, enxugou as lágrimas e sentou-se, retomando a leitura e fingindo ler, os pensamentos longe, imaginando o que teria acontecido para deixar a irmã furiosa daquele jeito. Só podia ser Inácio.

Embora Constância não se abrisse com ela, preferindo confidenciar-se com Camila, Berenice estava certa de que ela estava apaixonada pelo primo. Desde a infância, quando iam com os pais passar as férias na fazenda Ouro Velho, Constância procurava sempre estar junto dele, e mais tarde, já mocinha, tudo fazia para encontrá-lo e tocá-lo, dando sempre um jeito de esbarrar em sua mão, em seu braço. Inácio nada percebia, talvez julgando que aqueles gestos nada mais fossem do que carinhos de irmã.

Depois ele partira para Lisboa, a fim de concluir seus estudos, e elas pouco o viam, o que parecia haver afastado Inácio dos pensamentos de Constância. Mas, ao retornarem, Berenice pôde perceber os olhares que ela lhe endereçava, o modo como o seguia, as vezes em que contava casos apenas para poder pronunciar seu nome. Sim, ela estava apaixonada. Mais apaixonada do que nunca. Mas, e o primo? Pelo que pudera perceber, Inácio não estava interessado em Constância, mas na escrava particular de Aline. Berenice desconfiava que o primo amava Tonha, mas nada dissera a ninguém. Não era problema seu. Só que Constância... Bem, Constância, de uma maneira ou de outra, deve ter descoberto a verdade, e não iria se conformar. Conhecia a irmã. Ela tudo faria para afastar a rival de seu caminho, ainda que para isso precisasse acabar com ela. Era só esperar para ver.

Capítulo 13

Já era noite e fazia frio. O vento assobiava pelas janelas, buscando uma fresta por onde penetrar. Licurgo entrou no quarto e encontrou a mulher toda encolhida, os olhos semicerrados para protegê-los da luz do lampião. Acercou-se dela, tirou a roupa e deitou-se a seu lado, buscando sua boca com sofreguidão. Palmira correspondeu ao beijo sem maior interesse, desculpando-se timidamente.

– Hoje não, querido, estou incomodada.

O marido desvencilhou-se dela e ajeitou-se na cama, virando-se para o outro lado. Ele não gostava quando a mulher estava naqueles dias. Sentia uma certa repulsa e evitava tocá-la.

Passados alguns instante, Palmira adormeceu, e Licurgo levantou-se e encaminhou-se para a cozinha. Já era tarde, todos dormiam. Procurou pelo capataz, mas não o encontrou. Onde diabos havia se metido Terêncio? Saiu para o terreiro e silenciosamente se encaminhou para o seu dormitório, que ficava um pouco afastado da casa grande, perto da senzala. Sem cerimônia, meteu a mão na maçaneta e entrou. A porta estava destrancada, como sempre. Terêncio, bêbado, roncava jogado no catre, a garrafa de pinga caída no chão. Bruscamente, cutucou-o com o pé e chamou:

– Terêncio! Terêncio! Ande, homem, acorde, preciso de você.

– Hã? O quê? – o capataz esfregou os olhos até que reconheceu a figura do patrão. – Ah! Seu Licurgo, aconteceu alguma coisa?

– Nada de mais. Levante, vamos, preciso de um serviço.

– Lalá?

– Sim, Lalá. Levante-se e vá buscá-la.

– A essa hora? Já é tarde.

– Vamos, homem, levante-se e não discuta.

– Está bem. O senhor é quem manda. Mas onde irá recebê-la? Agora, com dona Palmira em seu quarto, e mais todas aquelas meninas, fica difícil encontrá-la sem ser visto.

– Isso é. Mas não importa. Que ela venha se encontrar comigo aqui mesmo.

– Aqui? Ora, seu Licurgo, mas o local não é apropriado. Minha cama é rude, os lençóis são grosseiros.

– Sei, sei. Mas é uma emergência. Por ora serve. Amanhã providenciarei roupas adequadas para quando eu vier. Agora vá. Traga-me a negrinha aqui imediatamente.

– Sim senhor.

Terêncio saiu e voltou logo em seguida, trazendo Lalá pela mão, toda embrulhada numa manta grossa de lã, já meio gasta e esburacada. Empurrou-a para dentro e saiu, indo acomodar-se sob o alpendre, a fim de fugir da chuva que em breve cairia.

– Sinhô Licurgo – Lalá foi logo dizendo amuada, fazendo beicinho –, pensei que não me quisesse mais...

– Deixe de conversa, menina, e tire logo a roupa. Estou cansado e com frio.

Lalá despiu-se e deitou-se na cama do capataz, esperando que Licurgo se deitasse sobre ela.

– Por que resolveu me chamar? A sinhá não o satisfaz?

Licurgo desferiu-lhe um tapa no rosto e falou, zangado:

– Ouça, Lalá, para o seu bem, não ouse tocar no nome de minha esposa. Ela é diferente, não é como você. É a dona desta casa, minha consorte, e eu devo respeitá-la. Você não. É minha escrava, e está aqui para servir-me. Não tenho que lhe dar satisfações.

Lalá, segurando a face, olhos rasos d'água, respondeu com falsa humildade, procurando disfarçar o ódio:

– Desculpe, sinhô.

– A situação agora é diferente. Estou casado, e dona Palmira sequer deve desconfiar de que eu me sirvo de você. Por isso, uma palavra sua ou de qualquer outro e você vai para o tronco. Se ela descobrir alguma coisa, mando amarrá-la e surrá-la, ainda que você não tenha dito nada. Compreendeu? – A outra aquiesceu e ele continuou: – Bem, vou precisar de você somente quando a sinhá estiver nos dias do incômodo. E assim mesmo, quando a necessidade for urgente, como hoje. Fora isso, não quero vê-la por perto. Entendeu?

– Sim, sinhô.

– Muito bem.

Lalá calou-se e ele serviu-se dela rapidamente. Ao terminar, já estava se vestindo quando ela perguntou:

– Desculpe, sinhô, se me intrometo. Mas posso pedir uma coisa?

– O que é?

– Bem, sabe o quanto gostaria de servir à sinhazinha Aline...

– E daí?

– E daí que Tonha não dá a vez para ninguém.

– Você sabe que Tonha é a escrava preferida de minha filha.

– Eu sei, mas se o sinhô quiser, pode deixar de ser.

– Esqueça, Lalá. Já lhe disse que Tonha é escrava particular de Aline, e ninguém poderá tomar-lhe o lugar. Mas por que a insistência? Já não a passei para dentro? Tirei-a da senzala, até presentes lhe dei. O que mais quer?

– Quero servir sinhazinha Aline.

– Mas por quê? Não lhe basta o que já conseguiu?

– Não é isso, sinhô.

– Bem, o que é, na verdade, não me importa. Mas Aline não quer você. Não gosta de você. Aline só quer ser servida por Tonha. Dei-lhe Tonha de presente, e ninguém poderá tirá-la dela. Nem eu. Agora chega dessa conversa. Você já falou demais. E não se esqueça do que lhe disse.

– Não, sinhô, pode deixar.

Licurgo se foi e Lalá ficou ali a remoer o ódio e a inveja. Quando Terêncio voltou, encontrou-a ainda nua, deitada em sua cama, o corpo negro brilhando à luz das velas.

– Mas o que é isso, Lalá? – repreendeu o capataz. – Quer me causar encrencas? Por que ainda não foi embora? Vamos, levante-se e saia. Se seu Licurgo volta e pega você aí assim, é capaz até de me mandar embora. Ande, vamos, o que está esperando?

Ela apanhou o cobertor, enrolou-se nele e saiu, o vento cortante penetrando em sua pele, a chuvinha fina que começara a cair ensopando-lhe os cabelos e a manta. Ao voltar para o quarto das escravas de dentro, Josefa perguntou:

– O que foi que houve, Lalá? Onde esteve?

– Não é da sua conta, Josefa. Volte a dormir. Logo, logo, o sol vai nascer e já será hora de levantar.

Josefa virou-se para o outro lado e fingiu dormir. No fundo, sabia aonde fora a outra; de há muito já percebera suas escapadas durante a noite. Bem, isso não a incomodava, ela não tinha nada com isso. Mas uma estranha apreensão apossou-se de seu peito, e Josefa estremeceu. Não sabia o porquê daquela estranha sensação, mas, mesmo assim, fechou os olhos e rezou, pedindo aos orixás que protegessem seu povo, inclusive aquela doida da Lalá.

Benedito apanhou a enxada, pousou-a no ombro e, cabisbaixo, pôs-se a seguir a fila de escravos que se dirigia à senzala. Mais um dia de trabalho se havia terminado com o pôr-do-sol. Ele estava cansado, muito cansado. O corpo jovem e robusto se ressentia dos intermináveis dias na lida, do trabalho de sol a sol, da alimentação precária, do frio e da fome.

Caminhar mecânico, lá ia ele em direção ao terreiro, ansioso por um bom banho no regato que lhe limpasse o corpo e a alma. Olhos no chão, Benedito só pensava em sua Lalá. Fazia muito que não a via, havia muito ela deixara de lhe prestar atenção. Lalá trabalhava dentro da casa grande, e ele não tinha mais oportunidade de vê-la.

Estranha Lalá. Desde que fora chamada para prestar serviços do lado de dentro ficara diferente, como se carregasse um rei na barriga. Benedito enchia-se de saudades quando pensava em sua amada, mas Lalá parecia nem se lembrar mais de sua existência. Quantas vezes ele ficara por ali, à espreita, só para vê-la passar, sem ousar falar com ela, com medo de que seu Terêncio visse e os castigasse. Ele estava certo de que Lalá não o queria mais, de que se encantara com a vida na casa grande e de que, na certa, já se tornara amante daquele capataz imundo.

Ele seguia absorto em seus pensamentos, quando ouviu a voz de Terêncio, chamando-o bruscamente:

– Benedito, venha cá.

– O que é, seu Terêncio?

– O patrão pediu dois negros para arrastar os móveis do quarto da sinhá. Ande logo.

– Já vou.

Em silêncio, Benedito foi atrás do capataz, que já se fazia acompanhar por outro escravo, de nome Alceu. Terêncio bateu à porta do quarto de dona Palmira e aguardou, até que uma negrinha foi atender, dando passagem para que entrassem. Benedito seguiu silencioso, passando o olhar pelo aposento, na esperança de que Lalá estivesse ali. Inútil. Lalá não se encontrava no quarto, mas ocupada na cozinha, ajudando Josefa com os quitutes para o jantar. Terêncio acercou-se da patroa e falou:

– Trouxe os negros que seu Licurgo pediu.

– Ah! Obrigada, Terêncio. Pode deixá-los aqui. Quando terminar, eu mesma os mandarei embora

– Está certo, dona Palmira. Com licença.

Terêncio se foi e Benedito ficou ali com o outro escravo aguardando ordens. Palmira, virando-se para eles, ordenou com voz fria:

– Muito bem. Quero que movam aquela arca que está embaixo da janela para aquele canto. Depois ponham a cama encostada naquela parede, peguem esse baú e coloquem-no no pé da cama. Quando terminarem, arrastem aquela mesa para o centro do quarto e coloquem o oratório ali ao fundo, ladeado pelas duas poltronas de veludo verde que estão aí no corredor. Entenderam?

Os negros se entreolharam e assentiram, Alceu já começando a suar frio, com medo de esquecer as determinações da sinhá. Benedito, contudo, tranqüilizou-o com o olhar. Tinha boa memória, e guardara direitinho a posição de cada móvel. Imediatamente começaram a trabalhar. Já era noite e ambos estavam cansados e com fome.

– Tomara que termine logo – sussurrou Alceu. – Estou morto de fome.

– Calem a boca e trabalhem – repreendeu Palmira. – Ou então vão ficar sem comida hoje.

Os dois se calaram e puseram-se a mover a mobília, extremamente pesada. Puxa daqui, arrasta dali, empurra de um lado, segura do outro, ao final de duas horas o serviço já chegava ao fim. Estavam terminando de ajeitar as poltronas quando Palmira, voltando do jantar em companhia de Licurgo, soltou um grito estridente:

– Parem, parem!

Os escravos, assustados, soltaram as poltronas e voltaram-se para ela, temendo algum deslize.

– Algo errado, sinhá? – indagou Benedito.

– Mas é claro que sim, negro estúpido! Fizeram tudo errado.

– Como?

– Eu mandei colocar a cama ali e o baú embaixo da janela.

Em silêncio, Benedito e Alceu soltaram as poltronas e correram para trocar o baú de lugar, embora certos de que haviam seguido direitinho as ordens da sinhá. Terminada a tarefa, voltaram a colocar as poltronas no lugar indicado, mas foram detidos pela voz imperiosa de Palmira:

– Esperem um instante. Esse baú não estava assim – os escravos e Licurgo se aproximaram para ver o que lhes apontava o dedo de Palmira, e viram um enorme arranhão no baú, correndo desde o fundo até bem próximo ao trinco. – Muito bem. Quem foi o culpado?

Os escravos olharam-se sem saber o que dizer, até que Licurgo, impaciente, esbravejou:

– Como é? Não ouviram a pergunta de sinhá? Quem foi o culpado?

– Perdão, sinhô Licurgo – respondeu Benedito timidamente –, mas esse arranhão já estava aí quando começamos.

– Mentira! – acrescentou Palmira. – Então pensa que não tenho cuidado com minhas coisas?

– Eu não quis dizer isso, sinhá, mas a sinhá pode não ter notado...

– Silêncio, insolente! Se dona Palmira diz que o baú não estava arranhado, então não estava – e debruçando-se na janela, pôs-se a gritar: – Terêncio! Terêncio! Venha até aqui imediatamente!

Em instantes o capataz chegou, ainda mastigando um pedaço de carne, e indagou, a boca cheia:

– O que foi, patrão?

– Leve esses dois negros daqui e aplique-lhes um corretivo. Eles arranharam o baú de dona Palmira.

Terêncio olhou-os de cima a baixo, Alceu tremendo, já começando a chorar.

– Por favor, sinhô – implorava –, tenha piedade.

– Cale-se! Vamos Terêncio, não tenho a noite toda. Estou cansado e quero dormir.

– O que o patrão quer que eu faça? O tronco?

Licurgo coçou a barba, pensou por alguns segundos e respondeu:

– Não será necessário. Apenas umas cinco chicotadas serão o suficiente.

Alceu quase desmaiou. Era um tanto quanto acovardado e morria de medo de apanhar. Benedito, mais corajoso, considerou:

– Sinhô Licurgo, está sendo injusto. Nós não fizemos nada.

– Como é que é? Atreve-se a acusar-me de injusto? E desde quando negro precisa de justiça? Pois saiba que sou seu dono e posso mandar surrá-lo a qualquer hora, sem precisar de motivo algum.

– Sei disso, sinhô. Mas, ainda assim, o castigo não será merecido. O baú já estava arranhado quando começamos a trabalhar – arrematou, passando a mão de leve sobre o arranhão.

– Não toque mais aí! – berrou Palmira, dirigindo-lhe um tapa. Instintivamente, contudo, Benedito levantou a mão e aparou o golpe, segurando-a pelo pulso.

– O quê? – urrou Licurgo. – Então ainda se atreve a manchar a alvura da pele de minha esposa com suas mãos negras e sujas?

– Perdão, sinhô – desculpou-se embaraçado e temeroso. – Foi sem querer. Não fiz por mal.

– Calado! Terêncio, leve-os daqui. Coloque esse negro no tronco, dê-lhe cinqüenta chibatadas e depois atire sal nas suas feridas. Isso deve ensiná-lo a nunca mais tocar em uma mulher branca.

Benedito calou-se e abaixou a cabeça, certo de que o castigo seria inevitável. Terêncio saiu a puxá-los para fora, Alceu já esquecido, correndo para a senzala. Cantarolando, convocou os escravos para assistirem a cena, amarrou Benedito no tronco e, sem piedade, começou a açoitá-lo, a princípio lentamente, depois aumentando o ritmo, até que, dominado pela loucura e pelo cheiro do sangue, começou a agitar o chicote num frenesi crescente, nos olhos um brilho de estranha satisfação, quase como em êxtase.

Atraídas pela gritaria, as meninas correram para o terreiro. Berenice, penalizada, ocultou os olhos e começou a chorar. Constância, por sua vez, soltou um suspiro de aborrecimento, não vendo motivo para tanto alarde. Camila, alheia a tudo e a todos, não deu muita importância ao fato, e logo se retirou, em companhia de Basílio. Mas Aline, horrorizada, acompanhada de Tonha, que não parava de chorar, começou a gritar:

– Terêncio, solte-o, já chega!

– Sinto muito, dona Aline. São ordens de seu pai.

– Mas vai matá-lo! Solte-o, vai matá-lo, não está vendo?

Mas Terêncio já não mais respondia. Estava dominado por uma estranha fúria, que parecia se alimentar do ódio, da dor e do sangue que esguichava das feridas abertas nas costas de Benedito. De tão enlouquecido, o capataz foi açoitando o pobre escravo trinta, quarenta, cinqüenta, sessenta vezes, até que perdeu a conta e continuou a bater e a bater. Aline ainda tentou segurar-lhe a mão, mas foi impedida pela força e pela violência do outro, que não parava de bater, o chicote zunindo no ar e descendo pesado no lombo de Benedito. Até que Berenice, não podendo mais suportar, correu para dentro de casa e foi chamar a tia:

– Tia Palmira, acuda, Terêncio vai matá-lo.

– Vai matar quem? – indagou a tia, assustada por ver a menina ali, ofegante e soluçando.

– Benedito. Ele o está açoitando sem piedade.

– Sossegue, menina – acrescentou Licurgo. – Fui eu que mandei aplicar-lhe cinqüenta chibatadas. Ele foi insolente e ousou tocar em sua tia.

– Mas seu Licurgo, a conta, há muito, já passou de cinqüenta...

Licurgo, preocupado, encarou Palmira e saiu, as moças logo atrás dele. Será que Terêncio enlouquecera? Afinal, não queria perder um negro forte como Benedito. Ao chegar ao terreiro, já era tarde demais. Terêncio, enlouquecido, continuava a chicotear o corpo já sem vida do escravo, e só parou quando escutou a voz tonitruante do patrão a chamá-lo:

– Terêncio!

O capataz parou a meio, desferindo ainda o último golpe, já sem força, e olhou para Licurgo, como que procurando entender o que se passava. Olhou para os escravos que, mudos, o fitavam com ódio, e viu a menina Aline ajoelhada, as mãos cobrindo o rosto, como que a desculpar-se com o cadáver. E só então percebeu o que havia feito. Matara Benedito. Num acesso de fúria, matara o escravo sem nem saber por quê. Matara, sim, matara. Pela primeira vez, tirara a vida de alguém, e foi ali, naquele momento, ao ver o sangue do outro se espalhando no terreiro, que se deu conta do imenso prazer que então sentira.

Capítulo 14

Desde esse dia, Terêncio fora afastado de suas funções de capataz. Licurgo, para acalmar a filha, e com medo de uma rebelião entre os escravos, resolvera afastá-lo por um tempo e mandara-o em viagem ao Rio de Janeiro, a fim de trazer umas encomendas. Não entendia o que dera no rapaz. Ele sempre gostara de chicotear os escravos, é verdade, mas nunca perdera a razão daquele jeito. Parecia até que fora possuído por alguma força maligna contra a qual não pudera lutar.

Aline quase cortara relações com o pai. Ameaçara até fugir, caso ele não despedisse o capataz. Mas ele não podia se desfazer de Terêncio. Licurgo sabia que lhe devia algo que jamais poderia pagar. Assim, a melhor solução que encontrara fora afastá-lo por algum tempo. Mentira à filha, dizendo que o havia despedido, e ela se acalmou um pouco. Mais tarde veria. Daria um jeito de trazê-lo de volta.

Terêncio já o acompanhava havia muitos anos. Saíra com ele da Bahia, ainda garoto, para acompanhá-lo em sua aventura pelo vale do Paraíba. Abandonara a mãe, jovem e pobre costureira, para segui-lo quando contava treze anos de idade, e nunca mais tornara a vê-la. Terêncio não gostava da mãe. Não podia perdoá-la por não lhe ter dado um nome do qual pudesse se orgulhar. Nunca conhecera o pai, e isso para ele era motivo de mágoa e despeito, o que fizera com que se tornasse um tanto quanto arrogante e violento. Só respeitava o patrão. Terêncio adorava e respeitava Licurgo como um verdadeiro pai.

Pensando em tudo isso, Licurgo aceitou o fato de que não poderia se desfazer dele. O rapaz se excedera, era verdade. Mas também não era motivo para afastá-lo definitivamente do convívio da única família que conhecera. Afinal, não matara ninguém, apenas um escravo insolente. Não. Esperaria a poeira assentar e depois o traria de volta. Os negros não poderia reclamar, e Aline acabaria por esquecer. Quem sabe até já estivesse casada, e o casamento desviaria sua atenção dos problemas com os escravos. Incentivado por essa idéia, Licurgo mandou um negrinho à fazenda Ouro Velho, a fim de chamar Cirilo para uma conversa. O rapaz chegou apressado, sendo logo recebido.

– Mandou me chamar, seu Licurgo?

– Mandei sim. Sente-se, meu rapaz.

– Aconteceu alguma coisa com minha mãe? Minha irmã?

– Não, não. Estão todas bem, graças a Deus. É sobre Aline que quero falar – Cirilo ergueu as sobrancelhas e Licurgo prosseguiu: – Você e Aline já estão namorando há algum tempo, não é mesmo?

– Há quase um ano. Por quê?

– Bem, penso que já é hora dela se casar.

Cirilo encarou-o por alguns instantes e retrucou:

– O senhor bem sabe, seu Licurgo, que amo sua filha acima de qualquer coisa, e muito me agradaria poder desposá-la.

– Então, o que está esperando?

– Bem, pensei que o senhor achasse cedo, já que Aline conta apenas dezessete anos.

– Idade suficiente para casar. Minha mãe casou-se com treze. Bem, Cirilo, se o problema é só esse, não vislumbro mais problema algum – Licurgo tocou a sineta e Josefa apareceu. – Vá chamar sinhá Palmira e sinhazinha Aline. Quero falar com elas agora.

– Sim, sinhô.

Josefa saiu e voltou minutos depois, informando que sinhá Palmira já se encontrava a caminho, mas que não pudera localizar sinhazinha Aline. Com certeza, aproveitara o sol e resolvera sair a cavalo.

– Bem, bem – arrematou Licurgo –, mande alguém atrás dela imediatamente.

– Sim, sinhô.

Aline estava na beira do regato em companhia de Tonha, atirando pedrinhas na água, os pés descalços e molhados, a pele tostando ao sol, quando escutou uma vozinha atrás de si:

– Sinhá Aline, sinhá Aline! Seu pai manda chamá-la. Quer falar com a sinhazinha neste instante.

– Aconteceu alguma coisa?

– Não sei, sinhá. Mas Josefa diz que parece importante.

Aline olhou para Tonha com ar de interrogação, levantou os ombros num gesto de conformismo, apanhou os sapatos e disse:

– Pode ir, menino. E diga a meu pai que já estou a caminho.

– Sim, sinhazinha.

Pouco depois, Aline entrou na biblioteca, onde estavam reunidos o pai, dona Palmira e Cirilo. Aquela cena lhe pareceu familiar, e ela soltou um risinho discreto. Fora ali, em circunstância semelhante, que o conhecera.

– O que foi que houve, papai? – indagou.

– Sente-se, minha filha. Tenho algo muito importante para lhe dizer.

– Sim?

– Bem, estive conversando com Cirilo e sua mãe, e concordamos em que já é hora de você se casar.

Aline encarou-os desconfiada e perguntou:

– Por quê?

– Ora, mas que pergunta é essa? Então você e Cirilo não estão comprometidos?

– Bem, sim. Mas casar, assim tão de repente?

– Você não o ama?

– Mas é claro que o amo, e ele sabe disso.

– Então por que não quer se casar?

– Eu não disse que não quero me casar. Apenas estranhei a pressa. E depois, penso que esse assunto deveria ser resolvido entre mim e Cirilo, e não entre vocês.

Palmira, mais conhecedora da alma feminina, lançou um olhar para Licurgo, que se calou, cedendo-lhe a vez.

– Olhe, querida, ninguém quer forçá-la a nada, e nem há motivo para isso. E não pense que arranjamos tudo pelas suas costas. Absolutamente não. Cirilo também recebeu a notícia agora. Apenas não vemos por que esperar mais, se você e Cirilo estão certos de que se amam, não é, meu filho?

– Claro, mamãe. Aline sabe o quanto a amo.

Aline sorriu em retribuição e acrescentou:

– Ainda assim, não entendo por que tomaram essa resolução assim, de uma hora para outra.

– Ora, meu bem, não foi de uma hora para outra. Seu pai e eu somos adultos, e sabemos muito bem como é o coração dos jovens apaixonados. E eu, como mulher, posso perfeitamente perceber os seus anseios – Aline silenciou e ela prosseguiu: – Por isso é que achamos que já está na hora de vocês se casarem. Cirilo possui boa situação financeira, e poderá sustentá-la com conforto e segurança. Você já está uma moça, pronta para casar. Não vemos por que esperar mais para concretizar algo que, com certeza, é o desejo de vocês. Então, o que me diz?

– Só tenho uma pergunta a fazer a meu pai.

– Diga, minha filha, o que é?

– E Tonha? Poderei levar Tonha comigo?

– Se seu futuro marido permitir... Afinal, Tonha foi seu presente de aniversário. Ela lhe pertence, e não a mim.

– Por mim está tudo certo – arrematou Cirilo. – Aline me conhece e sabe que também gosto de Tonha.

– Então está bem. Caso-me logo que possível. Amo Cirilo, e ficarei muito feliz em ser sua esposa.

– Ótimo! – Licurgo estava exultante. – Faremos uma bonita festa de noivado e poderemos marcar o casamento, hum, vejamos, para o final de janeiro. O que me diz?

– Para mim está bem – concordou Aline.

– Para mim também – acrescentou Cirilo.

– Sim, penso que sim – ajuntou Palmira. – Até lá, teremos bastante tempo para preparar o enxoval.

– E onde iremos morar?

– Isso é com seu noivo.

– Bem, eu quero continuar na Ouro Velho. Afinal, é lá que trabalho. O que me diz, Aline?

– Concordo.

– Excelente! Então está tudo resolvido. Amanhã mesmo mandarei preparar os convites para a festa de noivado.

Aline e Cirilo saíram da biblioteca de mãos dadas e foram para o jardim.

– O que me diz? – perguntou ela. – Por que será que resolveram isso assim, tão de repente?

– Não sei, Aline, mas no fundo não me importa muito. Só sei que a amo, e fiquei muito feliz em poder tê-la como esposa.

– Mas não acha estranho? Deve haver algum motivo oculto por trás dessa resolução.

– E o que isso importa? Nós nos amamos, não é mesmo?

– Sim.

– Então, nada que façam poderá nos atingir. E depois que nos casarmos, você não mais estará sujeita às ordens de seu pai, e poderá fazer o que bem entender.

– É verdade. Oh! Cirilo, como o amo!

– Também a amo, querida, e muito.

– Agora venha, quero dar a notícia a Tonha.

Tonha recebeu a notícia com uma certa apreensão.

– E eu, Aline, o que será de mim?

– Ora, tolinha, você irá morar comigo.

– Fala sério?

– Mais sério impossível.

– Oh! Nem posso acreditar!

– Pois acredite, Tonha. E você e Inácio poderão, finalmente, declarar seu amor, sem ninguém que os possa impedir.

– É maravilhoso!

– Sim, Tonha, é maravilhoso.

Tonha abraçou Aline e começou a chorar de alegria. Embora parecesse que tudo ficaria bem dali para a frente, no fundo, lá em seu íntimo, alguma coisa oprimia o peito de Tonha. Era como uma nuvem que, imperceptível, se ia infiltrando em seus destinos, obscurecendo o sol que começava a brilhar para eles.

Capítulo 15

Então, Cirilo, feliz com a idéia do casamento? – perguntou Basílio logo que o viu entrar.

– Já em casa a essa hora? – cortou Cirilo, desconfiado.

– É. O dia hoje estava tranqüilo e fui dispensado mais cedo. Mas você não respondeu a minha pergunta.

– Por que quer saber?

– Ora, por nada. Só penso que deve ser muito bom casar...

– Sim, quando se ama de verdade.

– O que quer dizer? Por acaso insinua que não amo sua irmã?

– Ouça, Basílio, não insinuei nada. Se você pensa assim, é porque em sua mente algo não vai bem. Quem sabe de suas intenções?

– Eu sei. E posso lhe assegurar que são as melhores possíveis. E por falar nisso, por que não realizamos um duplo casamento?

– Duplo casamento?

– Sim. Podíamos aproveitar para nos casarmos também, Camila e eu. E então, o que me diz?

– Hum... não sei não. Acho que ainda é cedo.

– Ora, mas o que é isso? Não vejo a hora de desposar sua irmã.

– No entanto, sabe que o dote...

– Já disse que o dote é o que menos importa.

Nesse instante a conversa foi interrompida pela entrada de Inácio, que acabava de voltar da cidade após mais um dia de luta no consultório.

– Boa tarde – saudou. – Como estamos?

– Oh! Inácio, meu caro primo – respondeu Cirilo –, está com as feições graves. Aconteceu alguma coisa?

Inácio olhou para Basílio e falou:

– Nada de mais. Só que encontrei o senhor Laerte na rua e ele me convidou para tomar uma taça de vinho na taverna.

Basílio, ao ouvir o nome do senhor Laerte, dono do escritório no qual trabalhava, estremeceu. Pediu desculpas e já ia se retirar, mas foi impedido por Cirilo, que logo percebeu que algo estava errado.

– Fique, Basílio – falou incisivo. – Creio que esse assunto lhe interessa.

Basílio, vendo que não havia remédio, voltou a se sentar e ficou ali a escutar.

– Bem – prosseguiu Inácio –, como eu ia dizendo, o senhor Laerte me convidou para uma taça de vinho na taverna. Ele estava contrariado, disse-me que Basílio não aparece há dois dias...

– É verdade, Basílio? – quis saber Cirilo, voltando-se para ele. O outro, sem ter o que dizer, permanecia calado, olhando a esmo, evitando encontrar o olhar do futuro cunhado. – Vamos, responda. É verdade que não vai trabalhar há dois dias?

– É claro que é verdade, Cirilo – asseverou Inácio. – Afinal, o senhor Laerte não teria motivos para mentir. O que nos resta saber é por quê. Creio que Basílio deva ter uma explicação plausível para isso.

– E então? – estimulou Cirilo. – Não diz nada?

– Bem, é muito simples – disse Basílio, cauteloso. – Não estava me sentindo bem e por isso faltei ao serviço.

– Não estava se sentindo bem? – indagou Cirilo num gracejo. – Mas há pouco não me disse que não havia movimento no escritório?

Basílio, visivelmente confuso, começou a gaguejar:

– Bem... sim... isto é... quero dizer... ontem... ontem não me sentia bem... Mas hoje... não havia movimento...

– Entendo. E como pode saber que não havia movimento hoje se ontem não foi trabalhar? Por acaso adivinhou, é?

– Bem... não... é que passei no escritório... ontem... hoje... bem cedo... Estava melhor... pensei em trabalhar, mas fui... dispensado.

Basílio, quanto mais tentava se justificar, mais se confundia e caía em contradição, dando a Cirilo a certeza de que não só mentia deslavadamente, mas também tentava fazê-lo passar por tolo. Com ar irônico, Cirilo retrucou:

– E como foi dispensado se o senhor Laerte disse a Inácio que não o viu? Quem o dispensou? O porteiro?

– Não...

– Ninguém o dispensou, não é mesmo? Ora, por favor, Basílio, poupe-me de suas mentiras. O que pensa que sou? Algum tolo? Um imbecil?

– Não... não é nada disso... você não está entendendo... é que passei mal mesmo... tive uma leve indisposição...

– No entanto, não permaneceu em casa para se recuperar dessa leve indisposição. Onde esteve?

– Onde estive? Ora essa... na cama... Onde mais...?

– Mentira. Sei que saiu de casa. Eu mesmo o vi tomar a carruagem. Pensei que fosse trabalhar. Posso saber aonde foi?

Basílio, não podendo mais suportar aquele interrogatório, e vendo que não tinha mais saída, pulou na frente de Cirilo e, dedo em riste, respondeu, alterado:

– Não é da sua conta! Já sou crescido e não preciso de sua autorização para sair.

Cirilo, por sua vez, já desgastado com aquela mentira, agarrou o outro pelo colarinho e disparou:

– Canalha! Você tem um trato comigo. Só consenti que permanecesse em minha casa sob a condição de aceitar o emprego!

– Ora, mas eu aceitei...

– Não seja cínico. Aceitar implica trabalhar. E você rompeu nosso trato. Agora diga-me: onde esteve?

Mas Basílio não respondia. Não tinha o que dizer. Puxando as mãos de Cirilo de seu colarinho, ergueu a voz e esbravejou:

– Ouça, Cirilo, já estou farto desse seu autoritarismo. Se o vim suportando até aqui foi por amor a sua irmã. Mas agora chega! Um homem tem seus limites. Não vou mais tolerar essa sua arrogância!

– Quem não vai mais tolerar você sou eu! Lembre-se de que está em minha casa, e exijo respeito.

– Pois então dê-se ao respeito primeiro. Não estou aqui para servir de seu capacho. Pensa que só porque é rico pode me esnobar e me tratar feito um criadinho?

– Cale-se! Junte suas coisas e saia daqui agora mesmo! Não vou tolerar tamanha insolência. Você é um despeitado, um invejoso! Aceitei sua presença aqui como um favor a minha irmã. Mas agora basta! Camila que me perdoe, mas você não é homem para ela. Não vale nada! É um inútil, um poltrão, um calhorda! Saia daqui, vamos!

Basílio, cheio de ódio, disse entre dentes:

– Não precisa me enxotar mais. Tenho meu orgulho, já estou indo. Mas vai se arrepender, Cirilo, ora se vai.

– Saia, ande! E não se atreva a procurar Camila nunca mais! Não chegue perto dela, ou vai se ver comigo!

Basílio, coração carregado de ódio, saiu batendo duramente as botas no assoalho. Foi para o quarto, fez as malas e saiu sem dizer palavra. Cirilo e Inácio permaneceram na sala, e sequer apareceram para se despedir. Depois que o outro se foi, Inácio falou, preocupado:

– Não sei não, Cirilo, mas penso que Basílio ainda nos trará problemas.

– Que tipo de problemas?

– Não sei.

– Ora, ele nada pode contra nós. É um joão-ninguém, sem eira nem beira, um covarde. Ele não se atreveria a nos enfrentar.

– Aí é que você se engana. Basílio é o tipo de homem que só ataca pelas costas. Concordo em que ele não seria capaz de nos enfrentar abertamente. Mas ele pode nos preparar alguma armadilha.

– Será?

– Não sei. Mas meu coração me diz para tomarmos cuidado. Penso que seria melhor redobrar a vigilância sobre Camila. Talvez trazê-la para cá.

– Camila ficará furiosa quando souber que o mandei embora. Na certa, não vai me perdoar...

– No começo, não. Mas depois tenho certeza de que ela entenderá.

– Assim espero, Inácio. Assim espero.

Mas Inácio, coração oprimido, sabia que Basílio ainda lhes causaria sérios aborrecimentos. O que ele não sabia era a extensão desses problemas, muito menos as funestas conseqüências que acarretariam...

A manhã de domingo estava morna e calma, o céu de um azul límpido e cristalino a convidar para o passeio. Após a missa matinal, Aline saiu da igreja um pouco depois das outras moças, quando ouviu uma voz conhecida atrás de si:

– Como vão passando as mais belas donzelas de todo o vale?

Sorridente, voltou-se e deparou-se com a figura esguia de Inácio, que lhe sorriu de volta.

– Oh! Inácio, como vai?

– Vou bem, e você?

– Ótima, como sempre!

– Fico feliz em ouvir isso.

– Cirilo não veio? Esperava encontrá-lo aqui.

– Não pôde vir. Teve um contratempo ontem e preferiu ficar em casa, para se certificar de que tudo correrá bem.

– Contratempo? Algo sério?

– Mais ou menos. Foi Basílio.

– Basílio? O que ele fez?

– Bem, Aline, sabe que Cirilo não simpatiza muito com o rapaz.

– Pudera...

– O caso é que descobri que Basílio andou faltando ao trabalho, e Cirilo acabou por mandá-lo embora.

– Meu Deus! Camila vai sentir muito.

– Eu sei. Por isso estou aqui. Vim buscá-la...

– Por acaso ouvi o meu nome? – indagou Camila, que vinha chegando. Aline parou e olhou para Inácio que, tentando disfarçar, acrescentou, embaraçado:

– Minha querida prima, como está?

– Bem, muito bem. Falavam de mim?

– Bom... sim. Na verdade, Camila, vim buscá-la. Seu irmão deseja falar-lhe.

Alguma coisa no tom de voz do primo chamou sua atenção. Intuitivamente, Camila encarou-o fixo e indagou, a voz já embargada pelo pranto:

– Basílio... Aconteceu alguma coisa com ele, não foi? Diga-me, Inácio, o que foi que houve com o meu querido?

– Nada, não houve nada. Ele está bem.

– Você está mentindo, Inácio, tenho certeza. Aconteceu alguma coisa e você não quer me contar.

– Bem... prefiro que Cirilo o faça. Ele é seu irmão e...

Camila não lhe deixou tempo para concluir. Rodando nos calcanhares, saiu desabalada, descendo a rua até avistar uma carruagem de aluguel. Sem esperar, tomou o carro e deu ordens ao cocheiro para seguir às pressas para a fazenda Ouro Velho. Palmira, que vira a filha passar correndo feito uma doidivanas, sem atender-lhe o chamado, interpelou Inácio, aflita:

– Meu Deus, Inácio, o que foi que você lhe disse para ela sair assim desse jeito?

– Titia, temo que algo de muito ruim esteja por acontecer – e em poucas palavras resumiu toda a conversa que tiveram, ele e Cirilo, com Basílio.

– Céus! – exclamou Palmira, preocupada. – Vamos correndo até a fazenda. Alguma desgraça pode suceder.

– Mas que desgraça? – interrompeu Licurgo. – Cirilo fez muito bem-feito. Esse rapaz não presta. Não serve para Camila. Logo ela conhecerá outro rapaz e esquecerá Basílio.

– Não estou bem certa. Camila está cega de paixão. Temo que não compreenda e cometa uma loucura.

– Ora, Palmira, mas o que é isso? Então uma menina linda feito Camila vai estragar sua vida por causa de um fanfarrão?

– Conheço minha filha, Licurgo, e sei muito bem do que ela é capaz.

– Não se preocupe, titia – tranqüilizou Inácio –, irei atrás dela agora mesmo.

– Por favor, leve sua prima Constância com você. Ela e Camila são como irmãs.

Inácio foi atrás de Constância, que entretida com a conversa do filho de um comerciante local, sequer percebera sua presença, muito menos todo aquele rebuliço. Ao avistá-lo se aproximando, ergueu-se de sobressalto e estendeu-lhe as mãos, o coração já descompassado quase a saltar pela boca, o seio arfante delatando a emoção que sentia.

– Inácio, mas que surpresa boa! Não o vi na missa hoje.

– Na verdade, Constância, não vim mesmo assistir o culto. Vim para chamar Camila.

– É mesmo? E por quê?

– Será que você podia me acompanhar até em casa?

– Por quê? O que aconteceu?

– Por favor, Constância, é importante.

– Mas eu estava conversando aqui com o senhor... como é mesmo seu nome? – perguntou, voltando-se para o seu acompanhante, que permanecera calado até então. Meio sem jeito, ele respondeu:

– Antônio, senhorita.

– Ah! É mesmo, Antônio. Havia me esquecido.

– Muito prazer, senhor Antônio – cumprimentou Inácio apressado. E virando-se para a prima, concluiu: – Constância, por Deus, é imperioso que você vá à fazenda comigo agora. Por amor de Camila, venha comigo.

– Está bem – concordou ela por fim. – Mas só se o senhor Antônio não se incomodar.

– Bem, eu... – começou o rapaz.

– Por certo que ele não se importa – cortou Inácio. – Afinal, o assunto é deveras grave. Passar bem, senhor Antônio, e obrigado pela compreensão.

Sem esperar resposta, Inácio saiu puxando a prima pelo braço até o local onde seu cavalo estava amarrado, contando-lhe em breves palavras o que havia acontecido.

– Onde está a carruagem?

– Sinto muito, Constância, mas precisava chegar rápido, e vim a cavalo. Portanto, segure-se, pois vamos cavalgar.

Rápida e habilidosamente, Inácio ergueu Constância e ajeitou-a na cela delicadamente, subindo logo em seguida. Sentado atrás dela, enlaçou-a pela cintura, segurou a rédea com firmeza e esporeou o cavalo, que partiu a toda brida. Temendo que a prima se desequilibrasse e caísse, Inácio apertou-a ainda mais contra si e sussurrou em seu ouvido, para se fazer ouvir contra o ruído do vento:

– Lamento o desconforto, Constância, mas não precisa ter medo. Eu a estou segurando firme, e você não vai cair.

Constância não respondeu. Estava extasiada demais para encontrar palavras com que contestar a fala do primo. Todo seu corpo fremia ante o contato daquele homem a quem amava com uma paixão ardorosa e egoísta. Naquele momento, Constância teve a certeza de que tudo faria para tê-lo, ainda que precisasse destruir para construir sua felicidade. Pensando nisso, encolheu-se na cela e colou ainda mais seu corpo no peito másculo de Inácio, que, ingênuo e preocupado com o bem-estar de Camila, sequer se deu conta das intenções de Constância. Para ele, Constância era uma menininha, a quem se acostumara a amar como uma irmã, tanto quanto a Camila e a Berenice. Eram suas irmãs, nada mais. Ele já estava preso a Tonha, e nenhuma outra, por mais linda ou especial, seria capaz de roubar o lugar dela em seu coração.

Quando chegaram à fazenda Ouro Velho, Inácio e Constância escutaram os gritos agudos de Camila, que mais parecia uma louca. Entraram correndo e se depararam com uma cena insólita. Camila, toda desgrenhada, olhos injetados de sangue, tentava, a todo custo, unhar e morder o irmão, que praticamente não conseguia contê-la. Os escravos, apavorados, não ousavam entrar na sala, com medo de que sinhazinha Camila estivesse possuída por alguma espécie de demônio. Constância, assustada, levou a mão aos lábios e soltou um grito, certa de que a prima enlouquecera, mas Inácio, com destreza, segurou-a por trás, imobilizando-a. Aos poucos, foi conseguindo soltá-la de Cirilo, até que ela, exausta, deixou-se dominar e arriou no chão, chorando e soluçando feito criança. Recobrando forças, porém, tentou se levantar, mas Inácio, muito mais forte, conseguiu contê-la, segurando seus punhos com vigor, enquanto ela esbravejava:

– Seu animal! Monstro! Cretino! Por que fez isso comigo, por quê? Eu o odeio, Cirilo, e quero vê-lo morto! Morto feito um cão sarnento, abandonado na sarjeta!

Cirilo, vencido, desabou sobre o sofá, e ocultando o rosto nas mãos, deixou escapar profundo suspiro, até que Inácio falou, enérgico:

– Mas o que é isso, Camila? Contenha-se! Você não é louca, não se faça passar por tal!

Camila, porém, não parava de gritar. Até Constância, já refeita do susto, tentou intervir, e falou com voz açucarada:

– Camila, não fique assim. Foi para o seu bem, não vê?

– Cale-se, invejosa! – gritou a outra. – Pensa que não sei que está rindo da minha desgraça?

– Camila, como pode dizer uma coisa dessas? Sou sua amiga.

– Amiga... amiga... Você não é amiga de ninguém. No fundo tem inveja de mim, só porque consegui o meu amor, enquanto você...

– Fique quieta, Camila, você não sabe o que diz. Está fora de si.

– É verdade! Você se regozija só porque Basílio me ama, enquanto Inácio sequer nota a sua existência...

Constância, preocupada em ver seu segredo revelado, desferiu sonoro tapa no rosto de Camila, que desvencilhando-se do jugo do primo, saltou sobre ela e começou a puxar-lhe os cabelos. Cirilo, transtornado, ergueu-se de chofre, e juntamente com Inácio, correu a apartar aquela briga despropositada. Inácio novamente conseguiu imobilizar Camila, e Cirilo agarrou Constância pelos ombros e sacudiu-a, esbravejando:

– O que deu em você? Por acaso enlouqueceu também?

Constância, voz entrecortada pelos soluços, respondeu, um pouco hesitante:

– Oh! Cirilo, perdoe-me. Mas Camila não sabe o que diz.

– E isso é motivo para bater-lhe? Então não vê que todos percebemos que ela não está em seu juízo perfeito?

– Perdoe-me, meu primo, não sei o que deu em mim.

– Está bem, está bem, agora chega – interveio Inácio, tendo ao colo o corpo inerte de Camila, que de tanta emoção, acabara por desmaiar. – Constância, será que pode me ajudar?

Constância, meio contrariada, correu a auxiliar o primo, e juntos levaram Camila para o quarto, a fim de que repousasse. Depois que a ajeitaram no leito e a cobriram, Inácio ministrou-lhe uma droga calmante, e saíram silenciosamente. Já no corredor, Constância virou-se para ele e falou, embaraçada:

– Inácio, eu... espero que não tenha levado a sério o que Camila disse.

– É claro que não. Camila estava fora de si, não sabia o que dizia. É claro que quis culpar alguém, e escolheu você. Só não entendo é por que ficou tão aborrecida.

– Bom, é que eu não esperava... Mas, por favor, não fique zangado.

– Esqueça, Constância. Você é minha irmãzinha, e isso não será suficiente para desgostar-me com você.

Constância fuzilou-o com o olhar. Irmãzinha, pois sim! Ele haveria de ver quem era a irmãzinha. Ela era uma mulher, e muitos rapazes dariam tudo para tê-la. Camila tinha razão. Inácio sequer a notava. Para ele, ela era apenas uma menininha, e nada mais. Mas ela não era. Era uma mulher, e provaria a ele o quanto era capaz de ser mulher.

Ao cair da tarde Camila despertou, aos poucos recordando os episódios das últimas horas. Em silêncio, levantou-se, lavou-se, trocou de roupa e se penteou, descendo em seguida para o chá. Estava com fome. Não comera nada o dia inteiro, e aquele sono só servira para aumentar seu apetite. Seu coração estava cheio de ódio e ressentimento, mas ela decidiu que nada faria ou diria dali para a frente. Mas se Cirilo pensava que ela se conformaria com aquilo, ele que se cuidasse. Ela haveria de dar um jeito de se encontrar com seu amado sem que o irmão ou a mãe soubessem. De um jeito ou de outro acabaria por se casar com ele. Tudo era questão de tempo.

Camila estava certa de que Basílio a amava, e que só fora embora porque o irmão o enxotara dali sem dar-lhe a oportunidade de falar com ela. E ele, como a amava muito, não enfrentaria Cirilo, para não afrontar o chefe da família. Mas ela o conhecia, conhecia o seu amor, e estava certa de que ele em breve a procuraria. Ao entrar na sala de chá, todos os presentes voltaram-se para ela: Cirilo, Inácio, Constância, a mãe, seu Licurgo, Aline, Berenice. Estavam todos ali. Todos foram ver sua derrota, pensou. Palmira, ao ver a filha pálida feito cera, levantou-se correndo e abraçou-a, dizendo preocupada:

– Camila, minha filha, que bom que está de pé. Quase morro de preocupação.

– Olá, mamãe. Não sei por que se preocupar comigo. Estou ótima.

– Sim, mas...

– Mas nada. O que passou, passou.

– Como assim? – quis saber Cirilo.

– Por favor, caro irmão, não falemos mais nisso, sim?

Cirilo calou-se e Constância, acercando-se dela, segurou-lhe as mãos e perguntou:

– E eu, Camila, ainda está zangada comigo?

– Ora, Constância, e por que estaria? Pois se você é minha única amiga... – e depositou-lhe um beijo frio na face, fazendo com que Palmira batesse palmas de contentamento.

– Oh! Deus seja louvado! – exclamou.

– Mamãe, por favor, vamos ao chá. Estou faminta.

– Sim, querida, claro, claro.

Palmira, feliz da vida por ver a filha bem e por haver se livrado daquele aproveitador, sentou-se à mesa e segurou-lhe a mão, certa de que Camila já se havia recuperado daquele incidente. Licurgo, discretamente, abraçou-a e sussurrou:

– Não lhe disse que tudo acabaria bem?

– Tem razão, Licurgo. Confesso que cheguei a pensar no pior, mas devo admitir que me enganei. Acho que Camila, finalmente, ganhou algum juízo.

– Eu não falei? As moças são assim mesmo...

– É verdade.

Todos voltaram a atenção para o chá, que transcorreu calmo e alegre. Em pouco tempo ninguém mais tocou naquele assunto. Todos queriam esquecer. Só Berenice parecia distante. Terminado o chá, pediu licença e se retirou para a varanda, a pretexto de tomar um pouco de ar fresco. Aline, que simpatizara com ela desde o início, vendo-lhe a fisionomia grave, saiu atrás dela e foi sentar-se ao seu lado no sofá da varanda. Esperou alguns instantes e perguntou com voz amistosa:

– Berenice, sabe que gosto de você, não é mesmo?

A outra, surpresa, levantou as sobrancelhas e retrucou:

– Verdade?

– Claro que é verdade. E como reparei no seu ar de tristeza, fiquei preocupada, e gostaria que soubesse que pode confiar em mim. E se você quiser conversar, eu terei o maior prazer em ouvi-la. Pode contar comigo como sua amiga.

– Obrigada, Aline, você é muito gentil.

– Não é gentileza. Eu realmente gosto de você. Você me parece uma moça sensível e honesta, qualidades que muito admiro.

– Fico muito feliz que pense assim.

Aline levantou-se e estendeu a mão para Berenice, que a segurou, emocionada. Aline tinha certeza de que ela escondia algo. Seu olhar de tristeza e preocupação demonstrava isso, mas podia sentir que Berenice tinha medo de se abrir. Olhando fixo em seus olhos, concluiu:

– Não se esqueça, Berenice. Pode contar comigo. Seja o que for que a estiver incomodando, não se acanhe.

– Não me esquecerei, Aline.

Capítulo 16

Tonha, cuidadosamente, suspendeu o talo da margarida, levou-o às narinas e aspirou seu perfume delicioso, soltando um ah! de satisfação. Como gostava de flores! Amava seu perfume, suas cores, seu verde cheio de vida. Gentilmente quebrando o cabinho da flor, prendeu-o na carapinha e sorriu. Devia estar bonita. Em sua terra, quando criança, Tonha sempre prendia flores nos cabelos, a exemplo das moças que iam se casar.

O sol começou a esquentar e ela olhou para o céu. Devia ser quase meio-dia, e Josefa, com certeza, devia estar louca atrás dela. Aline em breve voltaria da cidade; fora buscar as encomendas de umas rendas para bordar os lençóis do enxoval. Tudo tão bonito! O linho cuidadosamente bordado por Aline e sinhá Palmira. Quanto luxo! Mas Aline merecia, e sinhozinho Cirilo também. Eles haveriam de ser muito felizes.

Tonha tomou o caminho de volta para a casa grande, e quando já estava quase chegando, viu o vulto de sinhozinho Inácio parado na porta da frente. Coração em disparada, ela avançou rapidamente, na esperança de vê-lo só por um momento. Ao se aproximar do portão, porém, ele se virou e caminhou em direção à saída, e Tonha pôde ver que sinhá Palmira se despedia dele com um aceno. Ela se ocultou entre as árvores e ficou ali à espera de que ele passasse, montado em seu corcel negro. Pouco tempo depois, Inácio se aproximou da cancela, e Tonha, vagarosamente, saiu de seu esconderijo e se postou à beira do caminho, onde ele pudesse vê-la. De onde estava, seria impossível que alguém na casa a avistasse, e assim, ela só se tornou visível aos olhos de Inácio, que ao se deparar com ela, fingiu não vê-la, voltando a cabeça vagarosamente na direção da casa grande. Palmira acenou ao longe, e ele reduziu a marcha a fim de retribuir ao aceno. Em seguida, virou-se para Tonha, e ela, rapidamente, falou:

– Passe pelo portão e me espere. Irei ao seu encontro.

Inácio não podia acreditar. O que estavam fazendo era deveras perigoso. Encontrarem-se assim, ali, bem na entrada da fazenda. Era se arriscar demais. Já ia contestar, mas não a avistou mais. Ele passou pelo portão e virou-se novamente para a casa grande, mas dessa vez já não havia mais ninguém parado na porta. Inácio guiou seu cavalo para trás de uma árvore e esperou. Logo Tonha apareceu, e ele a advertiu:

– Ficou maluca, menina? Alguém pode nos ver.

– Pensei que o sinhozinho quisesse me ver.

– É claro que quero. Mas isso não significa que devamos colocar em risco sua segurança.

– Então pare de falar e venha comigo.

– Para onde?

– Um lugar escondido. Siga-me a cavalo mesmo. Não é longe.

– Mas, e se alguém vir?

– Ninguém vai ver. Então? Quer estar comigo ou não?

Sem dizer palavra, Inácio esporeou de leve o cavalo e começou a segui-la. Tonha foi se embrenhando no meio da floresta, até que, cerca de dez minutos depois, parou diante do que parecia ser uma gruta, e disse:

– Chegamos. Pode descer.

Inácio apeou, e segurando o cavalo pela rédea, indagou:

– Tem certeza de que ninguém nos verá?

– Tenho.

– E o cavalo? O que faço com ele?

– Esconda ali, atrás daquelas pedras.

Em silêncio, Inácio levou o cavalo para o local indicado e amarrou-o firmemente a um tronco, certificando-se de que ficara bem oculto. Constatando que ele não estava visível, sorriu satisfeito e voltou para junto de Tonha, que segurando-o pela mão, puxou-o para dentro da gruta. Era apenas uma pequena fenda na rocha, quase imperceptível no meio de tantos arbustos e cipós. O interior, embora não fosse grande, era agradável e acolhedor, e Tonha indicou a Inácio umas pedras perto da parede, nas quais se sentaram.

– Você vem sempre aqui? – indagou.

– Não.

– Como descobriu este lugar?

– Ora, sinhô Inácio, Aline e eu fomos criadas aqui. Não há recanto na fazenda que não conheçamos.

Tonha calou-se e olhou para ele. Seus olhos estavam tão cheios de ternura e paixão que Inácio não resistiu, e delicadamente pousou-lhe nos lábios um beijo doce e apaixonado, ao qual Tonha retribuiu com doçura.

– Tonha, eu... eu... perdoe-me, Tonha, eu não devia.

– Por quê?

– Bem, não sei. Porque você é moça, e eu sou homem, e não quero abusar de você.

– Mas se fui eu que o trouxe aqui.

Eles silenciaram e ficaram ali a se olhar, sem saber bem o que dizer. Tonha, apesar de tudo, estava completamente atordoada. Isso nunca havia acontecido com ela, e não sabia como agir. A única coisa que sabia era que estava perdidamente apaixonada por Inácio. Depois de alguns minutos, Inácio falou, a voz carregada de emoção:

– Tonha, por favor, não quero que pense que sou atrevido ou aproveitador.

– Eu não penso.

– Tonha, há muito que venho tentando lhe falar, mas nunca tive oportunidade. Até que agora, milagrosamente, ela surgiu.

– É mesmo? E o que gostaria de me dizer?

– Você não sabe?

– Gostaria de ouvir da sua boca.

– Eu a amo.

– Oh! Diga de novo.

– Eu a amo, Tonha, como nunca amei ninguém em toda minha vida. Não há dia que passe sem que eu pense em você, não há noite que eu durma sem sonhar com você. A última coisa em que penso antes de adormecer é em você, e você é a primeira que me vem à cabeça logo que acordo. Você está no sol, no céu, nas nuvens, está em cada gotinha de chuva que cai nessa terra. Vejo seus olhos nas estrelas, mas eles não são as estrelas, porque são muito mais bonitos e brilhantes. Eles têm vida, e é como se você, de repente, passasse a ser também a minha vida. Por isso eu lhe pergunto: como pode alguém viver sem sua própria vida? Como posso eu, Tonha, viver sem ter você ao meu lado, sem dividir com você o mesmo ar que respiro?

Tonha estava maravilhada. Nunca antes ouvira palavras tão bonitas. Para falar a verdade, ela nem sabia que existiam palavras assim tão bonitas. Olhos úmidos, ela encarou Inácio e balbuciou:

– Oh! Inácio... estou tão... tão... tão... feliz...

– Então também me ama?

– Como pode perguntar?

– Eu sei. Sei que você me ama. Mas, como você, também gostaria de ouvir da sua boca.

– Eu amo você, Inácio, desde o primeiro dia em que vi seus olhos entrando pelos meus...

Inácio segurou-a pelos ombros e puxou-a para si, dessa vez beijando-a com sofreguidão. Tonha, passivamente, deixou-se beijar, sentindo um calor gostoso a percorrer todo o seu corpo. Era o fogo da paixão que já começava a incendiar a carne, incitando ao amor. Inácio, ardendo de desejo, começou a acariciá-la, e Tonha foi se entregando a ele, louca por se perder em seus braços e em seus beijos. Mas Inácio, cheio de pudor e respeito, afastou-a de si, e de um salto correu para a saída. Confusa, Tonha saiu atrás dele e perguntou:

– O que houve, Inácio?

– Nada.

– Então, por que fugiu?

– Fugi porque a amo muito, e tenho medo de macular esse amor, que é tão puro.

– Como assim? Não entendo.

– Deixe estar, Tonha. Com o tempo você descobrirá.

Ela acercou-se mais dele, e segurando sua mão, levou-a ao coração e falou com voz suave:

– Sente o meu coração, Inácio? – ele assentiu. – É por você que ele bate, é o meu amor.

– Você não faz idéia do tempo que esperei por esse momento, pelo momento de estar sozinho com você em meus braços.

– Queria que esse momento não terminasse nunca.

– Tonha, Tonha, minha querida. Como eu a amo!

– Oh! Inácio, e agora, o que será de nós?

– Não sei.

– Aline diz que nunca poderemos viver normalmente como as outras pessoas. Só porque sou negra.

– Ela tem razão. Mas a cor de sua pele não pode me impedir de amá-la.

Inácio estreitou-a contra o peito e suspirou. Como a amava! Daria tudo para poder viver feliz com ela. Talvez, se a comprasse... Sim, poderia arranjar isso com Aline. Estava certo de que ela concordaria, não pelo dinheiro, mas porque seria a única maneira de Tonha alcançar a felicidade. Pensando nisso, virou o rosto de Tonha, ergueu seu queixo e falou com ternura:

– Não se preocupe, Tonha. Tudo vai acabar bem. Eu estou aqui e cuidarei de você.

– Como?

– Darei um jeito. Você vai ver. Confie em mim.

Tonha beijou-o novamente e se despediu. Era hora de partir. Josefa deveria estar furiosa e preocupada, e Aline, com certeza, a essa altura já deveria estar em casa, aflita com seu sumiço. Saltitante, Tonha tomou o caminho de casa, feliz por pensar que poderia realmente ser feliz junto do homem que amava.

Capítulo 17

Licurgo abriu a porta do quarto e entrou, procurando não fazer barulho com as botas. Inútil, porém. Palmira estava acordada, apenas fingindo dormir. Pacientemente, esperou até que ele se despisse e se deitasse, para só então perguntar:

– Onde esteve?

Licurgo teve um sobressalto. Podia jurar que a mulher estava dormindo. Ignorando sua pergunta, fez-lhe outra em tom de censura:

– Por que não está dormindo?

– Eu o estava esperando. Por que demorou tanto? Onde esteve?

Ele suspirou e respondeu de forma vaga:

– Por aí...

– Sei.

Palmira, no fundo, sabia por onde o marido andava e podia imaginar com quem. Estava quase certa de que era com Lalá. Aquela negrinha estava ficando muito abusada, e isso lhe chamara a atenção. Sem se mover, continuou:

– Licurgo, estou esperando-o porque preciso falar-lhe.

– Mas a essa hora?

– O assunto é urgente.

Ele a olhou desconfiado e indagou:

– Do que se trata?

– De Lalá.

Ao ouvir o nome da escrava Licurgo quase desmaiou. Será que a mulher sabia? Cuidadosamente escolhendo as palavras, retrucou:

– De Lalá? Não compreendo.

– Sabe, Licurgo, sei o quanto você aprecia o trabalho daquela negrinha. Ela é jovem e dedicada, e limpa a casa como ninguém. No entanto, não posso tolerar certos abusos.

– Abusos? O que quer dizer?

– Outro dia, quando entrei em meu quarto, eu a surpreendi mexendo em minhas coisas.

– O quê?

– Pois é. Estava admirando um colar de pérolas. Quando me viu, soltou o colar e fingiu que limpava a cômoda. Mas eu percebi.

– Verdade?

– E sabe o que aconteceu depois?

– O quê?

– O colar sumiu. Desapareceu.

– Como? Tem certeza?

– Absoluta.

– E você desconfia de Lalá?

– Estou quase certa de que foi ela.

– Isso que você me diz é muito grave.

– Sim, é. Sabe, Licurgo, percebo tudo o que acontece aqui em casa. E aquela Lalá não me engana.

– O que quer dizer? – tornou ele com voz sumida, cada vez mais acabrunhado.

– Quero dizer que ela é uma ladra sem-vergonha.

Licurgo calou-se, desconfiado. Estava claro que Palmira suspeitava de alguma coisa, mas era preciso fazer com que ela não descobrisse. Afinal, sua reputação de homem decente estava em jogo, e ele temia que a mulher não o compreendesse. Depois de algum tempo, suspirou e disse:

– Não creio que Lalá fosse capaz de fazer isso. Afinal, é uma escrava. O que faria com um colar de pérolas que nem poderia usar?

– Ora, Licurgo, sabe como são os negros. Na certa, achou o colar bonito e quis exibi-lo para seu... amante.

– Amante?

– Sim. Não dizem por aí que ela anda enrabichada por aquele tal de Sebastião?

– Mesmo assim. Seria uma loucura, um quase suicídio.

– Foi o que disse a ela. E sabe o que aconteceu?

– Não. O quê?

– No dia seguinte, o colar apareceu, jogado atrás da cômoda. Não é estranho?

– Pode ter caído.

– Creio que ela, com medo do tronco, levou-o de volta e atirou-o no chão exatamente para fazer parecer que foi um descuido. Mas não deu certo. Não sou estúpida.

– Ouça, Palmira, talvez o colar tenha mesmo caído...

– Por quem me toma, Licurgo, por alguma tonta?

– Não... claro que não.

– Então pare de defender essa negra. Nem sei por que a defende. Compreendo que ela... bem... presta bons serviços aqui dentro, mas não vou permitir que uma escrava mexa e, muito menos, que tome o que é meu.

– Entendo...

– E depois, Lalá anda muito esquisita. Está ficando confiada, sempre de nariz em pé, e já me respondeu mal algumas vezes. Pensa que só porque trabalha aqui dentro pode fazer o que quer.

– Por que não me contou?

– Estou contando agora.

– Tem certeza mesmo de que foi ela?

– Absoluta. Aquela atrevida, ordinária, quem pensa que é? Mas ela vai ver só uma coisa.

– O que pretende fazer?

– Ora essa, mandar castigá-la, e o que mais?

– Isso não será necessário. Eu mesmo cuidarei disso.

– Ótimo. Quero que amanhã, logo pela manhã, ela receba o castigo que merece.

– Pode deixar. Se preciso for mando cortar-lhe as mãos.

– Não precisa chegar a tanto. Sem mãos, como irá trabalhar?

– Tem razão.

– Algumas chibatadas serão suficientes para mostrar-lhe que não vou tolerar furtos nem arrogância dentro de minha casa.

– É claro que não. Onde já se viu?

– Por isso ela deve ser castigada. Essa foi a primeira vez, e espero que seja a última.

– Não se preocupe, querida, que isso nunca mais se repetirá. E amanhã, logo cedo, providenciarei o castigo e a remoção de Lalá de volta para a lavoura e a senzala.

– Ótimo, meu bem. E agora, boa noite.

– Boa noite.

Licurgo soprou a vela e virou para o lado. Ele compreendera bem o recado de Palmira e não pretendia facilitar. Estava claro que, se ela não sabia, ao menos desconfiava de seu caso com Lalá, e ele não podia deixar que a mulher descobrisse a verdade. Sua honra e sua reputação estavam em jogo. Era preciso terminar tudo com a negrinha. Dar-lhe uma lição e mandá-la de volta à senzala. Apesar de tudo, ele bem que ia sentir falta de Lalá. Aquela negrinha sabia servi-lo como ninguém. Enfim, melhor ficar sem a negra do que sem a esposa. Palmira era uma mulher e tanto, e ele não poderia arriscar-se a perdê-la. Feliz, virou-se para o lado e adormeceu, sem guardar em seu coração qualquer sombra de pesar ou arrependimento.

No dia seguinte, Licurgo mandou chamar Lalá em seu gabinete particular. Quando ela entrou, trancou a porta e disse muito severamente:

– Lalá, eu cansei de lhe avisar que, se um dia minha mulher descobrisse sobre nós, você seria duramente castigada, não é?

– Sim, sinhô. Mas por que diz isso?

– Porque desconfio que sinhá Palmira já sabe tudo a seu respeito, e eu não tenho outra saída senão mandá-la para o tronco.

Lalá estremeceu. O tronco não. Tinha pavor de apanhar.

– Mas sinhô – suplicou –, eu nunca disse uma palavra a ninguém.

– E nem precisava. Sua atitude a delatou.

– Minha atitude?

– Sim. Quem mandou andar por aí com ares de grande dama?

– O quê?

– Isso mesmo que você ouviu, Lalá. Sinhá Palmira me contou que você a anda enfrentando, respondendo mal, e até acusou-a de roubar um colar de pérolas.

– Roubar, eu?! Mas isso não é verdade!

– Ousa chamar minha esposa de mentirosa?

– Não, sinhô, eu não quis dizer isso. Mas é que a sinhá pode ter se enganado. O colar deve estar caído por aí.

– Ele apareceu atrás da cômoda. Mas ela diz que a viu mexendo em suas coisas.

– Mas eu só olhei. É verdade. Depois coloquei de volta e nunca mais mexi. Eu juro. Por favor, sinhô, acredite em mim.

– Já chega, Lalá. Não adianta. Você vai para o tronco.

– Oh! Por favor, sinhô Licurgo, não faça isso comigo, não. Eu juro que vou me colocar no meu lugar. Se o sinhô quiser, eu até volto para a senzala, mas por favor, não me castigue.

– Para a senzala você vai voltar mesmo. Seu lugar agora é no cafezal. E nunca mais mandarei chamá-la.

– Então, sinhô, já não é castigo suficiente?

– Não, Lalá. Do tronco você não escapa, e ponto final.

Licurgo levantou-se e já ia sair para chamar o capataz quando Lalá falou com voz sumida:

– Estou esperando um filho – mentiu.

– Como? O que disse?

– Disse que estou esperando um filho.

– E daí?

– E daí que o filho é seu.

– Meu? Ora, Lalá, não me faça rir. Em primeiro lugar, não acredito que esteja prenhe. Em segundo lugar, ainda que isso fosse verdade, qualquer um poderia ser o pai do seu filho. E, por último, mesmo que o filho fosse meu, isso não mudaria nada. Ou pensa que vou me incomodar com a sua cria? Era só o que me faltava.

– Mas sinhô, não pode ser assim tão cruel.

– Cruel, eu? Mas que bobagem. Isso não é crueldade, Lalá, é justiça. Você errou e deve ser punida.

– Mas, e a criança?

– Mas que criança?

– Por favor, sinhô, não faça isso comigo! – Lalá soluçava e esperneava. – Eu imploro a sua piedade e o seu perdão!

– Não adianta, Lalá. E pare de chorar, senão vai ser pior.

– Não! Não!

Licurgo abriu a porta e chamou o novo capataz:

– Aldo! Aldo! Venha cá!

Aldo foi correndo.

– Chamou, patrão?

– Chamei, sim. Quero que leve Lalá para o tronco e aplique-lhe vinte chibatadas.

– Sim, senhor.

Aldo entrou no gabinete e levantou Lalá pelo braço. A negra gritava e chorava, implorando a Licurgo que a perdoasse e soltasse. Mas ele estava irredutível. Seu coração de pedra sequer se comovera quando ela dissera que carregava no ventre um filho seu. O capataz já estava quase na porta de saída quando Aline chegou, em companhia de Tonha.

– Mas que gritaria é essa? – perguntou preocupada.

– Nada, Aline – respondeu Licurgo contrafeito. – Não se meta.

– Mas o que foi que houve? Diga-me, pelo menos.

– Nada que lhe interesse. Isso é entre mim e sua madrasta.

– Mas Lalá...

– Lalá só vai ter o que merece – voltou-se para Aldo e ordenou: – Vamos, homem, o que está esperando?

Aldo saiu arrastando Lalá, que continuava a berrar. Levou-a para o terreiro, amarrou-a ao tronco e correu a buscar o chicote. Aline, embora não gostasse muito de Lalá, não podia permitir uma coisa daquelas. Vendo que o capataz se afastara, ela correu atrás dele, alcançando-o quando ele já entrava no celeiro, onde guardava a chibata.

– Aldo, não faça isso.

– Sinto muito, dona Aline, mas são ordens de seu pai.

– O que ela fez?

– Não sei e nem me interessa. Eu só cumpro ordens.

– Mas isso é uma crueldade!

– Perdão, mas nada posso fazer. Preciso do emprego, e se desobedeço, seu pai me manda embora.

– Mas Aldo...

– Não se preocupe, dona Aline – tranqüilizou ele, por fim –, também não gosto muito disso, e o máximo que lhe posso prometer é que não baterei com muita força.

– Oh! Aldo, sabia que você não era um homem ruim.

– Agora, com licença. Daqui a pouco seu Licurgo vem atrás de mim.

Aline chegou para o lado e ele passou. De volta ao terreiro, Lalá estava amarrada ao tronco, chorando feito louca. Aldo rasgou-lhe o vestido e ela soltou um grito esganiçado, os olhos apertados, tremendo de medo. Ele levantou o braço e já ia desferir-lhe o primeiro golpe quando escutou uma voz atrás de si:

– Espere um minuto – era Palmira, que acabara de chegar.

Lalá, ao ouvir a voz da sinhá, pensou que ela talvez a houvesse perdoado e que lá fora para soltá-la. Palmira, porém, chegou perto dela, e lançando-lhe um olhar gélido, decretou:

– Isso é para você aprender a nunca mais ousar pensar que é gente – e cuspiu-lhe no rosto, dando-lhe as costas e acenando para que Aldo iniciasse.

A primeira chibatada pareceu que ia rasgar-lhe a carne, e ela soltou um grito agudo. Palmira sorriu satisfeita, enquanto a segunda chicotada descia sobre seu ombro. A mulher se afastou, e Aldo, que a espiava pelo canto do olho, vendo que se afastara, diminuiu a força dos golpes, o que fez com que Lalá suspirasse aliviada. Embora a ponta do chicote ainda a machucasse, a dor era suportável, e Lalá chegou ao fim do castigo ainda consciente, embora toda dolorida e cansada. As outras escravas a desceram do tronco, e a velha Maria pôs-se a tratar as feridas com seus emplastros especiais. A carne, apesar de ferida, não fora seriamente magoada, e Maria afirmou que as cicatrizes logo desapareceriam. Ao ouvir isso, Aline, que acompanhara todo o drama da pobre Lalá, juntamente com Tonha, procurou Aldo e disse, emocionada:

– Obrigada.

– Não precisa me agradecer, dona Aline. Só estou nessa vida porque não consegui nenhum outro emprego. Mas não gosto de machucar ninguém, ainda que seja um negro.

Depois, pediu licença para voltar ao trabalho. Tinha que fiscalizar o cafezal. Vendo-o se afastar, Aline sorriu satisfeita. Sim. Ainda havia no mundo pessoas com coração, e era graças a essas pessoas que ela sabia que a escravidão, um dia, teria que terminar.

Capítulo 18

Nove horas da noite. O pesado relógio da sala acabara de dar nove badaladas quando Licurgo entrou na sala de estar da fazenda Ouro Velho. Cirilo, ocupado com a leitura de um periódico, levantou-se de sobressalto, assustado por ver o padrasto ali àquelas horas.

– Seu Licurgo! – exclamou – O que o traz aqui a uma hora dessas? Aconteceu alguma coisa?

– Espero que não – respondeu ele, taciturno. – Você viu Camila?

– Camila? Não, não vi. Por quê?

– Ela desapareceu.

– Como assim, desapareceu?

– Simplesmente sumiu. Pensei que ela estivesse por aqui.

– Não, aqui ela não apareceu. Meu Deus! Será que foi raptada por aquele calhorda do Basílio?

– Não sei, mas creio que não. A fazenda é muito bem vigiada, e se alguém se aproximasse, eu logo saberia.

– No entanto, parece que ninguém a viu sair...

– É verdade – Licurgo parou um minuto e pôs-se a pensar. Será que aquele canalha ousaria tanto? – Já procurei em todo canto e não pude encontrá-la. Sua mãe está deveras aflita.

– Posso imaginar.

– Já mandei meus homens pelas redondezas, e até na vila já estiveram, mas parece que ninguém a viu.

– A que horas desapareceu?

– A que horas, exatamente, não sei. Mas ela não apareceu para o chá, nem para o jantar. Ficamos preocupados.

– Não é pra menos. Até eu estou. Temo por sua segurança.

– É o que me aflige. Uma mocinha indefesa, andando por aí, sozinha pelas estradas. Sabe-se lá o que pode acontecer.

– Seu Licurgo, que surpresa! – Era Inácio, que acabava de entrar.

– Ah! Inácio, como vai?

– Bem, e o senhor?

– Inácio – interrompeu Cirilo –, seu Licurgo veio aqui porque Camilinha sumiu.

– Sumiu? Mas como pode?

– Não sabemos ainda – respondeu Licurgo. – Sua tia está muito preocupada.

Inácio olhou para Cirilo com olhar revelador, e este acrescentou:

– Sei no que está pensando, e confesso que isso também já me passou pela cabeça. É bem capaz de aquele pulha do Basílio tê-la raptado.

– Será? Desculpe-me, caro primo, mas não creio.

– Não?

– Em rapto, propriamente, não acredito não.

– Mas, então, em quê?

– Talvez Camila tenha saído, por livre e espontânea vontade, para encontrá-lo às escondidas.

– Será?

– Sim – cortou Licurgo –, é bem provável. Afinal, ela ficou bastante transtornada com o rompimento, e talvez não tenha aceitado muito bem.

– Aceitar, de verdade, ela não aceitou não – afirmou Inácio. – Penso que apenas fingiu resignar-se, e na primeira oportunidade, correu para os braços de Basílio.

– Meu Deus! Aquela doidivanas, será que seria capaz?

– Infelizmente, Cirilo, creio que sim. Se você bem se lembra, ela aceitou tudo muito rápido, e até se recusou a tocar no assunto desde então. Não acha isso esquisito?

– Pensando bem, é muito estranho, sim. Camila não é de se resignar tão facilmente com as coisas, e eu bem que estranhei a rapidez com que ela se conformou. Mas pensei que ela houvesse, finalmente, criado juízo e visto quem aquele Basílio realmente é.

– E agora, o que faremos? – indagou Licurgo. – Onde poderemos encontrar aquele canalha?

– Não sei. Ele se foi daqui carregado de ódio, e sem dizer para onde.

– Onde poderemos começar a procurar?

– Na estalagem, talvez?

– É, é uma hipótese.

– Será que não devíamos ir até lá?

– Não sei, não.

– Penso que seria uma boa idéia. Ao menos, é um começo.

– Sim, Inácio tem razão. Vou mandar selar meu cavalo e partir imediatamente...

– Isso não será necessário, seu Cirilo – objetou Aldo, que acabara de entrar.

– Aldo! – disse Licurgo, surpreso. – Você a encontrou?

– Mais ou menos. Dona Camila voltou sozinha para a fazenda.

– Por Deus, e onde esteve?

– Isso eu não sei, não senhor. Ela chegou sozinha, a cavalo, entrou, e pelo que sei, foi direto para o quarto e não quis falar com ninguém.

– Ora essa, mas quem essa menina pensa que é? – Licurgo estava furioso. – Quase nos mata de susto e depois aparece sem dar explicações? Vou para casa agora mesmo.

– Vou com o senhor – ajuntou Cirilo.

– Eu também vou – acrescentou Inácio.

Os quatro montaram em seus cavalos e partiram, seguindo a luz do lampião de Aldo. Licurgo estava realmente zangado. Aquela menina precisava de um corretivo. Cirilo, bastante preocupado, pensava que a irmã poderia ter sido seduzida por Basílio. Apenas Inácio parecia manter a calma. Quando chegaram, Licurgo encontrou Palmira, um pouco mais tranqüila, em companhia das sobrinhas e de Aline.

– Palmira, onde ela está?

– No quarto. Recusa-se a falar comigo.

– Constância já tentou?

– Já sim, seu Licurgo, mas ela não me quer ver.

– Palmira, creio que essa menina precisa de uma lição.

– Que lição, papai? – interrompeu Aline.

– Não sei, um corretivo...

– Pretende amarrá-la no tronco também?

– Ora, Aline, não seja atrevida!

– Por favor, Aline, agora não – considerou Cirilo.

Aline, percebendo que falara demais, levantou-se e deu boa noite, indo para o quarto dormir.

– Essa menina... – observou Licurgo – bem merecia uma surra.

Ninguém respondeu. Cirilo, tentando quebrar o gelo que a intervenção sarcástica de Aline deixara, continuou:

– Bem, mamãe, que atitude vamos tomar?

– Não sei, meu filho. Isso nunca me aconteceu antes, e confesso que não sei como agir. Camila nunca fez algo parecido.

– Camila nunca antes esteve apaixonada.

– O que quer dizer?

– Bem, Palmira – cortou Licurgo –, pensamos que ela pode ter estado com aquele canalha do Basílio.

– O Basílio? Mas como? Ele não se foi?

– Ora, titia, não sabemos para onde. Só o que sabemos é que ele saiu da fazenda, e nada mais.

– Sim, mamãe. E ele pode estar em qualquer lugar, inclusive na vila.

– Será?

– Tudo é possível. Acho que seria melhor tentar falar com ela.

– Não, meu filho, você não. Ela não o ouvirá. Não depois do que você fez.

– Mas quem, então?

– Acho que ninguém. Se nem a Constância ela quis ouvir...

– Mas precisamos tomar uma providência.

– Seu Licurgo – prosseguiu Constância –, creio que o senhor deve redobrar a vigilância sobre ela. Não permitir que se ausente sozinha, deixar sempre uma escrava em sua companhia, com ordens de não perdê-la de vista.

– É uma boa idéia.

– Além disso – concluiu Cirilo –, precisamos dar um jeito naquele Basílio.

– Que jeito?

– Não sei. A primeira coisa que precisamos descobrir é se ele está mesmo na vila.

– E depois?

– Bem, depois deveremos expulsá-lo daqui de vez.

– Isso mesmo, Cirilo. Vou agora mesmo providenciar isso.

Licurgo saiu e Cirilo e Inácio se despediram, partindo de volta para a fazenda Ouro Velho. No caminho, iam conversando:

– Não sei não, Cirilo, mas algo nessa história não me cheira bem.

– O quê?

– Não sei ao certo. Mas esse Basílio... não confio nele.

– Nem eu. Precisamos vigiar todos os seus passos.

– Não é isso...

– O que é, então?

– Não sei. É um pressentimento, uma sensação que não sei definir.

– Como assim?

– Já disse que não sei. Só o que sei é que sinto que alguma coisa ruim está por vir.

– Credo, Inácio, agora deu para fazer profecias, é?

– Não, claro que não. Mas não sei explicar. Algo em meu coração me diz que uma tragédia está por suceder.

Cirilo persignou-se e arrematou entre dentes:

– Ele que experimente tocar em um só fio de cabelo de Camila. Eu o mato.

Inácio não respondeu. Embora não pudesse explicar, tinha uma certeza, uma sensação quase palpável de que aquele homem desgraçaria a vida de Camila. Em silêncio, olhou para o céu e dirigiu a Deus uma oração, rogando-lhe que a protegesse e cuidasse para que o pior não sucedesse.

No dia seguinte e nos outros Camila não voltou a sair. Sabia que seu Licurgo pusera uma escrava atrás dela, para vigiá-la, e sorriu intimamente. Era pura perda de tempo. A escrava, seu Licurgo, a mãe, todos estavam enganados. É claro que ela se encontrara com Basílio, não na estalagem, como deveriam estar pensando, mas na casa que ele alugara com o dinheiro que ela lhe dera. E ela passara o dia todo com ele, em seus braços, sentindo o calor dos seus beijos. Só não se entregara a ele porque o próprio Basílio recusara. Como era digno Basílio! Apesar de todo seu amor, negara-se a se deitar com ela, só para não macular sua honra. E todo mundo pensava que ele não prestava. Então, se ele fosse vil como todos diziam, por acaso se recusaria a tê-la quando ela estava ali, pronta para ele? Não. Mas, mesmo sabendo que não poderiam se casar, Basílio recusara-se a se aproveitar da situação, negara-se a abusar dela, de sua pureza e castidade. Como dizer que não era um homem decente?

Ela estava fazendo tudo direitinho como ele mandara. Não dissera que o encontrara, não falara nada com ninguém. Não ainda. E tampouco saíra novamente ou tentara vê-lo. Ela não se delataria, nem ao seu amado. Era imperioso que ninguém soubesse que ele estava por ali. Camila sabia que seu Licurgo mandaria investigar. Mas Basílio estava bem escondido. A casa ficava longe da vila, no pequeno sítio de uma pobre viúva desamparada, que tudo faria para manter a renda daquele aluguel. E ela não diria nada a ninguém. Ou melhor, ninguém sequer desconfiaria de que o esconderijo de Basílio ficava nas terras daquela mulher.

Camila sorria intimamente, orgulhosa de si mesma. Estava entretida com as flores do jardim, sob o olhar atento da escrava, quando avistou sua prima Constância saindo de casa em roupas de montaria. Acercou-se dela e perguntou casualmente:

– Vai passear, Constância?

– Oh! Camila, não a vi chegar. Sim, vou sair a cavalo. Quer vir?

– Hum... não sei, mas acho que não. Está fazendo um calor insuportável, e não quero ficar suada.

– Bem, você é quem sabe – Constância já ia saindo em direção às cocheiras quando Camila a chamou novamente. – Sim, o que é?

– Sabe, Constância, não quero estragar o seu passeio, mas será que você não gostaria de ficar e conversar? Sinto-me tão só.

Constância olhou-a desconfiada e respondeu, medindo as palavras:

– Bem, Camila, eu até poderia. Mas você tem me evitado tanto...

– Desculpe-me, Constância, mas é que estava confusa.

– Por quê?

– Bem, toda aquela confusão por causa de Basílio, você sabe.

– Sim. No entanto, você mesma se recusou a tocar no assunto. E depois, no outro dia, quando você sumiu...

– Oh! Mas Basílio não teve nada a ver com isso.

– Não? Não é assim que tia Palmira e seu Licurgo pensam.

– Eles estão completamente enganados.

– Estão?

– Claro que estão – afirmou ela num gracejo. – Então pensa que voltei a ver Basílio?

– E não voltou?

– Não, nunca mais o vi.

– Então, onde esteve naquele dia?

– Promete não contar a ninguém?

– Prometo.

– Na igreja.

– Na igreja? Mas os homens de seu Licurgo a procuraram lá e não a encontraram. E depois, foi o próprio padre Onofre quem disse que não a viu.

– Pudera, ele não viu mesmo.

– Mas então, como pode ter estado na igreja?

Camila olhou para Constância com ar enigmático, e abaixando a voz, confidenciou-lhe num sussurro:

– Eu me escondi no confessionário.

– No confessionário? Mas que história é essa?

– É verdade. Logo que cheguei à vila fui para a igreja e lá fiquei durante um bom tempo. Como não era dia de confissão nem nada, logo que percebi os homens de seu Licurgo chegando, corri a me esconder no confessionário.

Constância olhou-a com ar de dúvida e observou:

– No entanto, nem o padre Onofre a viu...

– Já disse que não. Afinal, ninguém presta atenção em uma moça coberta com um véu, sentada no banco a orar para a Virgem, não é mesmo? Essa é uma cena comum todos os dias.

– Hum... não sei, não. Essa história está meio mal contada.

– Pode acreditar, Constância, é a pura verdade. E depois, por que mentiria para você? Não é minha amiga, a única que tenho?

– Eu pensava que sim, mas de uns dias pra cá, confesso que não sei mais.

– Ora, deixe de ser tola. É claro que você é minha melhor amiga, e eu jamais mentiria para você. O que lhe disse é a mais pura verdade, eu juro.

– Se é verdade, por que não contou para sua mãe?

– Sei lá. Acho que foi só para aborrecê-la, para me vingar. Sabia que todos ficariam preocupados.

– E ficaram mesmo. Você deu um susto enorme, principalmente em sua mãe. Mas, e Basílio?

– O que tem ele?

– Você já o esqueceu?

Camila, maliciosamente, abaixou os olhos e fingiu chorar. Levou a mão ao rosto, num gesto de quem oculta as lágrimas, e respondeu com pesar:

– Não posso mentir. Claro que não. Basílio é o único em meu coração, e eu tudo faria para vê-lo.

– E por que não faz?

– Fazer como? Não sei por onde ele anda. Desde o dia em que meu irmão o expulsou de casa, nunca mais o vi. Creio que ele não me amava tanto assim...

Constância, vendo as lágrimas da prima, e satisfeita com a resposta que ela lhe dera, começou a acreditar em sua história. Afinal, em momento algum Camila tentara enganá-la, dizendo que já esquecera Basílio. Nisso ela não poderia acreditar. Ninguém esquece um amor assim tão facilmente. Mas o fato dele ter sumido seria motivo suficiente para se resignar. Assim, já mais convencida, indagou:

– E você já se conformou?

– O que fazer? – tornou ela, dando de ombros. – Se ele me abandonou, não posso ir atrás dele. Confesso que, se soubesse por onde anda, talvez até fosse. Mas não faço a menor idéia de seu paradeiro, e pelo meu bem, creio que seria melhor se o esquecesse. Embora doloroso, estou tentando superar esse desgosto e fechar a imensa ferida que ele abriu em meu coração.

– Oh! Camila, não fique triste. Com certeza, o desaparecimento de Basílio foi para o seu bem.

– Sim, vai ver que foi...

– Agora vamos. Coloque um sorriso no rosto e vamos cavalgar.

– Mas não estou vestida de forma apropriada.

– Não faz mal. Não iremos longe.

Sorridentes, as duas meninas saíram de mãos dadas, Camila levando no coração a certeza de que havia enganado a prima. E realmente enganara. Ao retornarem, Constância procurou a tia e narrou-lhe a conversa que tiveram, assegurando-lhe que Camila não se encontrara com Basílio, e que nem sabia onde ele estava. Palmira, confiante nas palavras da sobrinha, avisou ao marido, que pouco depois suspendia a vigilância sobre ela. Assim, alguns dias mais tarde, Camila voltou a se encontrar com Basílio, mas dessa vez com mais cautela. Saía a cavalo, pretextando um passeio, sempre nas horas em que ninguém estava disponível para acompanhá-la. Por vezes até convidava Constância, Berenice, e a própria Aline, mas sempre com o cuidado de certificar-se de que elas, por um motivo ou por outro, não poderiam ir. Ficava ausente apenas algumas horas, duas no máximo, para não chamar a atenção, e cuidava para que alguém a visse apreciando as flores ou os pássaros da fazenda. Outras vezes aparecia na igreja, deixando-se ver pelo padre Onofre ou por alguma beata, e depois acabava por bater à porta da casa de Basílio, ficando apenas alguns minutos. Dessa maneira, o destino ia se cumprindo, à revelia de seus personagens, e ignorando os planos que faziam para manejá-lo...

Capítulo 19

Aline acabara de chegar, vinda do Rio de Janeiro, onde passara uma semana a fazer compras para o enxoval em companhia de Palmira. Trouxera bordados lindíssimos, camisolas rendadas dignas de uma princesa, lençóis de linho alvos e macios. Aline estava em seu quarto, apreciando as compras, quando Berenice bateu à porta:

– Pode entrar – gritou Aline lá de dentro –, não está trancada.

Berenice entrou e cumprimentou, alegre:

– Boa tarde, Aline. Fez boa viagem?

– Excelente.

– E as compras?

– Hum... maravilhosas. No Rio de Janeiro há coisas lindíssimas. Dá vontade de comprar tudo.

– É mesmo. Posso ver?

– Claro. Sente-se aqui, junto de mim.

Berenice sentou-se ao lado de Aline e começou a alisar os lençóis e as rendas, sentindo na mão a textura macia daquelas ricas fibras.

– São esplêndidos – observou.

– São mesmo. Fiz questão de escolher tudo pessoalmente.

Uma leve batida na porta desviou a atenção das meninas, e Aline ordenou:

– Entre.

Era Tonha, que vinha trazendo uma bandeja com limonada fresquinha.

– Oh! Sinhá Berenice, não sabia que estava aqui. Espere um pouco que vou buscar outro copo.

– Não é preciso, Tonha, obrigada. Não estou com sede.

– Ora, vamos, Berenice, aceite e acompanhe-me num refresco. Está fazendo um calor...

– Está bem, Aline, se insiste.

Aline acenou para Tonha, que saiu apressada para buscar outro copo. Berenice seguiu-a com o olhar, e depois que ela saiu, acrescentou:

– Tonha é uma boa moça, não é?

– Sim, de verdade. Gosto dela como se fosse minha irmã.

– É, posso ver. Mas essa amizade de vocês não é perigosa? Quero dizer, Tonha sendo negra e escrava. Não que eu seja contra os negros, não é isso. Mas é que as pessoas não compreendem.

– Você tem razão. No começo foi difícil, e tive muitas brigas com papai por causa dela. Mas agora, creio que todos já se acostumaram e passaram a ver Tonha como meu bibelô. Embora não concorde com isso, pois que Tonha é uma pessoa, achei melhor não discordar, para protegê-la. Ao menos assim ninguém toma conta de sua vida.

– Será que não?

– O que quer dizer, Berenice?

– Eu? Nada não.

– Nada, não. Você quis insinuar alguma coisa. O que foi?

– Nada, Aline, esqueça. Falei demais.

– Ouça, Berenice, se você sabe alguma coisa que não sei, por favor, conte-me. Ainda mais se é sobre Tonha.

Berenice hesitou. Deixara escapar aquele comentário sem querer. Mas, vendo que Aline percebera que ela sabia de alguma coisa, se arrependera. Gostava de Tonha, adorava Aline. Mas tinha medo de prejudicar a irmã. Assim, tentou disfarçar o mais que pôde.

– Bem, Aline – começou –, é que as pessoas falam...

– Falam o quê?

– Falam, sei lá, comentam.

– Sim, mas o quê, exatamente?

– Ora essa, sua amizade com Tonha.

– Berenice, não sou tola. Sei que não foi a isso que quis se referir. O que é que você sabe? Por favor, diga-me.

Berenice já estava quase vencida. Ia contar-lhe suas suspeitas sobre Constância quando Tonha entrou, trazendo mais copos para a limonada.

– Demorei muito? – indagou com um sorriso. – Desculpem-me, mas é que Josefa...

– Está bem, Tonha – cortou Berenice –, não faz mal. Eu já estava mesmo de saída.

– Mas, e a limonada?

– Sim, Berenice, tome sua limonada. Afinal, foi para isso que Tonha foi buscar mais um copo.

– Tem razão, desculpe-me.

Berenice estendeu a mão e segurou o copo que Tonha lhe oferecia, sorvendo o líquido com vontade. Estava uma delícia, doce e fresca. Aline olhou para ela com ar de interrogação, mas Berenice abaixou os olhos, deixando ver que não gostaria de tocar naquele assunto na frente de Tonha. Aline compreendeu e não insistiu, mas ficou preocupada. O que poderia ser? Será que era sobre Inácio? Será que Berenice descobrira algo? Bem, que fosse apenas Berenice. Aline confiava na moça, sabia que era bondosa e decente. Mas, e se alguém mais soubesse?

– Bem – falou Berenice, interrompendo seus pensamentos –, creio que já está na hora de ir.

– Oh! Fique mais um pouco. Quase não conversamos.

– Não, Aline, fica para outra vez.

– Se a sinhazinha quiser, eu posso me retirar – disse Tonha, desconfiada de que Berenice pudesse ter algo a falar em particular com Aline.

– Não, Tonha, isso não será necessário. Eu já estava mesmo de saída. Só passei para cumprimentar Aline e ver o que havia comprado para o enxoval.

Ela já estava na porta quando Aline a chamou:

– Berenice?

– Sim?

– Será que não gostaria de ir à vila comigo amanhã?

– À vila? Fazer o quê, pois se já comprou tantas coisas bonitas lá no Rio de Janeiro?

– Eu sei. Mas gostaria de falar com padre Onofre a respeito de alguns detalhes para o casamento. Por favor.

– Não sei, Aline, vou ver.

– Está certo. Mas prometa que vai pensar.

– Prometo. Bem, agora, boa tarde. Preciso terminar de ler um livro.

– Adeus, Berenice.

Berenice saiu e Tonha sentou-se ao lado de Aline, servindo-se de um copo de limonada.

– Algum problema? – perguntou.

– Não sei ainda. Mas espero que não.

– Por quê?

– Nada, Tonha, deixe pra lá.

Tonha, despreocupada e desinteressada daquela conversa, mudou de assunto e começou a elogiar os bordados. Mas Aline não escutava. Seu coração a alertava de que Berenice tinha algo importante a dizer. Ela sabia de alguma coisa que poderia colocar em risco a segurança de Tonha, e Aline precisava descobrir.

No outro dia, Berenice, pretextando uma forte dor de cabeça, não acompanhou Aline até a vila, preferindo permanecer na cama. Constância, vendo-a prostrada e abatida, perguntou, sem maior interesse:

– O que tem, Berenice, está doente?

– Não é nada. Não se preocupe.

– Não estou. Perguntei por perguntar – e voltou-lhe as costas, caminhando em direção à porta do quarto. Já com a mão na maçaneta, ia abri-la quando Berenice indagou:

– Constância, por que me trata assim desse jeito? O que fiz para merecer seu ódio?

– Mas quem foi que disse que a odeio?

– E não me odeia?

– Não.

– Não é o que parece. Eu tudo faço para agradá-la, mas você só vive a me humilhar. Por quê?

Constância ficou desconcertada. No fundo, nem ela sabia por que tratava a irmã com tanto desprezo. Tentando encontrar resposta, disse vagamente:

– Ora, Berenice, é que você é uma tola. Não é que a despreze, mas é que você, sinceramente, não me interessa muito.

– Mas por quê? Sou sua irmã, e tudo faço para ser sua amiga. Por que não gosta de mim?

– Pare com isso, Berenice, já está fazendo drama. Eu gosto de você, mas é que nós não temos nada em comum.

– Isso não é motivo para me destratar.

– Eu não a destrato. Você é que é muito suscetível e se melindra com tudo o que faço e digo. Agora chega dessa conversa, já estou cansada.

– Vai sair?

– Sim, por quê?

– E aonde vai?

– Não é da sua conta.

– Viu só?

– O quê?

– Já está me maltratando de novo.

– Ai, meu Deus, mas quanta besteira! Você é que é intrometida.

– Desculpe-me, Constância, mas é que sou sua irmã e gosto de você, ainda que você não goste de mim, e me preocupo com o que possa lhe acontecer.

– E o que é que pode me acontecer?

– Não sei. Mas creio que você é que está se metendo onde não deve.

– Eu? Por que diz isso?

– Pensa que não percebi?

– Percebeu o quê?

– Seus olhares para Inácio.

– Mas do que é que está falando?

– Não se faça de desentendida. Sei muito bem que você está apaixonada por ele.

– E daí? O que tem isso? Que eu saiba, Inácio não está comprometido com ninguém.

– É verdade. Mas será que ele a ama também?

– Não sei. Talvez.

– Acho que não.

– Escute aqui, Berenice, o que está pretendendo?

– Nada. Apenas alertá-la.

– Alertar-me de quê?

– Inácio não a ama.

– Como pode saber? Por acaso ele lhe falou alguma coisa?

– Não. E nem precisa. É visível que ele não tem o menor interesse em você.

– O que quer, Berenice? Apoquentar-me?

– Não. Quero poupá-la de sofrimentos desnecessários.

– Oh! Quanta generosidade!

– Você está sendo sarcástica.

– Eu? Não, não. Estou sendo sincera. Estou comovida com sua preocupação, mas não precisa. Sei me cuidar muito bem. Aliás, prefiro que você não se intrometa em minha vida. Ou será que também está apaixonada?

– Não seja tola, Constância.

– Escute, Berenice, estou lhe avisando. Não se intrometa em minha vida, ou vai se arrepender.

– Perdoe-me, Constância, não queria aborrecê-la. Mas é que me preocupo.

– Pois não se preocupe. Meta-se com sua própria vida, embora isso não lhe ocupe muito tempo. Agora, com licença, preciso sair.

Constância saiu batendo a porta, e Berenice começou a chorar. Não adiantava. A irmã a odiava. Pior, desprezava-a. Berenice resolveu que, dali para a frente, procuraria não se ocupar mais com ela. Não revelaria seu segredo, desde que ela não prejudicasse ninguém. Tentaria protegê-la, mas se ela ousasse voltar-se contra Tonha, acabaria por contar a verdade. Mas o fato é que Berenice estava deveras preocupada, com medo de que algo de ruim acontecesse. A irmã não merecia sua preocupação, era certo, mas, por uma estranha razão, Berenice a amava, mesmo enfrentando a rejeição que Constância lhe devotava. Ela era uma menina mimada e voluntariosa, perdida em suas próprias fantasias. Não era propriamente má, Berenice não acreditava nisso. Preferia acreditar que ela era desorientada e um pouco egoísta, não por culpa sua, mas da própria vida, que a colocara numa situação privilegiada de moça linda e graciosa. E Berenice sabia que naquela sociedade a beleza de uma mulher era praticamente o único atributo que os homens sabiam valorizar. E ela, Berenice, lamentavelmente, por uma crueldade do destino, não fora agraciada pela mãe natureza. Quem sabe até mesmo Deus não se esquecera dela?

Angustiada, Berenice virou o rosto para a janela e ficou a observar as nuvens deslizando no céu, e acabou por se distrair com as figuras que elas formavam. Ora pareciam um carneirinho, ora uma flor, ora um rosto. Fixando ainda mais os olhos, Berenice achou que aquele rosto de névoa tinha algo de familiar, e de repente lhe pareceu ser o rosto de Jesus. Ela esfregou os olhos e olhou novamente, e o rosto havia se desvanecido. Mas aquela impressão ficara. A impressão de que Jesus, de algum lugar lá de cima, estava olhando para ela. Seria possível? Será que Jesus perderia seu tempo olhando por ela, uma moça feia e desajeitada, de quem ninguém gostava? Berenice assustou-se ao escutar uma voz nítida em seu ouvido, dizendo de forma clara e perfeitamente audível:

– Sim, Jesus também ama você...

Capítulo 20

Noite de domingo. Os negros, cansados da labuta da semana, preparavam-se para dar início aos seus festejos. Reunidos em roda, os jovens começaram a bater os atabaques, e o som das cantigas natais encheu o ar de saudade da mãe África. As vozes se elevaram das sombras e espalharam no terreiro o som de uma canção alegre e ritmada, que movimentou os negros, convidando-os para a dança:

"E mikaiá
Selumbanda selomina
Demama e o mikaiá, selukó...
Selomina demama e, o mikaiá e..."

Tonha, sentada aos pés de Aline na sala, lendo-lhe um livro de poesias, escondeu o rosto nas mãos e começou a chorar de mansinho, sem que ninguém percebesse. Apenas Aline notou, e vendo a tristeza da amiga, levantou-se e chamou-a para o terreiro, preocupada que estivesse sentindo algo de sério.

– O que houve? – perguntou aflita. – Sente-se bem?

– Não foi nada, Aline. É que essa cantiga... faz-me lembrar um período muito triste em minha vida.

– Quando você saiu da África?

– Sim. Quando estava chegando ao navio, prestes a embarcar, com medo, pensando que já não havia mais esperanças, essa música ecoou em minha cabeça, só que num ritmo mais lento, e eu ergui a voz e cantei para minha mãe Kaitumbá.

– E daí, o que aconteceu?

– Bom, depois que eu comecei a cantar, todos os homens que estavam presos comigo começaram a me acompanhar, e em breve só se ouvia a voz dos escravos entoando essa canção. Foi muito bonito.

– E muito triste também.

– Sim, você nem sabe o quanto.

Tonha chorava baixinho, não de pesar, mas de saudade. Uma saudade repentina de sua terra, como havia muito não sentia.

– Sabe, Aline, não sei por que essa cantiga me trouxe tanta saudade de minha terra, de meus pais.

– Ora, Tonha, é compreensível.

– Sim, mas eu já ouvi essa canção aqui outras vezes, mas não me senti assim. No entanto, hoje... Parece que posso sentir a presença da minha mãe adotiva bem aqui ao meu lado.

– Credo, Tonha, mas que horror!

– Que horror por que, Aline?

– Não sei. É que quando você falou nisso me deu uma sensação de morte.

– É, também senti algo parecido. Como se houvesse um espírito, um *egum* bem aqui ao meu lado.

– *Egum* é alma penada, não é?

Tonha riu e concordou:

– Mais ou menos isso.

– Nossa, Tonha, pare com isso, está me assustando.

– Ora, e por quê?

– Não sei. Nem sei se acredito muito nisso. De qualquer forma, não quero assunto com as almas do outro mundo. Já me bastam as desse lado de cá.

– Sabe, Aline, não sei por que, mas tive a impressão de que minha mãe adotiva morreu lá na África.

– Será?

– Creio que sim. E também creio que seu espírito está aqui, neste momento, junto de nós.

Aline sentiu um arrepio e se encolheu. Não gostava muito daqueles assuntos. Ela mal compreendia o mundo dos vivos, que diria do mundo dos mortos? Nisso, ambas voltaram os olhos para o terreiro e avistaram a figura encarquilhada da velha Maria, que vinha achegando-se a elas, amparada por seu cajado. As duas permaneceram imóveis, coração em disparada, certas de que Maria vinha trazer-lhes um recado do além.

– Mudima – disse com doçura. Era a primeira vez em muitos anos que Tonha escutava seu nome de nascença. – Ao seu lado encontra-se um *egum* iluminado, que deseja falar com você.

– Falar comigo? E o que quer dizer?

– Não sei, não posso ouvir. Mas em breve você saberá – e deu-lhe as costas, voltando para o meio do terreiro.

– O que ela quis dizer? – indagou Aline, impressionada.

– Você ouviu. Há um *egum* perto de mim, e tenho certeza de que é minha mãe.

– O que será que ela quer?

– Não sei. Talvez tenha apenas vindo me ver. Ou talvez queira me dizer alguma coisa importante.

Aline se persignou e acrescentou, a voz trêmula:

– Acho melhor entrar. Já está ficando tarde, e não estou gostando nem um pouco dessa conversa de fantasmas.

– Se não se importa, vou ficar mais um pouco.

– Você é quem sabe.

Aline voltou para casa e Tonha ficou por ali a escutar a cantoria, imaginando o que sua mãe poderia querer com ela. Na certa queria alertá-la de algum perigo. Tonha estava distraída, apreciando a festa, e nem percebeu a aproximação de Lalá, que vinha chegando pelo outro lado. Num sussurro, Lalá ameaçou:

– Tonha, Tonha, prepare-se. Seu reinado vai terminar.

Tonha deu um pulo. Pensou que fosse o espírito tentando falar-lhe. Ao ver que o espírito nada mais era do que Lalá, respondeu zangada:

– Lalá, mas que susto! Brincadeira mais sem graça.

Lalá riu e continuou:

– Divertindo-se na festa, Tonha?

– Sim, por quê?

– Por nada.

– Por que disse que meu reinado vai terminar?

– Eu disse? Não me lembro.

– Disse sim. E eu me lembro muito bem.

Olhando-a com ar enigmático, Lalá não respondeu e observou:

– Veio sozinha hoje. Onde está sua sinhazinha?

– Ela já foi embora.

– Oh! Mas que pena. Vai perder o melhor da festa.

Tonha encarou-a e perguntou:

– O que está querendo, Lalá, caçoar de mim?

– Eu? Claro que não. Quem sou eu para caçoar de uma quase sinhá?

– Ouça, Lalá, não estou entendendo. Por que está falando comigo desse jeito? Por acaso eu lhe fiz alguma coisa, fiz?

– Então não sabe?

– Não.

– Pois eu vou lhe dizer. Você me roubou algo que me pertence, e vai me devolver.

– Eu? Mas o quê?

– Meu lugar.

– Seu lugar? Não estou entendendo.

– Pois deixe que lhe explique. Se não fosse você, hoje poderia ser eu a escrava preferida de sinhá Aline.

– Ah! Então é isso?

– Por que só você pôde ter essa sorte?

– Não sei.

– Não é justo. Você é igual a todo mundo. Não é justo que mereça tratamento de sinhá, enquanto eu fui atirada na senzala.

– Lalá, não seja ingrata. Você até que estava indo bem como escrava de dentro. Mas foi se meter com o sinhô, e deu nisso.

– Eu não me meti com sinhô Licurgo. Ele é quem mandava me chamar para servi-lo. O que queria que fizesse? Que me recusasse a deitar com ele e apanhasse?

Tonha não respondeu. Ela estava certa. Não era culpa dela se sinhô Licurgo a escolhera para amante, nem muito menos se sinhá Palmira descobrira tudo.

– Lalá, não quero briga com você, está bem? Deixe-me em paz.

– Vou deixá-la em paz, sim. Mas só depois que conseguir arrancá-la do lugar que me pertence.

Tonha, cansada daquela ladainha, colocou a língua de fora e deu-lhe as costas, mas Lalá, furiosa, partiu pra cima dela e puxou-a pelos cabelos. Tonha soltou um grito e se virou, e as duas se embolaram pelo chão, unhando-se e batendo uma na outra. Pronto. A confusão estava armada. Logo, todos os negros se reuniram em volta das duas, e a algazarra começou. Uns riam, outros gritavam, outros tentavam apartar.

Aldo, encarregado de tomar conta dos escravos enquanto executavam seus folguedos, escutando aquela gritaria, correu para ver o que estava acontecendo. Ao perceber o que se passava, correu ao poço, encheu um balde d'água e atirou nas duas, que imediatamente se soltaram.

– Muito bem! – disse ele com autoridade. – Posso saber o que está acontecendo?

– Foi ela quem começou! – gritou Lalá. – Foi Tonha quem me bateu.

– É mentira, seu Aldo. Eu estava quieta e Lalá foi me provocar, agarrando-me pelos cabelos e me batendo. Eu só fiz me defender.

– Sua cínica, mentirosa! Merece o tronco!

Os escravos emudeceram. Como podia Lalá, negra feito eles, cativa como todos os outros, desejar o tronco para uma igual? Todos a olharam com ar desconfiado, imaginando se ela não teria se passado para o outro lado, servindo de espiã para o sinhô. Lalá, vendo o efeito que suas palavras causaram nos demais, tentou se desculpar:

– O que foi que houve, minha gente? Por que me olham assim?

– Como pôde desejar o tronco para Tonha, você, uma escrava, que inclusive já foi vítima do chicote? – indagou incrédulo um negro alto e forte.

– Sim, Lalá, por acaso se vendeu para os brancos, é? – quis saber outro.

– Já não bastava se deitar com sinhô Licurgo? Agora também tem que nos entregar? – ajuntou outra.

– Não... não é nada disso. Eu só falei porque estava com raiva.

– Chega, Lalá – interrompeu Josefa, a quem todos admiravam e obedeciam. – Vá se deitar, já é tarde. E vocês, esqueçam isso. Lalá não falou por mal.

– É isso mesmo – acrescentou Aldo. – Vamos terminando essa confusão, ou então serei obrigado a contar tudo ao patrão.

Os negros, com medo da reação do sinhô, dispersaram e foram conduzidos de volta à senzala. A festa estava encerrada. Lalá, assustada, correu para o seu canto, com medo de que os outros pudessem fazer-lhe algum mal. Mas os escravos, se bem que indignados com suas palavras, não ousariam tocar nela.

Capítulo 21

Vai sair? – perguntou Licurgo a Aline, vendo-a calçar as luvas, já na porta da rua. A seu lado, Tonha segurava a sombrinha de rendas que a protegeria do sol.

– Vou sim, papai, mas não me demoro.

– Posso perguntar aonde vai?

– Vou à vila.

– Fazer o quê?

– Preciso acertar com padre Onofre alguns detalhes do casamento.

– Por que não deixa isso com Palmira?

– Ora, papai, o casamento é meu, e gostaria, eu mesma, de acompanhar de perto os preparativos.

– É bem o seu feitio. Bem, não vou prendê-la mais. Tome cuidado com o sol, está muito quente lá fora.

– Tomarei, papai.

Aline beijou o pai no rosto e saiu em companhia de Tonha. Tomaram a charrete, que Aline mesma conduziu, e já na estradinha, Tonha indagou:

– Tem certeza de que não quer mesmo que vá com você?

– Tenho sim. Não se preocupe comigo. Vá e aproveite seus poucos momentos com Inácio.

– Oh! Obrigada, Aline. Até mais ver.

– Até mais ver, Tonha.

Tonha desceu apressada e dirigiu-se para a gruta onde ela e Inácio mantinham seus encontros. Ao chegar, ele lá estava à sua espera, sentado em um tronco perto da entrada. Tonha correu para ele e atirou-se em seus braços, e ele a beijou com paixão. Amavam-se muito, e já não podiam mais prescindir da presença um do outro. Depois de alguns instantes calados, bem abraçadinhos, Inácio começou a dizer:

– Tonha, estou preocupado conosco.

– Por quê?

– Já faz algum tempo que estamos nos encontrando assim, às escondidas.

– E o que tem isso?

– Bem, gostaria de poder encontrá-la abertamente.

– Ora, Inácio, sabe que isso é impossível.

– Mas não suporto mais fingir que não a amo. Não suporto mais encontrá-la e ter que passar por você como se não houvesse nada entre nós.

– Mas é preciso.

– Vamos fugir.

– Como?

– Vamos fugir.

– Ficou maluco?

– Ainda não, mas já estou quase ficando. Maluco por não poder tê-la em meus braços a todo instante.

– Mas Inácio, não podemos.

– E por que não?

– Para onde iríamos?

– Não sei. Dá-se um jeito. Tenho dinheiro, posso pagar por nossa fuga. Podemos partir para o Rio de Janeiro, Salvador, ou até mesmo a Europa.

– Você deve estar brincando. O que faria eu nesses lugares? Todos desconfiariam. Um branco em companhia de uma negra.

– E daí? Embora não me agrade, poderia dizer que sou seu dono, e ninguém ousaria me interpelar.

– Inácio, Inácio, aceite a realidade. Não vê que logo seríamos descobertos? Em pouco tempo sinhô Licurgo nos encontraria e nos mandaria prender. E aí, nem Aline poderia me salvar do tronco. Sabe que sinhô Licurgo detesta negro fujão. Até os escravos mais valentes da fazenda hesitam em fugir, com medo de seus castigos.

A imagem de Tonha presa ao tronco, o sibilar do chicote, as costas sangrando, seu rosto em lágrimas, foi demais para Inácio. Ele não poderia suportar ver sua amada presa de tão impiedoso sofrimento. Convencido de sua impotência diante dos reveses do destino, desatou a chorar, e foi consolado por Tonha, que o estreitou contra o peito, dizendo docemente:

– Não chore, meu querido, tudo se ajeitará. Minha mãe Kaitumbá há de nos proteger.

Na vila, Aline foi procurar o padre Onofre para confirmar alguns detalhes da decoração da igreja. Estava idealizando a colocação das flores, o tapete, escolhendo as músicas que seriam executadas no órgão, quando avistou um vulto saindo apressado. Aquela silhueta lhe pareceu familiar, e ela pôde constatar que se tratava de Camila, que nem sequer a vira.

– É Camila quem ali vai? – indagou ela ao padre.

– Oh! Sim – respondeu ele. – A senhorita Camila tem vindo aqui de vez em quando para rezar.

– Interessante. De repente, de uns tempos pra cá, ela resolveu se tornar religiosa.

– Pois é. Ela chega, vem logo me cumprimentar e senta-se ali no último banco, permanecendo alguns minutos em oração. Depois levanta-se e sai, sem dizer mais nenhuma palavra. Quando me vê, se despede, dizendo que precisa voltar para casa. Estranha moça a Camila.

– Sim, muito estranha. Bem, deixemos isso pra lá. Ela deve ter seus motivos, não é mesmo?

– Sim, claro. O que importa é que ela se voltou para a casa de Deus.

– É verdade.

Aline desviou sua atenção de Camila. Com certeza a moça, depois da decepção que tivera com o jovem Basílio, refugiara-se na igreja e nas orações, pedindo forças ao Pai para suportar tão dolorosa separação. Terminada a tarefa que a levara ali, Aline se despediu de padre Onofre e saiu. Já era quase hora do almoço. Precisava voltar. No caminho, pegou Tonha, que a aguardava no portão de entrada da fazenda, e as duas moças voltaram para casa.

Ao entrarem, a mesa já estava posta. Aline correu para lavar as mãos e sentou-se. Só Camila não estava ali. Aline, estranhando a ausência da moça, que vira sair da igreja bem antes dela, indagou:

– Camila não passa bem?

– Camila? – retrucou Palmira. – Creio que muito bem. Mas é que ainda não voltou da vila.

– Não voltou?

– Não. Ela foi à igreja rezar e ainda não chegou. Estou até preocupada, porque ela não costuma se demorar tanto.

Aline calou-se. Estava claro que Camila fora a algum outro lugar. Desde a hora em que a vira sair, já teria dado tempo de ir e voltar da fazenda umas três vezes. Onde estaria aquela menina? Aline teve um pressentimento sombrio, e começou a suspeitar que Camila enganava a todos. Sim, certamente ela mentia. Aline sabia de suas saídas; muitas vezes até a chamava para acompanhá-la, mas ela nunca podia ir. Só então começou a perceber que aquela religiosidade nada mais era do que uma fachada.

De repente, a porta da sala se abriu e Camila entrou esbaforida, suando e vermelha do sol.

– Onde esteve? – perguntou Palmira. – Por que demorou tanto?

– Perdoe-me, mamãe – respondeu ela com naturalidade. – É que eu me distraí nas orações e não vi a hora passar.

– Minha filha, sei que é bom você ir à igreja. Mas deve prestar atenção aos horários. Você quase fica sem almoço.

– Desculpe-me, mamãe. Isso não se repetirá.

– Por que não leva sua prima Constância com você?

Camila olhou para a prima com disfarçada frieza e retrucou:

– Ora, mamãe, não creio que Constância se interesse pela casa de Deus.

– É verdade – concordou a outra. – Prefiro atividades um pouco mais emocionantes.

– E Berenice? – tornou Palmira.

– Eu? Não, titia, prefiro não incomodar.

– Tenho certeza de que Camilinha não se incomodaria com sua presença, não é, minha filha?

A moça fuzilou-a com o olhar e respondeu secamente:

– Não, claro que não.

– Então?

– Desculpe-me, tia Palmira, mas prefiro não ir. Sei como as conversas com Deus são particulares e especiais, e não tenho o direito de violar a intimidade de Camila.

Palmira suspirou e acrescentou:

– Essas meninas... Como são estranhas.

– É verdade – concordou Licurgo, que até então nada dissera. Voltando-se para Aline, perguntou: – E você, minha filha, não encontrou Camila na igreja?

– Não, papai – respondeu ela encarando a outra. – Quando cheguei, Camila já devia ter saído.

– Você foi à igreja? – quis saber Palmira. Aline assentiu. – Mas como então não encontrou Camila, se saiu depois e voltou primeiro?

– Não sei, dona Palmira.

– Camila, você esteve mesmo lá?

Camila gelou. Tentando controlar a aflição, respondeu nervosa e um pouco hesitante:

– É claro... claro que estive, mamãe.

– Como pode ser então que Aline não a tenha visto?

Camila percebeu que todos os olhares estavam cravados nela, principalmente os de Licurgo. Sem saber o que responder, e com medo de ser descoberta, ela ficou ali parada, até que Aline, tomando a iniciativa, falou por ela:

– Ora, dona Palmira, muito simples. Quando cheguei, eu bem que notei uma moça sentada no último banco. Era você, Camila? – ela concordou com a cabeça, e Aline prosseguiu: – Pois é. Mas depois fui para a casa paroquial falar com padre Onofre e não voltei mais para a igreja.

Aline terminou a narrativa e encarou Camila, que evitava olhar em seus olhos.

– Mas por que se demorou tanto, Camila?

– Ora, mamãe, já disse que perdi a noção do tempo nas minhas orações. Se não acredita, pode perguntar ao padre Onofre. Ele me viu lá, e até falou comigo.

– Isso não será necessário. Acredito em você.

A conversa mudou de rumo, e ninguém percebeu que Camila tremia por dentro. Aline, embora não costumasse se meter na vida alheia, ficou extremamente alarmada com aquela descoberta. Afinal, Camila já era da família. A mãe casara-se com seu pai, e ela em breve se casaria com seu irmão, o que faria de Camila sua cunhada. Suas suspeitas haviam se confirmado. Sim. Camila arranjara um bom motivo para se ausentar sem chamar a atenção dos demais. Ia para a igreja, fazia-se perceber pelo padre Onofre e depois saía, sem que ninguém desconfiasse de nada. Mas não ia para casa. Parava em algum lugar no caminho, para fazer sabe-se lá o que. Mas onde?

Camila, por sua vez, não notara mesmo a presença de Aline na igreja. Por isso, não poderia dizer se ela mentira para acobertá-la ou se tudo realmente se passara como dissera. De qualquer forma, pensou que seria melhor tomar cuidado com Aline, pois ela poderia acabar estragando tudo. Terminada a refeição, pediu licença e se retirou, indo para o quarto descansar. No dia seguinte saiu para ir à igreja, mas na volta não foi ao encontro de Basílio. No outro dia faria a mesma coisa, até que tudo voltasse ao normal e Aline se convencesse de que ela, efetivamente, saía de casa para rezar.

Capítulo 22

Eram quase dez horas da noite, e Aline já se preparava para dormir. Partilhava com Tonha seus temores com relação a Camila, e enquanto a amiga lhe penteava os cabelos, perguntou:

– O que acha que Camila faz quando sai da igreja?

– Não sei, Aline, mas boa coisa não deve ser.

– Acha que ela se encontra com Basílio?

– Quer que eu diga? – Aline assentiu. – Acho que sim.

– Também acho.

– O que vai fazer?

– Não sei. Não quero me meter em sua vida, mas ela vai ser minha cunhada.

– Se eu fosse você, contava tudo para sinhozinho Cirilo.

– É mesmo?

– Sim, é. Ele é irmão dela, e ela não tem pai. Cirilo tem que saber.

– Mas ela vai ficar com raiva de mim.

– Que fique. É para o bem dela mesma. Todo mundo sabe que aquele Basílio não presta.

– É verdade. Depois do que ele fez... Mas, e se não for nada disso? E se eles não se encontrarem?

– Então ela não terá problema algum.

– Tem razão. Está decidido. Amanhã mesmo contarei tudo a Cirilo e pedirei calma. Primeiro precisamos ter certeza. Agora vamos, Tonha, quero dormir. Estou com sono.

Tonha largou a escova, deitou-se na cama de palha, aos pés da cama de Aline, fechou os olhos e imediatamente adormeceu. Sonhou com sua mãe adotiva, que deixara em lágrimas na África, muitos anos atrás. No sonho, Tonha caminhava por um campo cheio de flores brancas, quando escutou a voz da mãe a seu lado:

– Mudima.

Ela se virou e viu a mãe, Iadalin[1], toda vestida de branco, numa túnica vaporosa, esvoaçando ao vento. Sua cabeça, nimbada por uma luz transparente, fazia de seu rosto a imagem de um anjo de ébano, como se alguém tivesse pintado de negro os querubins da igreja.

– Mamãe! – exclamou ela. – É você mesma?

– Sim, Mudima, sou eu mesma – respondeu em sua língua nativa, abrindo os braços para a filha.

Tonha, emocionada, entrou naqueles braços quentes e começou a chorar, balbuciando entre lágrimas sentidas:

– Oh! Mamãe, há quanto tempo! Como senti sua falta!

– Sim, Mudima, também senti muito sua falta. Desde a tarde em que partiu, não houve um só dia em que não pensasse em você, implorando a Zambi[2] que a protegesse.

– Mas agora você veio me ver... – e mudando o tom de voz, indagou, perplexa: – Como chegou até aqui? A viagem é longa, e nosso povo não possui navios.

A mãe sorriu e respondeu serenamente:

– Vim vê-la em espírito.

– Em espírito? Quer dizer então que você morreu?

– A morte não existe, minha filha. Apenas o corpo é devolvido para o pó de que foi feito, enquanto a alma, liberta de seu cárcere físico, retorna feliz à verdadeira vida espiritual.

– Oh! Mamãe, que tristeza!

– Não chore, Mudima. Estou melhor agora do que estava antes. Se antes sofri a dor da humilhação e da separação de meus entes queridos, agora posso voar livre para onde quiser.

---

1. Essência, a vida. (N.A.)
2. Divindade angolana que representa o deus supremo. (N.A.)

– Por que diz isso, mamãe?

– Cerca de um ano depois que você foi vendida, nossa aldeia foi dizimada pelo homem branco, e todos nós fomos feitos prisioneiros. Os que sobreviveram foram trazidos para cá e, como você, vendidos como escravos. De nossa família, apenas seu irmão e eu sobrevivemos ao massacre. Seu pai e suas irmãs padeceram, vítimas da violência do homem branco, e seu irmão não resistiu à viagem. Só eu cheguei aqui com vida, mas minha saúde já não era mais a mesma, e vim a desencarnar mais ou menos um ano depois.

– Mas, então, já faz algum tempo que morreu?

– Sim.

– E por que não veio me ver antes?

– Eu vim. Mas só agora obtive permissão para me comunicar com você.

– E os outros? E papai? E meus irmãos?

– Cada qual segue o destino que escolheu para si.

– Não compreendo.

– Seu pai e seus irmãos desencarnaram com muito ódio no coração, e não conseguiram ainda enxergar a verdade.

– Mas que verdade?

– A verdade por detrás de todo o nosso sofrimento.

– Mas que outra verdade pode haver além de que fomos capturados e injustiçados pelo homem branco, que nos trata feito animais? É natural que sintamos ódio.

– Você sente?

– Bem, não. Mas tive sorte de conhecer Aline.

– Mudima, não existe sorte. Não no sentido vulgar que você lhe dá.

– Mamãe, não estou entendendo nada.

– No tempo certo você entenderá. Mas o que posso lhe dizer agora é que nós somos responsáveis por tudo aquilo que fazemos, e teremos que prestar contas ao Criador um dia.

– A Zambi?

– A Zambi ou a Deus, não importa como queira chamá-lo.

– Você também acredita que há um só deus?

– Sim, minha filha, Deus é único, embora se revele sob diversas roupagens.

– Não entendo, mamãe. É tudo muito confuso.

– Não, não é. Com o tempo você vai aprender. Mas, como eu ia dizendo, a sorte não existe. Você e Aline têm uma forte ligação do passado, que perdura até os dias de hoje. Aline sente por você um amor genuíno, e se comprometeu a, nessa vida, orientá-la e protegê-la, já que não pôde fazê-lo quando fora sua mãe.

– Aline, minha mãe... Mas então aquele sonho...

– Sim, Mudima, foi tudo real. Aline não só foi sua mãe, como deixou-se levar pelos prazeres mundanos e acabou por abandoná-la, facilitando, com isso, que você desse vazão aos seus maus instintos e se perdesse, desperdiçando uma encarnação que poderia ter sido de arrependimento e regeneração.

– Mas o que fiz eu, mamãe?

– No momento não posso lhe revelar. Mais tarde, quando isso for útil, você mesma se lembrará, através de seus sonhos, que lhe servirão de luz nas trevas da ignorância, auxiliando-a a vencer as vicissitudes do caminho com fé e compreensão.

– O que quer dizer com isso? Ainda vou sofrer?

– Sim, minha filha, e muito. Você sofrerá a dor de muitas perdas, e será atirada em obscura e cruel enxovia de solidão. Mas não esmoreça. Lembre-se de mim, sua mãe, que estarei sempre ao seu lado, amparando-a e encorajando-a a prosseguir. Não se deixe abater pelas dificuldades. Elas servirão para libertá-la do cativeiro de sua alma, e só então você poderá viver a liberdade com plenitude, e aprenderá a dar valor à vida, reconhecendo em seus semelhantes o espelho de suas próprias fraquezas e vitórias.

– Oh! Mamãe, não quero sofrer. Tenho medo!

– Não tenha. Você não estará sozinha. Estarei sempre a seu lado.

– Mas eu não saberei.

– Seu coração saberá. E é isso o que importa.

No dia seguinte, Tonha acordou cedo, guardando na alma as fortes impressões que aquele sonho lhe causara. Olhou para Aline, que ainda dormia, e vagamente lembrou-se das palavras de Iadalin. Sua mãe... Aline fora sua mãe. Ela sabia, sentia isso. Aquele amor todo tinha que ter uma explicação. E a explicação era essa. Só o sentimento materno é capaz de justificar tanta afeição.

Aline se espreguiçou, abriu os olhos e deu de cara com Tonha a fitá-la.

– Bom dia! – cumprimentou jovialmente. – Dormiu bem?

– Muito bem, Aline, e você?

– Hum... como um anjo. Estou com fome.

– Espere que vou buscar seu desjejum.

– Ótimo.

Josefa preparou café, pôs o leite na leiteira e arrumou um pratinho com pão, queijo, frutas e um bolo de milho, que Tonha rapidamente levou para Aline.

– Nossa! – exclamou. – Josefa caprichou mesmo, hein? Assim vou acabar engordando.

– Verdade. Até me abriu o apetite também.

– Pois então venha comer comigo.

Tonha serviu-se de um pedaço de bolo, e enquanto Aline se deliciava com aqueles quitutes, contou-lhe o sonho que tivera com a mãe. Aline, impressionada, observou:

– Meu Deus, Tonha, você tem cada sonho!

– O mais estranho é que me lembro de algumas coisas que minha mãe me disse, mas não de tudo. Ela falou algo sobre sofrer e ter coragem, não sei bem.

– Talvez seja prudente você seguir os conselhos de sua mãe.

– Como assim?

– Não sei. Cuide-se. Tenha cuidado. Você sabe que se arrisca com Inácio, e isso poderia prejudicá-la. Se meu pai descobre, eu nada poderei fazer. Tenho certeza de que ele jamais me ouviria.

– Eu sei. Também já pensei nisso. Mas, o que fazer? Amo Inácio acima de tudo nesta vida, e ele a mim. Como poderei abandoná-lo?

– Eu não disse que você deve abandoná-lo. Mas um pouco de cautela nunca é demais.

– Mas somos cautelosos. Ninguém, além de nós, conhece aquele lugar.

– Mesmo assim, não facilite. Depois que eu me casar e me mudar para a fazenda Ouro Velho, meu pai me dará os papéis de sua propriedade, e você poderá ser livre.

Tonha cstremeceu. Lembrou-se novamente da mãe, falando-lhe algo sobre liberdade. O que seria, meu Deus? Aline, percebendo a mudança no olhar da outra, indagou, preocupada:

– Aconteceu alguma coisa?

– Não é nada. Bobagem, deixe pra lá. Agora vamos, termine sua refeição e vamos dar um passeio. Está um dia lindo lá fora.

Aline pulou da cama e começou a se vestir. Sim, o dia estava lindo, perfeito para um piquenique, perfeito para o amor. Voltou os pensamentos para Cirilo e lembrou-se de Camila. Imediatamente, mudou de idéia. Virou-se para Tonha e acrescentou:

– Agora não, Tonha. Antes preciso ter uma conversa com Cirilo.

Terminou de se vestir e saiu rumo à fazenda Ouro Velho. O que tinha para falar era urgente. Não podia esperar.

Aline encontrou Cirilo ainda à mesa do café, e ele levou um grande susto ao vê-la entrar aflita. Ele sabia que algo muito sério deveria ter acontecido para que ela se desabalasse até ali tão cedo.

– Aline! O que foi que houve? Algo grave?

– Creio que sim, Cirilo. Preciso falar-lhe sobre sua irmã.

– Minha irmã? Mas por quê? O que aconteceu? O que pode haver assim de tão importante que não pode esperar até o anoitecer?

– Bem, Cirilo, vou direto ao assunto. Creio que Camila está se encontrando novamente com Basílio.

– O quê? Mas como pode ser? Basílio se foi, sumiu na poeira, ninguém nunca mais ouviu falar dele. Ele foi embora, não está mais por estas bandas.

– Tem certeza?

– Bem, certeza, certeza não tenho. Mas por que a desconfiança?

– Vou lhe narrar um fato estranho que presenciei ontem – Aline relatou a Cirilo sua ida à igreja, quando vira Camila saindo apressada, o tempo que levara para chegar à casa e a mentira que contara. – Não acha estranho?

– Hum... sim, muito estranho – concordou, alisando o queixo. – Mas será?

– Eu não sei. Mas fiquei tão agoniada que tive que vir logo procurá-lo. Aquele Basílio não é confiável, e me desculpe a franqueza, mas sua irmã é uma menina tola e sonhadora, e é muito fácil para um homem enganá-la com falsas promessas.

– Você tem razão. Mas o que será que pretende Basílio?
– Isso eu não sei.
– Casar-se com ela é impossível.
– Mas e se ele abusar dela? E se a seduzir?
– Você acha isso possível?
– Não sei. Mas precisamos pensar em todas as possibilidades.

Cirilo escondeu o rosto nas mãos e suspirou. A irmã não tinha juízo, e não se abriria com ninguém.

– Será que Constância sabe de alguma coisa? – perguntou ele.
– Não creio.
– Mas não custa nada tentar.
– Não sei se seria uma boa idéia.
– Por quê?
– Se ela souber de alguma coisa, não lhe dirá, porque são amigas. E ainda alertará Camila de nossas desconfianças.
– É verdade. Mas o que fazer, meu Deus?
– Mande alguém segui-la.
– Segui-la? Acha que daria certo?
– Não sei. Mas precisamos tentar fazer alguma coisa. Escolha alguém de sua confiança, que Camila não conheça, e mande-o atrás dela, com cautela, para não ser percebido.
– A idéia parece boa. Mas Camilinha é esperta, poderá perceber.
– Não se o rapaz for cuidadoso.
– Ouça, Aline, não vai ser nada fácil seguir uma pessoa sem ser visto. A região é quase deserta, e ela bem poderia notar alguém atrás dela.
– Talvez – Aline ficou por uns momentos a fitá-lo, até que se decidiu. – Já sei! Não é preciso que a pessoa a siga desde a fazenda. Basta que fique alerta na vila. Pelo que sei, Camila sempre passa pela igreja antes de sumir. Ele poderia ficar à sua espera pelas redondezas, e quando ela aparecesse, colocar-se-ia em lugar estratégico, até que saísse. Só então iria atrás dela, guardando distância segura de seu cavalo.
– Não, Aline, não dará certo. Camila logo perceberia um cavalo no seu encalço.
– Mas então, o que fazer?
– Não sei. Espere. Poderíamos tentar jogar com a sorte.

– Como assim?

– Podemos colocar alguém de sobreaviso, com uma carroça perto da igreja, bem na hora em que ela costuma chegar. Esse alguém poderia fingir-se de mascate, como se estivesse arrumando suas mercadorias. Poderia até oferecer-lhe algo. Logo que ela saísse, ele poderia subir na carroça e partir atrás dela, pela estrada, como se estivesse viajando. Ela nem perceberia que o homem estaria ali sob minhas ordens. Acha que daria certo?

– Não sei. Mas podemos tentar.

– Vou pedir ao capataz que me arrume alguém.

E assim foi feito. O capataz foi buscar um homem na cidade vizinha, e Cirilo deu-lhe as ordens. No primeiro dia, foi com o capataz e permaneceu escondido, até que Camila apareceu. Mostrou-lhe a moça e recomendou-lhe guardar bem seu rosto, para que não se confundisse mais tarde. No dia seguinte, tudo entendido, o homem partiu rumo à vila, postou-se na frente da igreja e pôs-se a esperar. Logo Camila apareceu, entrou na igreja, ficou quase duas horas e saiu. Camila mal notou o homem parado ali, mas ele, para não despertar-lhe a atenção na estrada, saudou-a jovialmente:

– Bom dia, senhorita. Não deseja comprar alguma coisa? Rendas finas, talvez?

Camila abaixou os olhos e não respondeu. Apertou o passo até alcançar sua charrete e subiu, dando rédea ao cavalo para que partisse. O homem, rapidamente, pôs-se a segui-la, como se estivesse apenas viajando. Mas Camila, com medo daquele homem que lhe falara tão repentinamente, pensando que fosse algum assaltante, começou a chicotear o animal, que saiu em disparada. O homem, não querendo perdê-la de vista, chicoteou também seu cavalo, que empinou e pôs-se a correr, assustando ainda mais a moça. Camila, certa de que ele pretendia alcançá-la para roubá-la ou fazer-lhe algum mal, chicoteou mais e mais o cavalo, que já corria feito louco. O homem, por sua vez, vendo que não poderia mais segui-la, desistiu e freou, e Camila chegou à casa suando e esbaforida, agradecendo a Deus por haver escapado daquele perigo. Aline, que aguardava no alpendre, vendo a charrete se aproximar às pressas, levantou-se de sobressalto. Algo saíra errado, tinha certeza. No entanto, segurou a ansiedade e esperou. Camila parou a charrete bem em frente à porta e desceu chorando.

– Nossa, Camila, o que foi que houve? – indagou Aline assustada.

– Oh! Aline, nem sabe. Um malfeitor veio atrás de mim pela estrada. Pensei que fosse me pegar, mas eu corri o mais que pude. Foi horrível!

Aline, percebendo o que realmente acontecera, abraçou-a e tentou consolá-la:

– Meu Deus, que horror! Mas não chore, Camila, já passou. Graças a Deus que você está bem.

– Eu senti tanto medo!

– Eu sei, eu sei. Mas isso também serviu para você ver como é perigoso andar por aí sozinha. Nunca se sabe quem se vai encontrar pelas estradas.

– Oh! Aline, por favor, não conte nada para minha mãe, ou ela não vai mais permitir que saia.

– Não, Camila, sua mãe não a impedirá de sair. Creio que apenas mandará alguém acompanhá-la. Será muito mais seguro.

– Oh! Não, não, por favor. Não quero!

– Mas por que, meu Deus? Por acaso vai a algum lugar que ninguém pode saber?

– Eu? Não. Mas que idéia. De onde tirou isso?

– De lugar algum. É que você ficou tão transtornada. Por quê? Por que não quer a companhia de ninguém?

– Quer saber mesmo, Aline? – ela assentiu. – Bem, depois do que houve entre mim e Basílio, perdi a vontade de estar em companhia de quem quer que seja. Gosto mesmo é da solidão, e a presença de uma outra pessoa, ainda que amiga, só serviria para deprimir-me ainda mais.

– Mas, Camila...

– Por favor, Aline, prometa que não contará nada a mamãe, nem a Cirilo. Afinal, você não tem o direito...

– Está bem, Camila – disse ela por fim. – Não direi nada desta vez. Mas trate de se cuidar, ou serei obrigada a alertar sua mãe e seu irmão dos perigos que você anda enfrentando sozinha.

– Oh! Obrigada, Aline. Sabia que podia contar com você.

Aline calou-se, e Camila se desvencilhou de seus braços, correndo para dentro de casa. O homem que Cirilo contratara não soubera executar bem suas ordens, e o plano malograra. E então? O que fazer? O jeito seria dar tempo ao tempo e esperar que Camila se distraísse e se delatasse. Sim, só o que poderiam fazer seria esperar.

Capítulo 23

Já era tarde da noite e Aline e Tonha conversavam na cama. O dia fora longo, e Tonha se roera de saudades de Inácio, que faltara ao encontro na gruta naquele dia. Elas conversavam sobre o sonho da outra noite quando ouviram um estalido na janela. Assustadas, as duas olharam, mas não viram nada. E o barulho continuava. Plic! Plic! Plic! O que seria aquilo? Tonha, com medo de que fosse algum *egum* perdido nas sombras, encolheu-se toda e começou a rezar:

– Ai, meu pai Oxalá[1], nos proteja...

E o barulho continuava: Plic! Plic! Plic! Aline, porém, percebendo que o barulho nada mais era do que alguém atirando pedrinhas no vidro, censurou em tom jocoso:

– Deixe de bobagens, Tonha. Então não vê que alguém está aí fora a chamar?

– É? Mas quem poderia ser a uma hora dessas?

– Não sei, mas já vou descobrir.

Aline abriu a janela e espiou. Estava escuro, e ela mal pôde distinguir o vulto de um rapaz, parado embaixo da janela.

– Quem é? Quem está aí? – perguntou baixinho.

– Sou eu, Aline, Inácio – sussurrou.

– Inácio? O que quer?

– Preciso falar com Tonha.

1. Divindade nagô sincretizada com Jesus Cristo. (N.A.)

– Mas a essa hora? Já é tarde!

– Por favor, Aline, é só um instante.

– Está bem, mas fique quieto, ou vai acordar a casa toda.

– Quem é? – quis saber Tonha, que permanecera quieta a um canto.

– Inácio.

– Inácio? Oh! Meu Deus, o que ele quer?

– Adivinhe.

– Veio me ver?

– A mim é que não foi. Venha, vamos descer em silêncio.

Pé ante pé, as duas desceram as escadas sem produzir qualquer ruído, e foram para a porta dos fundos. Em silêncio e no escuro, Aline entreabriu a porta e saiu com Tonha, dando de cara com Inácio ali parado.

– Ficou maluco, é? – falou Aline severamente. – E se alguém o vir?

– Desculpe-me, Aline, mas precisava vir. Não pude me encontrar com Tonha hoje, por causa de uma emergência.

– Mas não podia esperar até amanhã? Tonha não vai fugir.

– Oh! Aline, por favor – interrompeu Tonha. – Deixe-me falar com ele só um minuto.

– Está bem – concordou –, mas ande logo. Alguém pode acordar e vê-los, e eu nem quero pensar no que poderia acontecer.

Sem dizer palavra, Tonha segurou a mão de Inácio e desceu os degraus da cozinha, correndo para o celeiro. Aline entrou e sentou-se à mesa, partindo um pedaço de bolo de milho que ali estava. Mastigava-o distraída quando a silhueta de alguém parado na porta da cozinha chamou sua atenção. Aline soltou um grito, levantando-se de sobressalto.

– Sem sono, Aline? – era a voz de Constância, que ouvindo ruídos estranhos e abafados, resolvera descer para ver o que se passava.

– Quem, eu? – respondeu Aline com cautela. – Oh! Não. É que de repente senti fome e vim comer um pedaço de bolo.

– Mas a essa hora?

– E o que tem isso de mais?

– Nada, nada. Tonha não veio com você?

– Por que quer saber?

– Por nada. Mas é que andam sempre juntas...

– Tonha está dormindo.

– Interessante.

– O que é interessante?

– Você, uma sinhazinha, ter que se levantar no meio da noite para preparar uma refeição, enquanto sua escrava dorme na cama quentinha.

Aline espumou de raiva e fuzilou a outra com o olhar. Se pudesse, a esganaria ali mesmo. Aquela Constância era uma cínica, uma metida, uma esnobe. Por que a provocava daquele jeito? Mal disfarçando a raiva, respondeu entre dentes:

– E o que é que você tem com isso?

– Eu? Nada. Só acho divertido...

– Pois vá se divertir com seus palhaços. Não tenho tempo nem paciência para seus gracejos.

– Ora, mas o que é isso? Quanto mau humor!

– Constância, vou lhe dizer uma coisa com toda a sinceridade. Não gosto de você. Não gosto do seu jeito, da sua fala, da sua presença. No entanto, você é sobrinha de minha madrasta, e sou obrigada a tolerá-la. Mas não vá se fiando muito nisso, pois posso perder a paciência e aplicar-lhe, eu mesma, uma lição da qual nunca se esquecerá.

Constância debruçou-se sobre a mesa e, encarando Aline fundo em seus olhos, retrucou em tom ameaçador:

– É mesmo? Pois experimente, e nós vamos ver quem vai levar uma lição inesquecível. Conheço seu ponto fraco, Aline, e no momento oportuno, posso tirar de você aquilo que mais ama.

– Refere-se a Cirilo? Atreva-se e...

– Cirilo não me interessa – cortou ela com frieza. – Mas você possui algo que está no meu caminho, me atrapalhando, e eu não hesitarei em destruir qualquer obstáculo que se interponha entre mim e...

– Entre mim e... Vamos, termine o que ia dizer, sua víbora!

– Sim, sou uma víbora, e já tenho preparado o veneno com que pretendo liquidá-la.

– Ora, sua... – e Aline estalou-lhe uma bofetada na face, que logo se avermelhou.

– Sua cadela! – vociferou Constância. – Quem pensa que é para ousar bater-me?

Já ia partir para cima dela quando a voz de Licurgo se fez ouvir, retumbante:

– Posso saber o que está acontecendo aqui? – As duas moças se voltaram para ele, que prosseguiu: – Por acaso estão brigando?

Aline não respondeu, e Constância considerou:

– Não foi nada, seu Licurgo. Apenas uma pequena divergência de opiniões, mas já passou. Não é mesmo, Aline? – Como ela não respondesse, Constância continuou: – Penso que Aline não gosta muito de mim. Por que será? Nunca lhe fiz nada...

Aline, não podendo mais segurar a indignação, explodiu:

– Cínica! Você não presta!

– Viu só, seu Licurgo, eu não disse? Mas não faz mal. Gosto de Aline mesmo assim.

– Você é uma cobra peçonhenta...

– Chega, Aline, tenha modos. Onde já se viu? Constância é minha convidada aqui nesta casa, e não vou permitir que você a destrate. Agora vamos, vá para o seu quarto e volte a dormir.

Aline passou por eles feito uma bala e voltou para o quarto. Aquela Constância ia ver só uma coisa. Estava tão furiosa e indignada com a outra que nem se lembrou por que fora para a cozinha. Só ao entrar no quarto e ver a cama de Tonha vazia foi que se lembrou. Tonha! Ficara lá fora, com Inácio. Aline rezou para que ela não entrasse. O pai, na certa, ficaria desconfiado, ainda mais com Constância ali para envenená-lo. Aline sentiu medo por Tonha. Deitou-se na cama e esperou. Uma hora, duas horas se passaram, e nada. Tonha não voltava. Estava apavorada. Será que acontecera alguma coisa? Pensou em se levantar e sair, mas ficou com medo de que o pai a ouvisse.

Aline ficou ali no escuro, sem pregar olho, pensando no que teria acontecido com Tonha. E Constância? O que será que quisera dizer com "você possui algo que está no meu caminho" e "entre mim e..."? Constância deixara claro que não se interessava por Cirilo. E, além de Cirilo, Aline só amava mesmo a Tonha. Mas o que poderia Constância querer com Tonha? Aline pensou. Com Tonha nada, mas com Inácio... Sim, era isso, tinha que ser. Constância estava apaixonada por Inácio. Ah, compreendia muitas coisas. Seus olhares para ele, o baile do casamento de seu pai, quando só dançara com ele, a raiva que sentia de Tonha, Berenice... Berenice sabia de tudo, era certo. Por isso deixara escapar aquelas palavras que quase a delataram. Mas, como sua irmã, tentara protegê-la. Aline podia compreender Berenice, e não a recriminava por tentar defender a irmã. Se fosse ela, talvez fizesse a mesma coisa. No entanto, se Constância estivesse mesmo apaixonada por Inácio, com certeza sabia de seu amor por Tonha, e por isso a odiava tanto. Então, Tonha corria sério perigo. Aline precisava alertar Tonha e Inácio. Mas por onde andava aquela menina?

Já era quase de manhã quando ela adormeceu, pensamento voltado para Tonha. Quando o dia amanheceu, Tonha apareceu, trazendo nas mãos a bandeja do café. Aline dormia profundamente, e Tonha pensou que seria melhor não acordá-la. Já ia saindo na ponta dos pés quando Aline, percebendo sua presença, chamou:

– Tonha! É você?

– Sim, Aline, sou eu.

– Meu Deus, Tonha, por onde esteve? Fiquei preocupada. Constância apareceu, e depois meu pai...

– Eu sei, ouvi suas vozes lá do quintal.. Mas Josefa me acobertou.

– Oh! Graças a Deus. Bendita seja Josefa.

– Que susto, hein?

– Nem me fale. Mas Tonha, preciso alertá-la. Cuidado com Constância, ela já sabe de você e Inácio.

– Sabe? Mas como?

– Isso eu não sei. Mas tenho certeza de que ela sabe. E pior, está apaixonada por ele.

– Apaixonada por ele? Meu Deus!

– Sim, e ela pode ser extremamente perigosa. Tenha cuidado.

– Não se preocupe, Aline, terei o máximo de cuidado possível.

– Ainda mais agora, que ela está morrendo de ódio, principalmente de mim.

– Vocês brigaram?

– Sim, e ela deixou bem claro que não hesitará em destruir quem se interpuser em seu caminho.

– Quer dizer, eu?

– Sim. Você é uma ameaça para o seu amor por Inácio.

– Mas Aline, Inácio não a ama.

– Mas ela não sabe disso. E mesmo que saiba, uma mulher rejeitada é pior do que uma fera ferida. Estou lhe avisando, Tonha, não facilite com Constância. Além de tudo, ela não presta. É uma pessoa ruim.

Tonha saiu e Aline voltou a fechar os olhos. Como estava cansada! Cansada de tudo aquilo, de todas aquelas pessoas que só guardavam ódio, despeito e inveja no coração.

Capítulo 24

O domingo amanheceu nublado, o sol tentando forçar passagem por entre as nuvens que manchavam o céu. Aline admirava as rendas do vestido de noiva, ansiosa. Aquele casamento significava não só a união com o ser amado, mas também sua libertação e a de Tonha.

De repente, Tonha entrou correndo e ofegante, e Aline indagou, preocupada:

– O que foi que houve, Tonha? Parece que viu um fantasma.

– Pior.

– Por quê? O que foi que viu?

– Terêncio.

– O quê?

– Terêncio. Ele voltou.

– Não pode ser. Tem certeza?

– Tenho sim. Eu mesma o vi cruzando a porteira.

Aline, mais que depressa, correu para o gabinete do pai. Escancarou a porta e entrou, quase esbarrando no capataz, que acabara de chegar.

– Mas o que significa isso? – inquiriu ela furiosa. – Papai, o senhor me jurou que despedira esse traste.

– Aline, por favor, acalme-se – tentou o pai em tom apaziguador. – Ouçamos o que Terêncio tem a dizer.

– Francamente, não me interessa nada o que ele tem a dizer. Nossa casa não é lugar de assassinos.

– Perdão, senhorita, Aline – falou ele –, mas não sou assassino.

– Não? E como chama o que fez com o pobre Benedito?

– Aquilo foi um acidente.

– Acidente? Ora, não me faça rir.

– Aline, por favor – interveio Licurgo –, deixe-nos a sós.

– Mas papai, o senhor não pode receber esse criminoso!

– Deixe isso comigo.

– Mas papai, o senhor prometeu...

– Já disse para deixar por minha conta. Isso não é assunto para você.

– Papai, não pode...

– Saia, Aline, estou ordenando.

– Papai, se aceitá-lo de volta, eu irei embora desta casa hoje mesmo.

– Cale-se, Aline, e obedeça. Você não sabe o que diz. Agora saia, vamos. Saia!

Aline rodou nos calcanhares e saiu, batendo a porta com violência. Aquele miserável! Como podia o pai ainda recebê-lo, depois de tudo o que fizera? Amargurada, voltou para o quarto, atirou-se na cama e começou a chorar. Por que o pai era assim? Era um homem cruel, sem coração. Por que sua mãe tivera que morrer quando ela ainda era bem pequena? Por quê? Aline não chegara a conhecer a mãe, e fora criada pelo pai e pelas escravas. O pai, a princípio, mimava-a de todas as maneiras. Ela era sua vida, e Aline ainda se lembrava daquele tempo. Mas depois que Tonha chegara, tudo se modificara. Ela se afeiçoara àquela escrava, e o pai não soubera ou não pudera compreender. Daí em diante, um abismo se abrira entre eles, e Aline passara a não mais partilhar de suas idéias. Quanta coisa aprendera desde então! Ela passara a encarar os escravos como realmente eram: pessoas, que por infortúnio, tiveram suas vidas destroçadas, enquanto homens como seu pai enriqueciam à custa da exploração do trabalho alheio. Não era justo.

Naquele dia Aline não desceu para o almoço nem para o jantar. Preferira ficar na cama, embora Tonha tudo fizesse para que ela saísse.

– Não tenho vontade – dizia ela.

– Não se preocupe, Aline, Terêncio não vai incomodar, não.

– Como pode dizer uma coisa dessas, Tonha? Então já se esqueceu do que ele fez?

– Mas agora é diferente. Ele não vai se atrever.

– Não sei. Mas, mesmo assim, ele não tem o direito de estar entre nós. Deveria estar era na prisão, que é lugar de assassinos.

– Sabe que isso é impossível. Negro não pode ser assassinado. Negro é eliminado, e isso não é crime nenhum.

– Oh! Tonha, por que tem que ser assim?

– Não chore, Aline. É o destino. Aceite.

– Mas por quê? Por que o destino tem que ser tão cruel?

– Não sei. Mas a velha Maria diz que nada acontece por acaso. E depois, logo você vai se casar e vai poder ir embora daqui. Sinhozinho Cirilo pensa como você, e você será feliz na fazenda Ouro Velho.

– Sim, mas e os escravos daqui? Como poderão viver tranqüilos, sem alguém para protegê-los? E ainda mais com Terêncio de volta para castigá-los! Comigo aqui, papai ainda controla os castigos. Mas depois que eu me for, não sei.

– Não pense mais nisso. Não adianta.

– Não posso, Tonha. Sinto que sou responsável.

– Mas responsável pelo que, pois se você não fez nada?

– Não sei. Apenas sinto.

– Mas se nem foi você quem inventou a escravidão...

– Oh! Tonha, Tonha, o que será dos seus?

Tonha não respondeu e estreitou Aline contra o peito, acariciando seus cabelos macios. Aline deu livre curso às lágrimas, e seu corpo todo foi sacudido pelos grandes soluços que dava. Mas Tonha estava ali para segurar cada gotinha de lágrima que caía.

– Chore, sinhazinha, chore – consolava ela. – Deixe que o pranto lave seu coração de toda essa tristeza.

E Aline, agarrada a ela, chorava e soluçava qual criança desamparada, lamentando angustiada:

– Oh! Tonha, ajude-me. Não sei o que fazer, não sei o que fazer!

– Chhh! Tenha calma. E não se preocupe. Eu estarei sempre a seu lado, aconteça o que acontecer. E você tem Cirilo. Ele a ama, e vai saber confortá-la.

Aline continuava a chorar. Seu coraçãozinho de moça estava dilacerado. Se ela pudesse, tudo seria diferente. Libertaria os escravos e todos viveriam em paz, trabalhando em troca de um salário digno. Mas ela não era a dona daquelas terras, e sim o pai. Desalentada, Aline apertou Tonha ainda mais. Ao menos ela, em breve, estaria livre daquele sofrimento. Aline gostaria de libertar todos os escravos, mas isso era impossível, e ela sabia. Mas Tonha... a Tonha ela salvaria, e a defenderia com a própria vida, se preciso fosse.

No dia seguinte Aline foi procurar o pai, mas não conseguiu encontrá-lo. Estava claro que Licurgo evitava, a todo custo, um confronto com ela, e isso significava que ele não pretendia dispensar Terêncio, mas, ao contrário, mantê-lo ali na fazenda, no posto que antes ocupava. Aline estava desesperançosa. Sabia que não havia nada que pudesse fazer, mas, ainda assim, tentou falar com ele.

Vendo que Licurgo não aparecia, Aline resolveu sair à sua procura. Encilhou o cavalo e partiu rumo à plantação, indo encontrá-lo em companhia de Terêncio, dando ordens aos escravos. Aline procurou, mas não avistou Aldo. Onde estaria o novo capataz? Licurgo a avistou ao longe, e Aline percebeu que ele dissera algo a Terêncio, que logo se afastou. Rapidamente, ela se aproximou e o pai a repreendeu, antes que ela pudesse dizer qualquer coisa.

– O que faz aqui, Aline? O campo não é lugar para mulheres.

– Gostaria de falar-lhe.

– O que quer? Se é sobre Terêncio, não temos mais nada para conversar.

– Mais ou menos.

– Como assim?

– Está mesmo decidido a aceitá-lo de volta?

– Sim, estou. E já o fiz. E você, mocinha, não tem nada a ver com isso. Esta casa e estas terras são minhas, e posso fazer o que bem entender.

– E se eu partir?

– Isso me causaria imenso desgosto, mas você é quem sabe. Se quiser ser deserdada, faça isso.

– Não ligo para o seu dinheiro.

– Espero que não, porque de mim não vai receber um tostão.

Aline, vendo que não conseguia amolecê-lo, resolveu mudar de tom:

– Papai, não vim até aqui para brigar.

– E o que quer, então?

– Bem, eu só pensei em fazermos uma troca.

– Uma troca? Que tipo de troca?

– Eu pensei que, já que o senhor aceitou Terêncio de volta, poderia me fazer um favor.

– Hum... – fez Licurgo desconfiado – que tipo de favor?

– Aldo.

– O que tem ele? Já o despedi.

– Pois é. Essa é a troca, e também o favor.

– Seja mais clara.

– O senhor readmitiu Terêncio, isso está feito e não tem remédio. Mas podia, ao menos, conservar também Aldo.

– E o que eu faria com dois capatazes?

– Ora, papai, a fazenda é grande. Aldo poderia ajudar Terêncio a vistoriar a plantação e os escravos.

– Hum, não sei não.

– Por favor, papai, é só o que lhe peço. O senhor me deve, ao menos, isso.

– Posso saber por que o interesse em Aldo?

– Porque Aldo é um homem honesto e bom trabalhador. Não seria justo deixá-lo sem emprego. Afinal, papai, sei que também aprecia seu trabalho.

– Isso é verdade. Mas não creio que seja o suficiente para mantê-lo aqui e gastar mais dinheiro com outro salário.

Aline, desanimada, acrescentou friamente:

– Pois muito bem, papai, o senhor é quem sabe, e, como disse, é quem manda. Mas a minha proposta é razoável, e selaria a paz entre nós. O senhor fica com Terêncio e eu me calo, mas, em troca, aceita o meu pedido e mantém Aldo a seu serviço. Contudo, não posso obrigá-lo, e irei agora mesmo aprontar minhas malas para deixar esta fazenda o mais rápido possível. Tenho certeza de que Cirilo ficará muito feliz em receber-me.

Ela virou o cavalo e começou a se afastar. Licurgo, porém, pensando no escândalo que seria sua filha, moça solteira ainda, abandonar a casa paterna para viver sob o mesmo teto que o noivo, numa casa só habitada por homens, reconsiderou.

– Aline – chamou. Ela se voltou e ele prosseguiu: – Está muito bem. Aceito sua proposta. E agora não falemos mais nisso. Vá para casa e deixe o resto por minha conta.

– Obrigada, papai – respondeu secamente, e se foi.

Mas Aline estava satisfeita. Embora Aldo não fosse propriamente um defensor dos escravos, ao menos era gentil e humano, e não se comprazeria em maltratá-los.

Licurgo, por sua vez, chamou Terêncio e participou-lhe sua resolução.

– Ora, seu Licurgo – protestou ele –, acha mesmo necessário?

– Achar, não acho. Mas foi um pedido de Aline, e não quero mais contrariá-la. Ao menos assim restabelecemos a paz entre nós. Lembre-se que Aline é minha filha, e não posso perdê-la assim.

– Muito bem, o senhor é quem sabe. Mas acho desnecessário.

– Você não tem que achar nada. É meu empregado, e deve me agradecer por recebê-lo de volta.

– Sim, senhor – respondeu Terêncio, abaixando a cabeça, lembrando-se do seu lugar ali. Era apenas um empregado, e não podia contrariar as ordens do chefe. Afinal, onde mais encontraria um emprego daqueles, com a proteção que recebia do patrão?

– Agora deixe-me passar. Preciso alcançar Aldo antes que se vá.

– Quer que eu faça isso?

– Não. Eu sou o patrão aqui, e sou eu quem deve admitir ou despedir meus empregados.

Terêncio, no fundo, estava enciumado. Não queria perder a preferência do patrão. Furioso, virou-se para os escravos, e agitando no ar o chicote, começou a esbravejar:

– Andem, negros imundos e preguiçosos! Trabalhem! Trabalhem, se não quiserem apanhar!

Os escravos, assustados, sem entender bem o que se passava, redobraram forças na enxada, temerosos de provocar a ira de Terêncio. A imagem de Benedito morto ainda estava bem viva em suas mentes. Aquele homem deveria ser louco. Era um tirano, e sentia prazer em torturá-los. Assim, em silêncio, prosseguiram na labuta, orando a seus orixás para que os livrassem das garras daquele demônio sanguinário.

Capítulo 25

Era tarde, e Berenice virou-se na cama, abrindo os olhos por uns instantes. Sem querer, viu a cama vazia de Constância, e levantou-se assustada. Onde estaria a irmã? Teria descido para beber água? Berenice pensou em sair atrás dela, mas teve medo. A irmã não gostava mesmo dela, e com certeza ficaria furiosa se soubesse que a estava vigiando. Assim, encolheu-se debaixo dos lençóis e esperou. Passadas quase duas horas, Constância entrou, a roupa empapada denunciando que estivera andando na chuva. A noite estava quente, mas Constância, na certa, pegaria um resfriado com aquele vestido molhado. Ela, contudo, parecia não se importar, e deitou-se na cama do jeito que estava. Não podendo mais conter a indignação, Berenice exclamou:

– Constância! O que faz aí acordada a essa hora, com a roupa toda molhada? Por acaso saiu na chuva, foi?

A outra, assustada, virou-se abruptamente e respondeu com indiferença:

– Não grite, Berenice, e volte a dormir. O que faço não é da sua conta.

– Não estou gritando. Mas é que você saiu no meio da noite e...

– Por acaso está me vigiando, é?

– Eu? Não, não. Mas é que acordei de repente, e como não a vi...

– Ficou curiosa, não foi?

– Preocupada.

– Meu Deus, Berenice, você vive se preocupando. Quantas vezes tenho que lhe repetir para cuidar de sua própria vida? Ou será que ela é tão pouco interessante que você prefere se ocupar da minha?

Berenice não respondeu. Virou o rosto para o outro lado e começou a chorar baixinho, tentando fazer com que Constância não escutasse. Inútil, porém.

– Mas já está chorando de novo? Você é muito mole mesmo. Não sei por que chora tanto por mim. Pois se eu nem mesmo me dou conta de sua existência...

Berenice, magoada, levantou-se apressada e correu porta afora, indo bater na porta do quarto de Aline. A moça já estava dormindo e não respondeu, mas Berenice, aos prantos, irrompeu pelo quarto e se atirou na cama de Aline, que acordou assustada. Tonha, por sua vez, soltou um grito abafado.

– Ai, minha nossa senhora, mas o que é isso?

– Hein? O que foi? Quem é? – era Aline, tentando compreender o que se passava. Ao ver a amiga ali a seu lado, rosto afundado nas cobertas, indagou aflita: – Berenice, o que faz aqui?

– Oh! Aline – retrucou ela soluçando –, foi Constância.

– O que ela fez desta vez?

– Humilhou-me, como sempre. Só porque lhe perguntei aonde tinha ido a essa hora da noite e na chuva.

– Constância saiu?

– Sim.

– Mas aonde pode ter ido?

– Não sei. Mas boa coisa não deve ter feito.

– Com certeza que não. Mas agora não pense mais nisso. Já é tarde, e você deve voltar a dormir.

– Por favor, Aline, deixe-me ficar aqui com você.

– Está bem. Tonha, pegue cobertas para Berenice, sim?

Tonha se levantou e foi buscar os lençóis. Aline ajeitou o travesseiro e Berenice se acomodou.

– Agora durma – falou num bocejo. – Amanhã descobriremos o que houve.

– Obrigada, Aline, sabia que podia contar com você.

– Boa noite.

Quando Aline acordou Berenice não estava mais ali. Levantara-se cedo e saíra, mas ela não a encontrara em lugar algum da casa. Foi até a cozinha e indagou:

– Josefa, por acaso você viu Berenice?

– Não, sinhazinha, por aqui ela não passou. Por quê?

– É que ela sumiu.

– Vai ver ainda não acordou.

– Não, não. Ela dormiu em meu quarto, mas não está mais lá.

– Quem sabe não voltou para o quarto dela?

– É, pode ser.

– Quer que eu vá ver?

– Se puder me fazer esse favor.

Josefa, em silêncio, foi ao quarto que Berenice dividia com Constância, mas somente esta se encontrava ali, ainda dormindo. Voltou para a cozinha, onde Aline a esperava ansiosa.

– Sinhazinha Berenice não está no quarto, não.

– Viu? Ela desapareceu. Mas onde estará?

– Estou aqui – interrompeu ela, que acabara de entrar pela porta dos fundos.

– Berenice! Onde esteve?

– Precisei sair.

– Mas aonde foi?

– Por ora prefiro não falar.

– Mas quanto mistério!

– A sinhazinha quer um chá? – ofereceu Josefa.

– Não, Josefa, obrigada. Não tenho fome.

– Mas o que é que está acontecendo nesta casa? De repente, todo mundo deu pra sair às escondidas...

– Não é isso, Aline. É que não posso falar nada agora. Mas prometo que breve você saberá de tudo.

– Está bem. O que fazer?

Berenice pediu licença e se retirou para o quarto. Já se encontrava mais refeita da noite anterior. Fora procurar Inácio, e com ele dividira suas dúvidas a respeito da irmã. A princípio ele negara, mas depois acabara confessando. Constância estivera ali a procurá-lo, no meio da noite. Entrara furtivamente e fora direto ao seu quarto, surpreendendo-o enquanto dormia. Ela estava estranha, parecia fora de seu juízo normal. Sem dizer palavra, deitara-se ao seu lado e colara os lábios aos seus, em prolongado beijo, que Inácio, dada a surpresa do gesto, não pudera, a princípio, recusar. Aos poucos, porém, já mais refeito do susto, ele a afastara carinhosamente, e indagara, confuso:

– Constância, o que significa isso? Enlouqueceu?

– Sim, Inácio, enlouqueci de amor por você.

– Mas o que é isso? Como chegou até aqui? Veio só? E isso são trajes? Ainda mais com esse tempo!

– Pare de falar um minuto e ouça-me, sim? Vim aqui a cavalo, sozinha, porque não pude mais suportar. Não posso mais passar uma noite sequer sem tê-lo ao meu lado.

– Mas como? Deixe de besteiras, você não sabe o que diz.

– Sei muito bem. Eu o amo e o quero só para mim.

– Constância, por favor, pare com isso. Você é minha irmãzinha...

– Cale-se! Não sou sua irmã. Sou uma mulher.

– Eu sei. Mas o meu sentimento por você é unicamente fraternal.

– Não pode ser. Você me ama. Sei que me ama.

– É claro que a amo. Mas como a uma irmã, e nada mais.

– Não acredito em você.

– Constância, pare com essa bobagem. Não compreendo o que deu em você para agir assim. Já é tarde, e você não deveria estar aqui.

Constância, corpo ardendo de desejo, começara a beijá-lo e acariciá-lo, provocando-o ousadamente. Inácio, que nunca antes vira a prima agir daquele modo, ficara abismado, mas as carícias ardentes da moça já o estavam entorpecendo, e ele quase se deixara levar pelos instintos. Recobrando forças, porém, lembrara-se de quem eram e pensou em Tonha, sua verdadeira amada. Assim, bruscamente afastara Constância de si e censurara-a com aspereza:

– Mas o que deu em você, menina? Não percebe o que está fazendo? Por acaso perdeu o pudor?

– Sim, meu querido, perdi tudo por amor a você. Não me deseja? Eu não o agrado?

– Pare com isso, Constância. Você é minha prima, quase minha irmã.

– Não sou sua irmã e nem quero ser. Quero ser sua mulher.

– Você está louca!

– Sim, sim, louca de paixão. Venha, beije-me. Não vê que sou sua? Basta você querer e eu me entrego a você. Aqui, agora mesmo.

– Saia daqui. Não a quero. Não a amo.

– Não acredito em você.

– Pois pode acreditar. É a pura verdade. Meu coração já é de outra.

Furiosa, Constância rugiu entre dentes:

– E quem é? Posso saber?

– Não é da sua conta.

– Tem certeza?

– Ouça, Constância, não sei o que deu em você para agir dessa maneira.

– Mas Inácio, eu sempre o amei. Não é possível que nunca tenha percebido.

– Para falar a verdade, não. Sempre a olhei com olhos de irmão, e um romance entre nós seria quase um incesto.

– Patife!

– Pode ofender-me, Constância, não ligo. Agora venha. Vou levá-la de volta para casa – ele a segurara pelo braço, mas ela dera-lhe um safanão.

– Não preciso que me leve. Cheguei aqui sozinha, e posso muito bem voltar sozinha.

– Não vou deixá-la sair por aí a essa hora. Pode ser perigoso.

– Não mais do que o seu desprezo.

– Deixe de bobagens, Constância. Não a desprezo. Apenas não a amo. E tenho certeza de que isso que você pensa sentir por mim nada mais é do que uma confusão de sentimentos de menina. Amanhã já terá esquecido tudo.

– É o que você pensa. Eu o amo, Inácio, não posso viver sem você. Por favor, não me rejeite.

– Basta, Constância! Contenha-se.

– Não posso! – balbuciou em lágrimas. – Meu amor é maior do que minhas forças. Você tem que ser meu!

– Sinto muito. Amo outra, já disse.

– Oh! Sim, aquela negrinha.

Inácio assustara-se.

– Que negrinha?

Constância, ar de vitória, arrematara com desdém:

– Se pensa que não sei que aquela Tonha anda se engraçando para você, está muito enganado.

– O que diz?

– É isso mesmo. Bem sei o que ela lhe ofereceu, e posso fazer melhor do que ela.

– Cale-se, Constância, isso é um absurdo!

– Mas...

– Cale-se, já disse. Não quero ouvir nem mais uma palavra. Agora vamos, levante-se e venha comigo. Vou chamar Cirilo e levá-la para casa agora mesmo. Não quero complicações com tia Palmira e seu Licurgo.

O medo da tia a fizera mudar de atitude. Se Palmira e Licurgo soubessem daquilo, com certeza a mandariam de volta para o Rio de Janeiro, e isso era tudo o que ela não desejava. Mudando de tom, implorara, chorosa:

– Oh! Não, Inácio, por favor, não envolva tia Palmira nisso. Ela não compreenderia.

– Nem eu compreendo. Agora vamos, obedeça.

– Não, não, por favor!

– Vamos!

– Não vou.

– Constância, sabe que sou um homem extremamente paciente. No entanto, você já está passando dos limites.

– Por favor, Inácio, não conte nada a ninguém, eu lhe imploro.

Inácio refletira por alguns instantes. Estava certo de que Constância não falava sério. Com certeza, aquilo era coisa de menina, uma fantasia inocente, e passaria com o tempo. Ela fora ousada, é verdade. Mas Constância não sabia o que fazia, e aquilo, certamente, nada mais era do que um sonho infantil. Ela desconhecia as conseqüências de seus atos, e se assustara quando ele a chamara de volta à realidade. Assim, iludido pela suposta inocência da prima, acabara por concordar:

– Está bem, Constância, não direi nada a ninguém. Mas que isso não se repita, ou serei obrigado a contar tudo a tia Palmira ou, quem sabe, escrever uma carta a seus pais.

– Oh! Não. Isso não se repetirá, eu juro. Não sei o que me deu...

– Está bem, agora chega. Venha, vamos embora. Vou levá-la para casa, antes que alguém dê por sua falta.

Em silêncio, Inácio saíra com ela e fora buscar a carruagem. Já passava das três horas da madrugada, e todos dormiam. Sem qualquer ruído, Inácio conduzira a carruagem pela estrada, a fim de não acordar ninguém. Ao chegar à fazenda São Jerônimo, Constância descera ainda em silêncio e entrara, sem dizer mais nada, e Inácio voltara para casa pensativo. Será que aquilo estava direito?

Na manhã seguinte, surpreendera-se ainda mais ao encontrar Berenice ali, bem cedo, indagando sobre a irmã. Ele tentara ocultar-lhe a verdade, mas algo nela impedira-o de mentir, e ele acabara por relatar-lhe tudo o que se passara na noite anterior, com a promessa de que ela nada contaria a ninguém. Assim, Berenice ficara sabendo do desatino da irmã, e decidira que, dali para a frente, iria ajudá-la, ainda que ela não quisesse sua ajuda.

Passados alguns dias desde o episódio no quarto de Inácio, Constância parecia ter esquecido o ocorrido. Não tocara mais no assunto e evitava encarar o primo. Inácio, por sua vez, passara a tratá-la com uma frieza contida, o que chamou a atenção de Tonha e Aline. Certa de que a moça, efetivamente, se apaixonara por Inácio, Aline passou a reparar mais nela e teve certeza de que alguma coisa muito grave acontecera. Inácio a tratava quase como a uma estranha. Quando a via, não a beijava mais na face, como sempre fazia, nem lhe dirigia mais qualquer gracejo ou brincadeira. Constância tentava desesperadamente ocultar o ódio que a consumia, mas o coração, envenenado pelo desprezo e pelo ciúme, deixava transbordar pelos olhos todo o rancor e o despeito que lhe iam na alma. Quanto a Berenice, esquivava-se de qualquer pergunta, e Cirilo parecia, realmente, de nada saber. Inácio, sempre que indagado do porquê de seu comportamento arredio, respondia vagamente:

– Não é nada. É que Constância já está uma moça, e não fica bem tanta intimidade.

Era domingo de sol, e os Sales de Albuquerque aproveitaram o calor da estação para preparar um almoço em família, ao ar livre.

Os rapazes da Ouro Velho foram convidados, e tudo corria bem. Terminada a sobremesa, Licurgo e Palmira se retiraram para a sesta, e os jovens se reuniram para jogar cartas. A brincadeira seguia animada, com Tonha servindo refrescos para aliviar o calor, e Inácio não tirava os olhos dela. Por vezes, fingia esbarrar em seu braço, e chegou a derrubar um copo de limonada só para encostar em sua mão. Aline e Cirilo, preocupados, lançavam-lhe olhares de advertência, mas Inácio nem os notava. Estava por demais embevecido com sua amada para prestar atenção àqueles conselhos mudos. Berenice estava apavorada. Será que Inácio enlouquecera? Já se esquecera do que se passara entre ele e Constância? Mas Inácio, pensando que a prima se resignara com seu amor por Tonha, e não querendo acreditar na maldade de seu coração, flertava abertamente com a escrava, enchendo Constância de ódio e inveja.

Ela se roía de ciúmes. Então Inácio se atrevia a cortejar aquela negra assim, tão descaradamente? Não podendo mais suportar aquela humilhação, levantou-se para sair.

– Aonde vai? – quis saber Berenice. Constância teve vontade de mandá-la para o inferno, mas se conteve e respondeu, tentando disfarçar a raiva:

– Dar uma volta.

Desceu as escadas da varanda rilhando os dentes e apertando as mãos, quase quebrando os dedos. Furiosa, seguiu em direção ao jardim e foi sentar-se à sombra de uma laranjeira, mordendo os lábios de tanto ódio. Seu coração parecia que ia explodir. Se pudesse, mataria aquela negra. Pensando que ninguém a observava, exclamou em voz alta:

– Se pudesse a destruiria!

Passados alguns poucos segundos, escutou uma voz rouca em resposta.

– E por que não pode?

Assustada, Constância levantou-se de um salto, e levando a mão ao coração, perguntou:

– Quem é? Quem está aí? Vamos, apareça!

Das sombras, um vulto negro surgiu, e aproximando-se de Constância, falou humilde:

– Perdão, sinhazinha, não queria assustá-la.

Indignada com aquela intromissão, Constância retrucou com furor:

– O que faz aí nas sombras? Com que direito me espiona? E quem é você?

– Sou Lalá.

– Lalá? E eu lá sei quem diabos é Lalá... Mas espere... Sim, agora me lembro. Você é aquela escrava que levou uma surra porque roubou um colar de tia Palmira, não é?

– Sim, sinhá.

– Ora, mas que atrevimento! Como ousa me abordar assim, negra estúpida? – Constância ergueu a mão para esbofeteá-la, mas Lalá suplicou:

– Por favor, sinhazinha, não me bata. Vim aqui para ajudá-la.

Constância segurou o golpe e perguntou, curiosa:

– Ajudar-me? E posso saber como uma negra inútil como você pode me ajudar?

– Bem, sinhazinha, se me permite, digamos que queremos a mesma coisa.

– Não seja ridícula. Não vê que não há nada que queira que possa me interessar? – e levantou-se para ir embora, farta daquela conversa despropositada.

– Tonha – disse Lalá, simplesmente.

Constância estacou, e apertando os lábios, voltou-se para ela, o sangue já a borbulhar.

– O que foi que disse? Como se atreve?

– Perdoe-me, novamente, sinhazinha, mas ambas queremos ver Tonha fora de nossos caminhos, não é mesmo?

– Ora, sua atrevida! Com que direito vem até mim tocar no nome daquela negra ordinária? Eu devia mandar espancá-la.

– Faça isso e perderá a única chance de conquistar o coração de sinhozinho Inácio.

– Mas o que é isso? – Constância estava indignada. Aquela Lalá era mesmo muito atrevida. – O que sabe você sobre Inácio?

– O bastante para dizer que ele e Tonha...

– O que tem? Vamos, diga-me.

– Não, não, sinhazinha. Primeiro faremos um trato.

– Está louca. Não faço tratos com negros.

Lalá mordeu os beiços. Tinha vontade de voar no pescoço daquela sirigaita branquela. Sabia, no entanto, qual era o seu devido lugar, e não ousaria encostar um dedo em Constância. Seria morte certa. Além disso, Constância era a única que poderia ajudá-la a tirar Tonha de seu caminho. Refreando a raiva, argumentou:

– Sinhazinha Constância, sei que não gosta de escravos, e não estou aqui para discutir isso.

– E nem pode.

– No entanto, sei que ama sinhozinho Inácio e...

– Isso não é da sua conta! Aliás, vou-me embora. Nem sei por que estou aqui a ouvi-la.

– Está aqui porque tem interesse, assim como eu, em destruir Tonha. Por favor, ouça-me, e nós duas sairemos lucrando.

– Está bem. É verdade que amo meu primo. Mas e você? Por que quer se ver livre de Tonha?

– Bem, digamos que ela tem algo que me pertence.

– E o que é?

– Meu lugar.

– Seu lugar?

– Sim. Tonha ocupa o lugar que seria meu por direito.

– Mas que lugar, criatura?

– O de escrava particular de sinhazinha Aline.

– Ah! É isso. Mas quanta besteira!

– Não é besteira não, sinhá. Se Tonha não tivesse vindo para cá, certamente eu é que seria sua escrava. Mas sinhô Licurgo mandou buscá-la lá longe, e eu perdi a vez.

– Com certeza, teve seus motivos. Mas e daí? Onde quer chegar com isso tudo?

– É simples. Eu ajudo a sinhazinha a destruir Tonha, e em troca, a sinhazinha convence sinhô Licurgo a dar-me para sinhá Aline.

– Hum, não sei não. Aline me odeia.

– Mas sinhô Licurgo não.

– Mesmo assim. Aline vai se casar e vai se mudar daqui levando Tonha. Não haverá tempo suficiente para planejar e executar qualquer plano. E mesmo que conseguíssemos, Aline não aceitaria outra escrava em lugar de Tonha.

– Será? Se Tonha for destruída, com certeza sinhá Aline vai precisar de alguém que a console e ajude.

– Ela já tem Cirilo.

– Mas não custa tentar.

– Ouça, Lalá, está sonhando. É um plano louco. Você jamais assumirá o lugar de Tonha.

– Mas o que é que a sinhá tem a perder?

– Eu? Não sei. Talvez o amor de Inácio.

– Se sinhozinho Inácio descobrir. Mas isso não vai acontecer.

– E posso saber o que pretende fazer?

Abaixando a voz, Lalá contou a Constância o plano que tinha para afastar Tonha, em definitivo, de suas vidas. Constância pensou por alguns minutos e achou o plano ousado e perigoso, mas bom. Se desse certo, não teria que se preocupar mais com Tonha. Mas ela sabia também que, ainda assim, Lalá jamais ocuparia o lugar de Tonha. Só Lalá é quem não sabia. No entanto, se ela queria se suicidar por uma vaidade estúpida e insana, era problema dela. Constância se aproveitaria de sua loucura para conquistar o coração de Inácio. E depois, se Lalá falasse algo contra ela, quem acreditaria? Era uma escrava, e altamente comprometida em virtude de seu envolvimento com furtos e atrevimentos. E se ela morresse também, tanto melhor. Era uma negra ousada, e não faria falta a ninguém. Com um sorriso diabólico plantado no rosto de esfinge, Constância acabou por concordar:

– Está bem, Lalá. Que assim seja – virou-lhe as costas e se foi.

Capítulo 26

O sol ia a pino quando Camila entrou na casa de Basílio. Ao vê-la, ele se levantou e correu para ela, estreitando-a nos braços.

– Querida! – exclamou com voz melíflua. – Como demorou!

– Ora – respondeu ela fazendo beicinho –, sabe como é. Depois de tudo o que houve, não posso mais chamar a atenção.

– Não se preocupe, querida. Breve isso tudo vai terminar.

– Oh! Basílio, mal posso esperar.

– E não vai ter que esperar muito mais.

– O que pretende fazer?

– Você vai ver.

– Não sei, não. Mas não creio que você consiga dobrar meu irmão. Ele ainda o odeia.

– E eu o abomino. Mas isso não importa. O que importa é que nós nos amamos, e logo vamos nos casar.

– Mas como? Às vezes penso que está sonhando. Isso é praticamente impossível.

– Não é, não.

– Por que não fugimos?

– E submetê-la à desonra? Jamais

– Oh! Meu querido, como eu o amo. Depois de tudo, ainda pensa em minha honra. Se fosse outro, já teria abusado de mim.

Basílio olhou-a com desejo. Sim, estava louco de vontade de tê-la, de sentir seu corpo quente, sua pele macia. Mas não podia arriscar-se a perder sua fortuna. Se, por um lado, forçaria o casamento entre eles, por outro, não faria com que Cirilo mudasse de idéia quanto ao dote. E ele não estava disposto a abrir mão do dinheiro de Camila. Afinal, era dele também. Trabalhara por aquilo, e não era justo que saísse perdendo. Sem dizer nada, tomou-a nos braços, e após longo beijo, sussurrou baixinho:

– Isso pode esperar, meu bem. Eu a amo, e não quero perdê-la.

Nisso, ouviram batidas na porta, e Camila se assustou. Será que a haviam seguido até ali? Olhou para Basílio, que a tranqüilizou com um gesto. Calmamente, levantou-se e foi abrir a porta, dando passagem a um jovem extremamente bonito, que entrou e cumprimentou sorridente:

– Basílio! Até que enfim!

– Achou difícil encontrar o lugar?

– Mais ou menos. Perguntei a um e a outro e, afinal, consegui localizar o sítio. Mas é quase um fim de mundo...

– Espero que não tenha tocado no meu nome.

– Por certo que não. Dei o nome da senhoria, e ninguém me perguntou nada.

– É, ninguém se importa com gente pobre.

– É verdade.

Camila, sem nada entender, permaneceu sentada à mesa, com medo de pronunciar algum som que delatasse sua presença. Ela jamais vira um homem tão bonito, mas temia que sua presença ali pudesse comprometê-la. Até que Basílio, lembrando-se dela, acenou para o jovem e falou:

– Mas vamos, venha. Deixe-me apresentá-lo à minha noiva – virando-se para Camila, apresentou: – Camila, querida, quero que conheça meu primo Virgílio, que acaba de chegar do Rio de Janeiro.

– Primo? Mas o que é isso? Você nunca me falou que tinha um primo.

– O fato de nunca haver falado não significa que ele não exista.

– Muito prazer, senhorita – interveio Virgílio. – É um prazer imenso conhecê-la.

Camila, confusa, não sabia o que dizer. Aquele primo, surgido de repente, seria uma ameaça a seus planos de casamento. O que estaria Basílio pretendendo?

– O... o prazer é... é todo meu... – balbuciou ela, lançando para Basílio um olhar de interrogação.

– Não se preocupe, meu bem – tratou logo de dizer. – Virgílio, além de meu primo, é um ótimo amigo. Não dirá a ninguém que estou aqui e, muito menos, que você vem me ver.

– Mas Basílio – protestou ela –, sabe que é perigoso. E se alguém descobrir?

– É claro que não descobrirão. Além do mais, será até mais fácil me ocultar. Virgílio pode sair livremente e resolver tudo para mim. E depois, se o virem entrando aqui, pensarão que é ele quem aluga a casa, e não eu.

– Mas a senhoria...

– A senhoria não se importa, e nunca falou a meu respeito com ninguém. Só o que lhe interessa é receber o dinheiro do aluguel. Não se preocupe, Camila, tudo vai dar certo. Eu lhe prometo.

– É isso mesmo, Camila – interveio Virgílio. – Estou aqui para ajudar, e asseguro-lhe que farei tudo o que estiver ao meu alcance.

– Por que veio, senhor Virgílio?

– Ora, vim porque Basílio me escreveu dizendo que precisava de minha ajuda. E aqui estou para ajudá-lo.

– E não trabalha?

– Trabalhar? Claro que sim. Meu pai, já falecido, era dono de um estabelecimento comercial no Rio de Janeiro, e eu herdei seus negócios. Mas quando soube que Basílio precisava de minha ajuda, não hesitei em me ausentar, deixando tudo sob a responsabilidade de meu administrador.

Virgílio olhou discretamente para Basílio, que suspirou aliviado. Não esperava que Camila fizesse tantas perguntas. Era melhor distraí-la com outras coisas, ou ela poderia pôr tudo a perder.

– Camila, meu bem – chamou com doçura –, por que não deixamos Virgílio descansar? A viagem foi longa, e ele deve estar exausto.

– É verdade – concordou Virgílio.

– E onde ele vai dormir? – quis saber Camila. – Aqui só há uma cama.

– Não se preocupe, eu me ajeito. Não sou de cerimônia, e durmo em qualquer lugar.

– E então, Camila? Não vem?

Contrariada, ela acabou por concordar.

– Está bem, Basílio, vou sair para seu primo repousar.

– Ótimo, querida. Amanhã nos falaremos.

Já na porta, Camila beijou-o longamente, e olhou por cima de seu ombro, procurando Virgílio no quarto contíguo. O rapaz fechara a porta discretamente, e Camila desabafou:

– Não sei, não, Basílio. Creio que foi muita imprudência sua trazer esse rapaz aqui.

– Ora, querida, mas por quê?

– As pessoas comentam. Vão reparar. Afinal, é um rapaz bonito, andando sozinho por aí. Vai chamar a atenção.

– Falando assim até fico com ciúmes.

– Deixe de tolices. Sabe que você é o único que amo. Mas que ele é bonito, isso não pude deixar de reparar. E as moças da cidade na certa também vão reparar.

– Ora, e que mal há nisso? Quem sabe ele também arranja uma noiva? Afinal, Virgílio já passa dos trinta anos, já está na hora de se casar.

– Basílio, pare com isso. Não vê que ele pode colocar em risco a nossa segurança? Alguém pode descobrir.

– Sossegue, menina, ninguém vai descobrir. E depois, Virgílio não vai se demorar. Ele veio me prestar um favor e logo irá embora.

– Favor? Mas que tipo de favor?

– Negócios, meu bem, negócios.

– Mas que negócios são esses de que nunca ouvi falar?

– Coisas de homem, você não entenderia.

– Por que não me conta?

– Não quero aborrecê-la com problemas desse tipo. Sua cabecinha é muito linda para pensar em coisas complexas.

– Basílio, não estou gostando nada disso.

– Você não confia mais em mim?

– É claro que confio. Mas não sei se confio é nesse tal de Virgílio.

– Virgílio é amigo, já lhe disse. Veio aqui me ajudar, e depois voltará para o Rio de Janeiro.

– Mas que ajuda é essa, Basílio? Por que não me conta?

– Já disse, não quero perturbá-la.

– Ou será que é você que não confia em mim?

– Está bem, está bem. Se quer mesmo saber, eu lhe direi. Virgílio veio até aqui para me ajudar a comprar uma casa comercial na cidade.

– Que tipo de casa comercial?

– Uma livraria.

– Livraria? Aqui?

– E o que tem de mais? Por acaso as pessoas daqui não gostam de ler?

– Bem, não sei. Mas é uma cidade pequena. Não sei se teria clientes suficientes.

– Mas vou arriscar. Se não tentar algo, como provar ao seu irmão que minhas intenções com você são realmente sérias?

– Então é isso? Faz isso por mim?

– E por quem mais eu me meteria em um negócio que nem pertence ao meu ramo de atividade? Sou advogado, lembra-se? Mas não posso exercer minha profissão aqui. Não há campo de trabalho suficiente. Ao passo que uma livraria... É uma experiência nova, e muitos podem gostar de ter bons livros bem ao alcance de suas mãos, sem precisar encomendar no Rio de Janeiro.

– Oh! Basílio, você é maravilhoso!

– Faço isso porque a amo, querida. Agora vá. Preciso ver se está tudo bem com Virgílio.

– Está bem, meu amor. Amanhã virei vê-lo.

– Eu a esperarei ansiosamente.

Após beijá-lo, Camila se foi e ele fechou a porta, correndo para o outro quarto. Entrou saltitante, e Virgílio começou a rir.

– Virgílio, você foi fantástico! Aquela história de negócios do papai...

– Você gostou? Foi a única coisa que me ocorreu naquele momento.

– Foi perfeito. Camila caiu feito uma patinha.

– E agora?

– E agora vamos esperar.

– Esperar? Até quando? Não vejo a hora de colocar as minhas mãos nela. A menina é mesmo uma beleza.

– Calma, calma. Não se afobe. E não deixe que ela perceba suas intenções. Isso vai assustá-la e afastá-la de você.

– Pode deixar. Sei tratar uma dama.

Os dois riram e Basílio foi até o armário buscar uma garrafa de vinho. Precisavam brindar. Sim, estava próximo o dia em que se tornaria rico, muito rico. Olhou para Virgílio com malícia e acrescentou:

– Amigo Virgílio, breve só estaremos bebendo champanhe francês. E do melhor!

Estalaram as taças e beberam, até que o cair da noite veio apanhá-los no meio da bebedeira, e os dois se atiraram ao chão, rindo e sonhando com os prazeres que estavam prestes a conquistar.

Capítulo 27

Faltava pouco tempo para o casamento de Aline e Cirilo. O enxoval já estava praticamente pronto, e só ficaram faltando algumas peças do mobiliário, pratarias e cristais, que Aline insistiu em mudar. Afinal, ia se mudar para a fazenda Ouro Velho, e queria que tudo estivesse perfeito para sua chegada.

Com tudo isso, Aline fazia constantes viagens ao Rio de Janeiro, então capital do império. Com a chegada da corte portuguesa, o Brasil praticamente deixara de ser colônia de Portugal, e começara a experimentar, com a abertura dos portos brasileiros às nações amigas, avanços em diversos setores. Pelo porto do Rio de Janeiro entravam tecidos finos, sapatos e chapéus elegantes, perfumes e sabonetes com aroma dos deuses, louças e talheres luxuosos. Tanta novidade enchia os olhos de Aline, que se deslumbrava com as maravilhas da corte.

De volta ao vale, Cirilo foi esperá-la na estação. Eram tantos pacotes para levar que o escravo que o acompanhara não conseguia carregar tudo sozinho, e Cirilo teve que ajudá-lo, deixando ainda alguns embrulhos mais leves para Aline.

– Será que ainda sobrou alguma coisa para se comprar no Rio de Janeiro? – gracejou ele.

– Oh! Cirilo, você nem imagina! – retrucou ela maravilhada. – A corte é deslumbrante. Depois que nos casarmos poderíamos ir mais vezes. O que acha?

– Não sei. Talvez.

– Oh! Por favor, eu gostaria tanto!

– Está bem, se isso a fizer feliz.

– Olhe, Cirilo, não quero que pense que sou como essas moças tolas, sem nada de útil na cabeça. Não é isso.

– Sei que não. Conheço-a muito bem para fazer tal juízo de você.

– Fico feliz em ouvir isso. Eu apenas gostei de ver a vida na corte, e penso que seria maravilhoso participar de tanto rebuliço.

– Vai acabar se esquecendo da fazenda.

– Oh! Não. Minha vida é aqui, e não troco o campo por nada. Não gostaria, realmente, de viver na corte. Tanto tumulto me cansaria. Mas de vez em quando, para quebrar a monotonia, até que seria divertido.

Cirilo sorriu e encostou a cabeça dela em seu ombro. Ela o amava muito, e estava feliz com o casamento. Breve se tornaria a senhora Vilas Boas, e teriam muitos filhos. Sim, Aline gostava de crianças, e queria ter, pelo menos, quatro filhos: dois meninos e duas meninas. E Tonha, depois de seu casamento, poderia assumir seu romance com Inácio, e ninguém poderia falar nada. Ela seria sua escrava, de papel passado e tudo, e Aline então lhe daria a tão sonhada liberdade. Sim. Seria o maior presente de Tonha; sua carta de alforria. Aline sorriu intimamente e apertou o braço de Cirilo, que segurou sua mão. Seria uma surpresa, e Tonha ficaria muito feliz, livre para viver ao lado do homem que amava.

Na fazenda, como sempre, Tonha a aguardava ansiosamente. Tinha saudades de Aline e sentia-se extremamente insegura com sua ausência. Apesar de encontrar Inácio constantemente na gruta, a presença de Aline dava-lhe confiança, não apenas em si mesma, mas também no mundo e na vida. Por isso, ao se aproximar a hora marcada para seu retorno, correu para fora, a fim de esperar que chegasse. Já no jardim, escutou a voz de Constância, que a chamava cheia de soberba.

– Tonha, venha cá.

Tonha, que apesar de tudo era escrava, não podia desobedecer a uma ordem, ainda mais quando Aline não se encontrava ali para protegê-la. Assim, contrariada e com medo, dirigiu-se para o alpendre, onde Constância se encontrava confortavelmente instalada, e perguntou:

– Chamou, sinhá?

– É claro que chamei. Por acaso está vendo mais alguém aqui, além de mim? – Tonha não respondeu e ela continuou: – Vá lá dentro agora mesmo buscar-me um copo d'água. Tenho sede.

– Sim, sinhá.

– E não demore.

Tonha saiu e voltou logo em seguida trazendo o copo de água numa bandeja de prata. Abaixou-se para servi-la, mas Constância, maldosamente, derrubou o copo no chão, e o fino cristal se partiu em mil pedacinhos.

– Negra estúpida! – berrou. – Por que não presta atenção no que faz?

– Mas, sinhá – ponderou Tonha –, eu nem encostei no copo.

– Então ele saiu voando, foi? Criou asas, é?

– Eu não quis dizer isso, sinhá.

– E o que quis dizer, então?

– Que não sei como o copo caiu.

– Ah! Não sabe. Mas eu sei. Você o derrubou.

– Eu? Perdão, sinhá, mas como disse, não encostei nele.

– Está me chamando de mentirosa?

– Não, sinhá – aquela história soou familiar a Tonha. Afinal, fora quase assim que Benedito fora parar no tronco e morrera. Apavorada, encolheu-se toda e começou a chorar.

– Por que está chorando, imbecil? – vociferou Constância.

Tonha não respondia. Apenas chorava, as mãos tentando ocultar o rosto contorcido pelo medo. Constância, aproveitando-se da ausência de Aline, levantou-se e esbofeteou o rosto de Tonha, que recuou apavorada, enquanto a outra a agarrava pelos pulsos.

– Por favor, sinhá, não – implorou. – Eu não fiz por mal.

– Cale-se! Cale-se! – e continuou a bater, até que Josefa, escutando aqueles gritos estridentes, apareceu esbaforida e exclamou:

– Sinhazinha Constância, por Deus, o que está fazendo?

– Não se intrometa, negra velha. Isso não é problema seu!

– Solte-a, Constância – era Berenice, que vinha atraída pela gritaria. – Você não tem o direito de tocar nela.

– Ora, ora, se não é a bobalhona da minha irmãzinha que, de uma hora para outra, resolveu intitular-se defensora dos negros. Ficou valente de repente, é?

– Fiquei – e sem dizer mais nada, dirigiu-se para ela, e com uma força que nem mesmo ela supunha ter, arrancou os punhos de Tonha das garras de Constância e disse: – Vá, Tonha, saia daqui.

Tonha não esperou uma segunda ordem. Aos prantos, agarrou-se com Josefa, que saiu com ela para a cozinha. Constância, furiosa, tentou bater em Berenice, mas Palmira, que vinha chegando de uma caminhada, gritou com espanto:

– Constância! O que é isso? Estão brigando?

– Não foi nada – respondeu ela espumando, e saiu correndo para o quarto, não sem antes dizer baixinho para a irmã: – Você me paga.

– O que foi que deu nela? – indagou Palmira, espantada.

– Nada, titia. Constância só está nervosa.

– Mas por quê?

– Não sei.

– Mas essas meninas estão ficando impossíveis – disse Palmira, mais para si do que para a sobrinha. – Se continuar desse jeito, terei que mandá-las de volta para Zuleica.

– Faça isso, titia. Talvez seja melhor para todos.

E entrou também, indo ao encontro de Tonha na cozinha para saber se tudo estava bem. Constância, por sua vez, desabara na cama. Quase estragara tudo, ela bem o sabia. Mas a presença de Tonha ali tão perto, desprotegida, incitou-a ao máximo, e ela não pôde desperdiçar a oportunidade de humilhá-la. Sabia que corria o risco de pôr tudo a perder. Arriscava-se a perder Inácio de vez, pois se ele soubesse daquela violência, jamais a perdoaria, e se afastaria ainda mais dela. Que estúpida fora. Perdera-se por causa de seu gênio irascível. Era preciso controlar aquela têmpera, ou então não conseguiria alcançar seus objetivos.

E ainda tinha Aline. Ainda teria que enfrentar a fúria da outra. Sim, porque, quando Aline soubesse, na certa a procuraria para tomar satisfações. Mexera com sua queridinha, esbofeteara-a e a humilhara. Com certeza Aline não deixaria passar aquela ofensa. Ainda mais depois daquela noite na cozinha, em que quase se atracaram. E o que faria? Desculpar-se estava fora de cogitação. Era orgulhosa demais para isso, ainda que disso dependesse sua felicidade ao lado do homem que amava.

Estava assim a pensar quando a porta do quarto, subitamente, se abriu, e a figura de Aline surgiu, imponente qual Netuno sobre os mares. Ela aparecera antes do que imaginara. Na certa, acabara de chegar, e colocada a par do ocorrido, não pudera esperar nem um minuto para despejar sua raiva sobre Constância. Rilhando os dentes, Aline ameaçou:

– Escute aqui, Constância, é a primeira e última vez que você coloca essas suas garras de rapina sobre Tonha. Se ousar tocá-la novamente, eu mesma a porei para fora daqui, e com tanta fúria que nem meu pai se atreverá a impedir-me.

Sem esperar resposta, Aline deu as costas a Constância e se foi. Parecia um furacão devastador, e Constância pôde sentir as conseqüências de sua passagem pela terra árida de seu coração. Ele se enchia cada vez mais de ódio. Era um ódio sem limites, não só por Tonha, mas principalmente por Aline. Embora Tonha fosse sua rival no amor, Aline era sua inimiga. Constância sentia por Aline tanto ódio que pensava que ia explodir. Mas nem ela saberia explicar a origem de tanto rancor, pois sua origem não estava nessa vida, mas em outra, muito, muito distante.

Aline bateu de leve na porta do gabinete do pai e entrou.

– Sim? – fez Licurgo, sem desviar os olhos dos papéis que estava examinando.

– Papai, sou eu. Pode dar-me um minuto de sua atenção?

– Sim, o que é? Pode dizer.

– Bem, o senhor sabe que logo me casarei com Cirilo, e tem um assunto que gostaria de deixar resolvido desde já.

– E que assunto é esse?

– Trata-se de Tonha. Gostaria de levá-la comigo.

– Sim, muito justo. Não vejo problema nenhum nisso. Dei-a de presente a você, e não pretendo tomá-la de volta.

– Obrigada, papai. Só mais uma coisa.

– O que é?

– Gostaria de tê-la de papel passado.

– Hum... – murmurou Licurgo, pensativo, levantando as sobrancelhas. Após alguns instantes, porém, considerou. – Está bem, se é o que quer...

– Quer dizer então que o senhor concorda?

– Sim, concordo. Tonha foi um presente, e não a quero de volta. É sua. Faça dela o que bem entender. Só espero que não esteja pretendendo alforriá-la.

– Por quê? Isso o faria mudar de idéia?

– Como lhe disse, Aline, Tonha é sua, e você pode dispor dela da forma como melhor lhe aprouver. Só gostaria de alertá-la para o perigo de alforriar uma negra como Tonha.

– Que perigo?

– Ora, minha filha, sejamos realistas. Tonha é uma negrinha até que bonitinha, embora um pouco tonta e ingênua. Se ficar solta no mundo, sem alguém que a controle, pode cair nas mãos de algum aproveitador, e poderá acabar muito mal.

Aline, boquiaberta, olhou para o pai com um ar de interrogação e observou:

– Mas papai, nunca soube que o senhor se importava com os escravos.

– E não me importo.

– Então, por que a preocupação com Tonha?

– Engana-se, minha filha, se pensa que me preocupo com ela. Preocupo-me é com você. Sei o quanto gosta daquela negrinha, e se algo lhe acontecer, sei que sofrerá muito. E não quero ver seu sofrimento.

Aline, emocionada, olhou para ele com os olhos cheios de lágrimas. O pai, apesar de tudo, ainda a amava, e não queria magoá-la. Naquele momento, Aline percebeu o quanto o amava também. Era seu pai, criara-a com apuro e afeição, somente se distanciando dela devido a suas divergências ideológicas. Mas o amor devia estar acima dessas coisas, pois ele não poderia nem deveria distinguir entre bons ou maus. Dever-se-ia amar com o coração, e não com a cabeça ou o bolso. E Aline descobriu, ali, parada diante dele, que ainda o amava, apesar das inúmeras diferenças que havia entre eles. Assim, com lágrimas nos olhos, ela se aproximou dele e o beijou suavemente na face, fazendo com que ele, desacostumado dos carinhos da filha, corasse e balbuciasse, confuso:

– Mas... mas... por que isso?

– Porque eu o amo, papai, e gostaria que soubesse.

Depois, rodou nos calcanhares e saiu, segurando o pranto, para só liberá-lo em seu quarto, longe dos olhares indiscretos. Licurgo, por sua vez, não conseguiu conter as lágrimas e desabou em prantos ali mesmo, sentindo no coração uma felicidade inexplicável, uma felicidade que só o amor poderia explicar.

Capítulo 28

Tonha deitou-se ao lado de Aline, que afagou seu rosto com doçura.

– Não se preocupe, Tonha, nada de mal lhe acontecerá.

– Será, Aline? Tenho medo, a sensação de que alguma coisa muito ruim está por vir.

– Ora, o que é isso? São bobagens da sua cabecinha fantasiosa. Agora venha, vamos dormir.

Tonha aconchegou-se ainda mais a Aline e logo adormeceu. E sonhou. Sonhou que sua mãe Iadalin a chamava para o terreiro, e lá fora apontava para as estrelas. Sem entender, Tonha seguiu a direção de seu dedo, e as estrelas foram se aproximando, se aproximando, até que pareceram irradiar sobre sua cabeça uma luz azulada, que foi se espalhando e correndo em direção à estrada. De repente, a luz sumiu, e as trevas invadiram a noite. Tonha, coração em disparada, ficou a aguardar, até que as trevas foram novamente clareando, e no lugar em que antes ficava a estradinha, Tonha pôde ver um salão enorme, todo iluminado, e uma música estranha começou a soar em seus ouvidos. Ela parecia estar girando e girando, e sentia uma leve tontura, como se sua cabeça estivesse nas nuvens. Subitamente, a música parou, e ela ouviu o som de palmas. Eram para ela. Tonha estava sendo aplaudida por dezenas de pessoas, que a olhavam sorrindo.

De repente, Tonha sentiu que não era mais ela. Estava novamente ocupando aquele corpo de menina branca, e a imagem da

Tonha negra foi aos poucos desaparecendo de sua memória. Já era só a menina branca e chamava-se Cláudia.

Era seu décimo quinto aniversário, e a mãe fizera uma festa só para ela. Era uma festa linda e luxuosa, e Cláudia estava maravilhosa em seu vestido de seda branco. Ela parou de dançar, e fazendo graciosa mesura, agradeceu a seu par pela dança.

– Obrigado, Cláudia – disse ele. – Foi um prazer imenso dançar com você. É uma excelente dançarina.

– Ora, Fúlvio – respondeu, encabulada –, você é muito gentil.

– Não estou sendo gentil, mas honesto. E, além de tudo, é linda. A moça mais linda do baile.

Cláudia corou e abaixou os olhos. Estava apaixonada por ele, e esperava que ele também estivesse por ela. Ele estendeu-lhe a mão novamente, e ela saiu com ele para o meio do salão, e só dançou com ele a noite toda. De relance, podia ver a figura da mãe a admirá-la, e a seu lado, Marco, aquele homem horrível, que havia algum tempo passara a cortejá-la.

O baile terminou tarde, e quando Cláudia chegou ao quarto, Anastácia lá estava, aguardando para ajudá-la a se trocar.

– Gostou do baile, senhorita? – indagou solícita.

– O que lhe interessa? Gente de sua laia nada tem a ver com isso.

– Perdão, senhorita, eu só pensei...

– Não pense. Você já me irrita só com sua presença. Se pensar, fala besteira, e eu não posso suportar suas observações idiotas. Não sei por que minha mãe insiste em tê-la aqui.

– Desculpe-me.

– Está bem. Agora cale-se e penteie meus cabelos. E devagar. Não vá puxá-los.

– Está bem, senhorita.

Anastácia entristeceu. Por que a senhorita Cláudia a tratava daquele jeito? Ela tudo fazia para agradá-la, mas quanto mais fazia, mais parecia desgostá-la. Em silêncio, Anastácia terminou de penteá-la, e Cláudia foi para a cama, dormindo logo. A criada ajeitou-lhe as cobertas, e fixando-lhe o olhar no belo rosto, pensou:

– Bem que poderia ter sido eu a deitar-me aqui. Por que minha mãe teve que ser uma criada? Por que não se casou com o senhor Tito?

Em silêncio, saiu na ponta dos pés e fechou a porta atrás de si, indo para seu quarto, que ficava no fim do corredor. Ao passar em frente ao quarto de Agnes, ouviu ruídos lá dentro. Curiosa, parou e apurou o ouvido. Eram risadas contidas, gritos abafados, sussurros cujo sentido não pudera apreender. Com medo de ser surpreendida, correu para o seu quarto e fechou a porta.

Anastácia conhecia muito bem sua procedência. Era filha bastarda do senhor Tito, primeiro marido de dona Agnes. Ele se envolvera com sua mãe quando ainda solteiro, e desse envolvimento ela nascera, mas a mãe não sobrevivera ao difícil parto que tivera. Tito, embora não a amasse, era um homem bom e digno, e logo tratou de contar à noiva que aquela menina era sua filha. Agnes, apesar de um tanto quanto doidivanas, era boa e generosa, e logo se compadeceu da menina, dispondo-se a criá-la. Quando o marido morreu numa caçada, dois anos depois que Cláudia nascera, Agnes continuou a educar a menina, não na condição de filha, mas de criada de quarto de Cláudia. Esse era um segredo que Anastácia prometera jamais revelar, temendo as ameaças de Agnes, que jurara expulsá-la dali caso Cláudia, um dia, conhecesse toda a verdade.

As duas meninas foram crescendo juntas, e embora Agnes tratasse Anastácia com carinho e consideração, era nítida a distinção que fazia entre ela e a filha. Podiam ser irmãs, mas Anastácia não passava de uma serviçal, e Agnes não podia permitir que tivesse o mesmo tratamento dispensado a Cláudia. Assim, embora sempre a protegesse, inclusive da tirania da filha, deixava claro que Anastácia nada mais era do que uma criada.

Anastácia cumpriu sua promessa e nunca revelou o segredo de sua procedência. Sentia-se grata a Agnes por acolhê-la tão calorosamente, mas não podia deixar de sentir inveja de Cláudia. Ainda mais porque aquela menina era terrível. Fria, mesquinha, cruel... Cláudia não merecia a posição que ocupava, e muito menos a mãe que tinha. Assim, Anastácia a odiava em silêncio, mas seu temperamento medroso e submisso não permitiria que tentasse se impor para conseguir, ao menos, o respeito da meia-irmã.

O dia amanheceu com chuva, e Cláudia não pôde sair para seu passeio habitual. Estava feliz. Fúlvio a amava e lhe jurara fidelidade. Embora quase três anos mais velho, eram amigos de infância, e se amavam desde sempre. Mas Fúlvio, seguindo os passos de seu pai, ingressara no exército, e fora mandado servir em Florença, onde permaneceria por, no mínimo, dois anos. No dia de sua partida Cláudia não parava de chorar, e Fúlvio, embora penalizado, estava entusiasmado com a viagem. Ao se despedir, no entanto, jurara que guardaria seu amor para ela, e lhe escreveria sempre que possível.

Cláudia ficou desolada. Sentia-se só. A mãe, já casada em segundas núpcias com Marco, mal se lembrava de que ela existia. Passava quase todo o tempo com ele, entregando-se a todo tipo de prazeres e desvarios. Além disso, Agnes gastava todo o seu dinheiro com Marco, sustentando seus luxos e vícios. Marco provinha de família nobre, mas dilapidara todo o patrimônio da família com seus gastos excessivos, contraindo dívidas e mais dívidas, as quais não teve condições de saldar. Com tudo isso, a pequena Cláudia fora sendo cada vez mais deixada de lado, e até Anastácia sofria com essa desatenção, visto que a patroazinha se aproveitava dos descuidos da mãe para torturá-la, descontando nela toda sua frustração por haver perdido a mãe e seu amado.

O tempo foi passando, e as cartas de Fúlvio, um dia, cessaram inesperadamente. O que teria acontecido? Estaria ele morto? Por certo que não, ou ela já saberia. Seus pais teriam dado a notícia. Angustiada, pensou que o pior deveria ter acontecido. Ele a esquecera. Sim, com certeza, conhecera outra moça e a esquecera. Mas como podia ser? Fúlvio dissera que a amava, jurara eterno amor. Será que fora capaz de esquecê-la assim, tão rapidamente?

Alguns anos depois, Cláudia recebeu a notícia de seu retorno, casado e com uma filhinha ainda pequena. Cláudia teve um choque. Tentou falar com ele, mas não pôde. Fúlvio recusava-se a recebê-la. Na verdade, ele não tinha coragem de encará-la. Atraiçoara-a covardemente, era verdade, mas ele a amava. Não tivesse desonrado Lívia, sua esposa, e ele teria voltado para Cláudia. Mas Fúlvio era um homem honrado, conhecia bem o seu dever.

Tudo acontecera rapidamente. A carreira de Fúlvio crescia vertiginosamente, e ele estava prestes a subir de patente quando tudo acontecera. Conhecera Lívia numa festa e se encantara com ela. Lívia era uma moça extremamente bela, de uma beleza rara e selvagem. Parecia uma deusa. A solidão e a distância de seus entes queridos, principalmente de Cláudia, acabaram por atraí-lo, e Fúlvio passou a vê-la com mais freqüência. Seu pai era um homem letrado, um magistrado conhecido e respeitado em toda Florença. Embora Fúlvio ainda continuasse apaixonado por Cláudia, a verdade é que Lívia o encantava sobremaneira.

Mas esse encantamento não passava de paixão efêmera. Seus sentimentos para com ela eram ardentes, mas não havia neles a chama do verdadeiro amor. Assim, sem dar ouvidos à prudência, que o alertava das possíveis conseqüências daquele envolvimento, Fúlvio fora se aproximando cada vez mais de Lívia, que já o amava em segredo.

Apesar de seus encontros serem sempre acompanhados pela criada de quarto de Lívia, esta, um dia, pretextando haver esquecido o xale, dera ordens à criada para que fosse buscá-lo, e segurando a mão de Fúlvio, correra com ele para o campo, até que alcançaram um velho moinho abandonado. Chegaram arfantes, e Fúlvio indagara:

– Ficou louca, menina? Por que me trouxe aqui?

Lívia não respondera a princípio. Em vez disso, pegara sua mão e levara-a ao peito, pousando-a delicadamente sobre o seio esquerdo. Fúlvio, assustado, tirara a mão rapidamente, e ela acrescentara:

– O que há? Não me deseja?

Confuso, ele balbuciou:

– Nã... não é isso... é que você... você é ainda uma menina pura e...

Mas Lívia não lhe dera tempo para terminar. Puxara-o para si e atirara-se em seus braços, beijando-o com paixão. Fúlvio, a princípio, quisera resistir, mas o calor da moça, seu corpo fresco e macio, seu perfume de madressilvas, o foram envolvendo de tal forma que ele não resistira. Sem pensar em mais nada, tomara-a nos braços e deitara-a sobre um monte de feno, amando-a loucamente, ouvindo sua voz doce em seu ouvido:

– Eu o amo. Mais do que tudo na vida, eu o amo, e quero ser sua mulher.

Consumado o ato, Fúlvio pudera raciocinar e se arrependera. O que fizera? Olhando-a ali deitada, nua, o peito ainda arfante, tivera vontade de fugir. Mas o sangue da virgindade, derramado sobre o feno, fora como um golpe desferido sobre sua consciência, e ele começara a maldizer-se:

– Meu Deus! Como pude? Como pude desonrá-la assim? Sou um canalha, não mereço viver!

– Psiu! Acalme-se – tranqüilizara ela. – Não vê que eu também quis?

– Mas não, não. Você era donzela, e eu maculei sua honra. Não podia, não tinha o direito!

– Por favor, Fúlvio, tenha calma.

– Como posso ter calma se eu a desonrei de forma tão vil?

– Não, não. Entreguei-me porque quis, porque o amo.

– Mas foi um desatino.

– Você não me ama?

Fúlvio olhara-a apavorado. Estava claro que não a amava. Gostava dela e a desejava, mas seu amor era por Cláudia. No entanto, não podia abandoná-la ali naquele estado. Ele a deflorara, e tinha por obrigação reparar aquele erro monstruoso. Sem pensar em mais nada, falara decidido:

– Vamos nos casar.

– O quê?

– Você ouviu bem. Vamos nos casar. É a única solução digna para um caso como esse.

– Oh! Querido, estou tão feliz! – finalizara ela, atirando-se em seus braços e esquecendo-se que a pergunta que lhe fizera ficara sem resposta. Fúlvio não dissera que a amava, mas sua paixão por ele tornara-a cega, e ela sequer poderia supor que seu coração, em verdade, pertencia a outra, e não a ela.

O pedido de casamento fora feito naquela mesma noite, e as bodas se realizaram em dois meses, em meio ao luxo e à pompa. Até a noite de núpcias Fúlvio não ousara tocá-la novamente, mas quando voltara a fazê-lo, já não sentira mais aquele ardor do primeiro dia. A paixão, como fogo, se consumira, e o amor que sentia por Cláudia fora sufocado pelas novas responsabilidades para com sua jovem e inexperiente esposa. Dez meses após o casamento nascera Sofia, uma menina linda e muito parecida com o pai. Assim, embora Fúlvio não amasse Lívia, passara a dedicar à filha todo o amor que sentia por Cláudia, o que, de certa forma, compensava-lhe a perda da mulher amada.

Lívia, porém, embora percebesse em Fúlvio uma certa distância, não atinara para o fato de que ele pudesse amar outra mulher. Fúlvio nunca lhe falara sobre Cláudia, e como se mudara para a casa do sogro, fora-lhe possível ocultar da esposa as cartas que antes recebia no alojamento. Atirara-as ao fogo, e aquelas que ainda chegavam, queimara-as sem nem mesmo abri-las. Cláudia era passado. Ele vivia uma nova realidade. Casara-se, era pai. Devia à mulher e à filha todo o seu carinho e respeito. Afinal, elas eram inocentes naquela história toda, e não mereciam sofrer.

Com a chegada de Fúlvio e Lívia, Cláudia pensou que morreria. Não podia crer que seu amado, que lhe jurara amor eterno, a havia traído de forma tão fria, esquecendo-se de seu amor tão logo se vira nos braços de outra. Cláudia chorava dia após dia, recusando-se a aceitar a perda do ser amado. Negava-se a comer, quase não dormia, e foi aos poucos emagrecendo. Agnes, vendo o desespero da filha, tudo fez para animá-la, mas seus esforços foram em vão.

– Cláudia, minha filha – dizia –, não se deixe abater assim. Você é jovem e bonita; não lhe faltarão pretendentes.

– Não quero! – desesperava-se ela. – Amo Fúlvio, e nenhum outro me serve. Se não posso tê-lo, prefiro a morte.

– Não fale assim. Ele não merece isso de você.

– Oh! Mamãe, não quero morrer. Quero Fúlvio de volta. Por favor...

– Mas, minha filha, o que fazer? Ele agora é um homem casado. Não tem mais jeito.

– Por favor, mamãe, por favor! Não posso viver sem ele. Faça alguma coisa. Se me ama, faça alguma coisa para trazê-lo de volta para mim!

Agnes, sem saber o que dizer, acabou por prometer ajuda só para acalmá-la. Precisava fazer alguma coisa. Cláudia amava loucamente aquele moço, mas ele estava casado, e não havia como separá-lo da mulher. Mas a filha sofria, e só então ela se deu conta do quanto fora negligente para com ela. Se tivesse lhe dado mais atenção, poderia tê-la aconselhado desde o princípio, e talvez ela estivesse mais preparada para enfrentar aquela situação. Preocupada, resolveu dividir sua aflição com Marco, mas ele não estava interessado nos problemas da enteada. Com frieza, objetou:

– Ora, querida, deixe isso pra lá. Cláudia ainda é uma menina, e logo arranjará outro namorado. Agora venha, preciso de você – e puxou-a para ele, tentando beijá-la à força.

– Solte-me, Marco! – gritou ela furiosa, soltando-se de seus braços e pondo-se de pé. – Será que não vê que estou preocupada?

– E o que quer que eu faça? Por acaso sou o pai dela? Não tenho nada com isso.

– Marco, você é um inútil. Dou-lhe tudo, meu amor, meu dinheiro, e quando preciso realmente de você, você me vira as costas.

– Ah! Então é isso? O dinheiro! Vai agora atirar-me na face o que fez por mim? O que quer? Que lhe pague? Foi isso, Agnes? Você me comprou e agora exige obediência? Pois vou lhe avisando, meu bem, está enganada. Não lhe devo nada, e não sou seu cordeirinho. Casou-se comigo porque quis.

Agnes, olhar magoado, respondeu com azedume.

– Eu não quis dizer isso. Casei-me com você porque o amava, e pensei que você também me amasse. No entanto, vejo que não é bem assim.

– Ora, pare de fazer drama.

– Por que se casou comigo? – Ele não respondeu. – Vamos, diga-me, por que se casou comigo? É porque sou rica?

– Quer mesmo saber? – retrucou ele com desdém. – Casei-me com sua fortuna, sim, e daí? Você não tem do que reclamar. Durante todo o tempo em que estivemos casados dei-lhe o melhor de mim. Fiz você feliz como mulher, realizei seus desejos. Foi uma troca justa. Seu dinheiro por meu amor.

– Você não presta, Marco!

– É mesmo? Você não pensava assim até bem pouco tempo. O que a fez mudar de idéia?

– Você, seu egoísmo. Afastou-me de minha filha, fez-me renunciar a minhas obrigações de mãe.

– Mas que comovente! Engana-se, Agnes, se pensa que eu a afastei de sua filha. Foi você mesma quem se afastou dela, porque preferia a minha companhia, os prazeres que só eu pude lhe proporcionar. Não tente me culpar por negligenciar suas obrigações de mãe. Você as relegou porque quis, fez sua opção. Na época foi bom, e você nunca se queixou ou se lembrou de que sua filha poderia precisar de você – Agnes abaixou a cabeça e começou a chorar, enquanto Marco prosseguia: – Oh! Sim, lembro-me muito bem das inúmeras vezes em que ela a chamou, mas você estava por demais ocupada divertindo-se comigo.

– Canalha!

– Sim, sou canalha. Mas pelo menos nunca tive filhos para criar, e considero-me isento de qualquer responsabilidade para com a sua. Casei-me com você, e não com Cláudia. Aliás, você já sabia que eu não gostava de crianças e não queria me envolver com seus problemas maternos.

Agnes interrompeu-o com um gesto e arrematou:

– Está bem, Marco, já chega. Não precisa dizer mais nada. Contudo, de hoje em diante, não partilho mais com você o mesmo leito. A partir de agora somos estranhos.

– Como queira.

Agnes não respondeu e saiu. Como ela pudera se deixar enganar por ele? Mas será que se enganara mesmo? Sim, enganara-se, mas não com ele. Marco sempre fora o que fora: interesseiro, egoísta, mesquinho. Mas nunca a iludira. Ela sabia desde o início, mas preferira se enganar, dizendo para si mesma que era o seu jeito, e que nada de errado havia com ele. Mas Cláudia... ainda havia tempo de ajudá-la, e ela estava disposta a trazer Fúlvio de volta a qualquer preço. Só assim poderia se redimir diante da filha e tentar resgatar o amor que pensava haver perdido.

Fúlvio selou o cavalo e partiu para a casa de Agnes. Ela mandara chamá-lo com um recado urgente, e ele não podia recusar-se a ir. O que teria acontecido? Ao chegar, foi logo conduzido à presença de Agnes, que o cumprimentou sorridente. Passados os primeiros minutos, ela olhou-o demoradamente e indagou, penalizada:

– Por que, Fúlvio? Por que fez isso com Cláudia? – Ele abaixou os olhos em silêncio, e ela prosseguiu: – Cláudia o ama, pensou que se casariam. Mas você volta casado com outra, e ainda por cima, já é pai. O que foi que houve? Por que a esqueceu assim tão depressa? Se não a amava, por que a iludiu?

Fúlvio, olhos pregados no chão, começou a puxar nervosamente a barra do uniforme, até que acabou por confessar a Agnes o que realmente acontecera. Seduzira Lívia, e como homem honrado que era, não vira outra solução senão desposá-la. Mas ainda amava Cláudia, embora nada mais pudesse fazer.

Agnes olhou para ele tentando descobrir um jeito de trazê-lo de volta para a filha. Passados alguns instantes, declarou:

– Está bem, Fúlvio, acredito em suas nobres atitudes. No entanto, devo alertá-lo de que sua conduta pode levar minha filha à morte. Cláudia está adoecendo. Só pensa em você, e sofre com sua traição.

– Como lamento tudo isso! Amo Cláudia, e muito me dói vê-la sofrer. Oh! Meu Deus, o que fazer?

– Una-se a ela.

– Isso é impossível. Sou um homem casado.

– Abandone sua mulher e fuja com Cláudia.

– Está louca, dona Agnes! Não posso fazer isso. Minha mulher e minha filha precisam de mim.

– Vejo que não ama Cláudia tanto assim.

– Engana-se. Amo-a, e muito. Mas meu amor por Sofia, minha filha, é muito maior do que qualquer outro. Lamento, mas não posso atendê-la. Peça qualquer outra coisa e eu farei. Mas não me peça para abandonar minha família. Jamais seria feliz sentindo-me responsável pela desgraça de meus entes queridos.

Fúlvio virou-se para se retirar, mas Agnes o deteve.

– Por favor, não se vá – implorou. – Fale, ao menos, com ela. Explique-lhe tudo. Quem sabe assim ela compreenderá?

Fúlvio refletiu por alguns minutos e acabou concordando:

– Está bem, dona Agnes. Seu pedido é razoável. Leve-me até ela e deixe-nos a sós.

Sem dizer mais nada, Agnes saiu, seguida por Fúlvio, e levou-o ao quarto de Cláudia. Anastácia estava sentada ao pé de seu leito e Cláudia dormia, por vezes agitando-se no sono. A um sinal de Agnes, a criada se levantou e saiu.

Fúlvio fitou o rosto de Cláudia e sentiu uma enorme emoção percorrer-lhe o corpo. Ela era linda, e ele a amava de verdade.

Mansamente, segurou-lhe a mãozinha delicada e começou a chorar, lamentando a teia do destino, que urdira sua trama sobre suas vidas e as separara. Cláudia, sentindo a presença de alguém a seu lado, abriu os olhos e deu de cara com Fúlvio, cabeça baixa, vertendo sentidas lágrimas, que umedeciam sua mão.

– Fúlvio! – exclamou surpresa. – O que faz aqui?

O rapaz, mal contendo a emoção, agarrou-se a ela, e embargado pelo pranto, soluçou sentido:

– Oh! Cláudia, Cláudia! Minha amada! Perdoe-me!

Cláudia, sem nada entender, lançou para ele um olhar de interrogação e balbuciou:

– Não... não compreendo... O que está acontecendo? Você...

– Minha querida – interrompeu ele, já mais contido. – Não fale mais nada, e deixe-me explicar-lhe tudo o que aconteceu, desde o dia em que parti daqui, levando no coração a promessa de seu amor.

– Não precisa – falou ela apressadamente. – Eu o amo, e sou capaz de tudo só para tê-lo ao meu lado.

Fúlvio, sem saber o que responder, atirou-se aos seus pés e exprimiu com voz súplice e angustiada:

– Oh! Deus, ajude-me! Ajude-me!

Capítulo 29

Virgílio abriu a porta do quarto de Basílio e entrou. O amigo estava sentado em uma poltrona, saboreando uma garrafa de vinho, já quase no final.

– Onde esteve? – perguntou. – Sabe que não deveria sair por aí assim.

– Fui dar uma volta, espairecer.

– Pois não devia. Breve Camila estará aqui, e é imperioso que a encontre.

– Eu sei. Mas não se preocupe. Já estou de volta, e louco para vê-la.

– Vá com calma, já disse. Se ela perceber suas intenções, não mais tornará aqui enquanto você não se for. Não vá pôr tudo a perder.

– Já disse para não se preocupar. Sei como tratar uma dama.

Nisso, ouviram batidas na porta, e Basílio se levantou para atender.

– Deve ser ela. Vamos, vá se preparar enquanto abro a porta.

Sem dizer nada, Virgílio fechou a porta do quarto, enquanto Basílio abria a da sala, a fim de receber a moça.

– Basílio! – exclamou. – Por que demorou tanto a atender?

– Demorei? Ora, meu bem, não demorei não. A sua saudade é que deve ter feito parecer uma eternidade.

– Onde está seu primo?

– Está lá dentro.

– Ele já encontrou seu negócio?

– Negócio? Ah! O negócio. Pois é. Estava agora mesmo perguntando a ele como foi. Ele saiu em busca de uma casa comercial na vila, mas não teve ainda tempo de me contar como foi. Está se lavando para recebê-la.

– Por quê?

– Por que o quê?

– Por que virá me receber? Não vim visitá-lo, mas a você.

– Ora, Camilinha, mas o que é isso? Por que o trata tão mal?

– Não gosto dele.

– Mas por quê? Ele nunca lhe fez nada.

– Não sei. Mas há algo nele que não me agrada. Não sei definir.

A porta do quarto se abriu e Virgílio apareceu, limpo e perfumado. Galantemente, ele acercou-se dela, e segurando-lhe a mão, pousou-lhe discreto beijo e cumprimentou, olhando bem dentro de seus olhos:

– Camila! Como vai? Cada vez mais bela.

– Obrigada.

– Virgílio – interveio Basílio –, Camila estava agora mesmo me perguntando como foi seu dia em busca de uma casa onde possa abrir minha livraria.

– Trago boas notícias, Camila. Creio que encontrei o lugar ideal.

– Sério?

– Sim. Um estabelecimento pequeno, é verdade, mas creio que servirá para começar.

– E onde fica?

– Próximo ao mercado de frutas.

– É? – tornou ela desconfiada. – E será que é bom? O local não me parece muito apropriado.

– Engano seu, minha cara, o ponto é ótimo. Muitas pessoas verão a livraria quando forem comprar suas frutas, e aproveitarão para entrar e comprar um livro. Um ótimo negócio.

– Querida – interrompeu Basílio –, Virgílio é excelente negociante. Tenho certeza de que se diz que o local é bom, é porque deve mesmo ser. Agora venha, deixe-me beijá-la.

Virgílio, fingindo cumplicidade, virou-se para Camila e falou respeitosa e gentilmente:

– Agora, se me dão licença, vou sair. Não quero atrapalhar.

Camila, envergonhada, pediu com cerimônia:

– Oh! Por favor, fique. Não atrapalha em nada, não é mesmo, Basílio?

– Claro que não – respondeu ele com ar de satisfação. – Será um imenso prazer desfrutar de sua companhia, Virgílio.

– Hum... não sei não.

– Por favor, fique – insistiu Camila.

– Sim, Virgílio, fique. É um pedido meu também. Fique e faça-nos companhia.

– Está bem, se insistem...

Os três se sentaram à mesa para conversar, e Basílio serviu a Camila uma taça de vinho, que ela, relutantemente, aceitou.

– Ora, Camila, o que é isso? Por que não brinda conosco?

– Por favor, Basílio, não estou acostumada.

– Mas hoje é uma ocasião especial – falou Virgílio.

– Especial por quê?

– Porque em breve Basílio se tornará um próspero e respeitável comerciante, e vocês poderão, finalmente, se casar.

Camila sorriu e levou a taça aos lábios, sorvendo o líquido bem devagar. Enquanto bebia, olhou discretamente para Virgílio. Ele era um homem muito bonito, bem mais do que Basílio. Moreno, alto, musculoso, olhos de um castanho bem claro, quase amarelos. Além disso, era fino, educado, cortês. Disfarçadamente, Camila pôs-se a admirá-lo, e descobriu-se impressionada com sua beleza física e seus gestos gentis. Virgílio, por sua vez, olhava-a de soslaio, sempre que Basílio não estava olhando, e deixou que ela notasse o quanto a apreciava. Passou a tarde a elogiá-la, exaltando sua formosura, a suavidade de sua pele, o perfume de seus cabelos. Camila estava encantada. Embora amasse Basílio, tinha que reconhecer que ele nunca a elogiara tanto e com tamanha doçura.

Aos poucos, Camila foi percebendo que sua antipatia por Virgílio nada mais era do que tola e infundada implicância. O rapaz era extremamente educado e inteligente, e parecia incapaz de uma grosseria. Além disso, suas intenções pareciam sinceras. Ele se demonstrava deveras preocupado com Basílio e seu futuro, esforçando-se para ajudálo naquela empreitada. E tudo isso sem nenhum interesse! Sim, decididamente, ela se enganara com ele. O medo de serem descobertos fizera com que ela se enchesse de prevenções contra o rapaz, arranjando mil motivos para não aceitá-lo. Mas tinha certeza de que fora enganada por seus próprios temores. Ele era um encanto!

O tempo foi passando, até que Camila, vendo que se esquecera da hora, levantou-se sobressaltada e exclamou:

– Meu Deus! Já é tarde. Minha mãe me mata se me atraso para o jantar.

– Espere, Camila, não se vá ainda – pediu Virgílio. – A conversa está tão agradável...

– Sinto muito, Virgílio, mas tenho mesmo que ir. Se me demorar um pouco mais, minha mãe e seu Licurgo logo porão um vigia atrás de mim.

– Camila tem razão – concordou Basílio. – E um vigia, agora, é tudo o que não queremos, não é mesmo?

– Está bem, se é assim, concordo. Mas prometa que voltará amanhã.

– Amanhã eu não sei. Mas vou tentar. Agora adeus.

– Adeus, Camila.

Ela se encaminhou para a porta e cambaleou, sendo logo amparada por Basílio.

– O que há? Sente-se mal?

– Não, meu querido, não se preocupe. Creio que foi o vinho. Não devia ter bebido tanto.

Basílio, fingindo preocupação, indagou, alarmado:

– Será que poderá voltar sozinha? Não é perigoso?

– Claro que não. Além disso, quem poderia me acompanhar? Você?

– Não, mas Virgílio sim.

– Nem pense nisso. Cirilo é muito esperto, e desconfiaria logo. O melhor mesmo é voltar sozinha.

– Tem certeza de que está bem?

– Estou bem, Basílio, já disse. Não se preocupe. Agora deixe-me ir. Breve será noite, e não quero seguir pela estrada no escuro.

– Tem razão. Até logo.

Basílio despediu-se com um beijo e ficou olhando até que ela se afastou em sua charrete. Quando ela desapareceu na curva do caminho, ele voltou para dentro e, gargalhando, disse para Virgílio:

– Amigo Virgílio, creio que nosso peixinho mordeu a isca.

– Sim. E creio que vai ser mais fácil do que imaginava. Notou o jeito como ela me encarava?

– Ha! ha! ha! É verdade. E pensou que eu não estivesse percebendo.

– Como é tola essa menina... Uma tola fresca e linda. Mal posso esperar para pôr minhas mãos nela.

– Calma, já disse. Não vá estragar tudo. Não se precipite.

– Estou calmo. Mas que vai ser divertido, isso vai.

– Você me prometeu não machucá-la.

– Mas o que é isso? Já disse: sei como tratar uma mulher.

– Camila não é uma mulher comum.

– Não. É uma dama. E terei mais cuidado ainda com ela.

– É preciso que tudo seja natural e espontâneo.

– Não se preocupe, será. Ela mesma é quem implorará por isso, você vai ver.

Naquele momento, sem saber, Basílio e Virgílio atraíam para junto de si energias espirituais que se afinizavam com seus propósitos mesquinhos, e pudessem perceber ao redor de si, veriam que uma nuvem negra se havia formado sobre suas cabeças. Havia ali, junto deles, várias outras consciências, que comungando com suas torpes idéias, aproximaram-se deles para ajudá-los naquela tarefa sórdida, impelindo para adiante o remoinho do destino. Os dois, por demais envolvidos em baixas vibrações, não podiam perceber que aquelas energias, na verdade, contribuíam apenas para que eles pudessem experimentar-se a si próprios, colocando-os diante de suas tendências menos dignas. E eles, espíritos ainda ignorantes, cada vez mais se embrenhavam nas teias de sua própria inconseqüência, sem se darem conta de que, mais tarde, seriam chamados a responder pela responsabilidade de seus atos.

Enquanto os dois tramavam um plano sórdido contra a menina, Camila ia inocentemente pensando em Virgílio. Depois do jantar ela logo se recolheu, e ficou deitada na cama, a imagem de Virgílio povoando seus pensamentos. Subitamente, Basílio já não parecia mais tão importante. Estaria mesmo apaixonada por ele, ou fora tudo capricho de criança mimada? Será que ainda o amava? Será que um dia o amara de verdade? A princípio pensara que sim. Porém, pensando em Virgílio, já não tinha mais tanta certeza. Ela fechou os olhos e se imaginou em seus braços, sendo beijada por ele, e seu corpo teve um estremecimento. O que era aquilo? Ela nunca se sentira assim, nem quando Basílio a abraçava e acariciava. De repente, pensou na loucura que quase cometera. Por pouco não se entregara a Basílio, só não o fazendo porque ele não quisera, com medo de macular sua honra. Sim, Basílio a amava mesmo. E Virgílio? Também a amaria? Ela bem percebera seus olhares para ela, o jeito como lhe dirigia a palavra. Estaria ele também apaixonado?

Diante de tantas dúvidas e indagações, Camila adormeceu. Não queria pensar em Virgílio, não estava direito. Estava comprometida com Basílio, e não era certo traí-lo com seu primo e melhor amigo. Não, ela não faria aquilo, nem que nunca mais o visse novamente.

Com o decorrer dos dias, Camila passou a visitar Basílio com uma freqüência cada vez maior. Se antes só saía uma ou duas vezes na semana, passara a ir a sua casa quase que diariamente, o que novamente começou a levantar suspeitas em Cirilo. Embora nada dissesse, Cirilo a perscrutava com o olhar, buscando em suas feições algum sinal revelador. A irmã, contudo, mantinha-se alheia e indiferente, aparentando uma inocência bastante suspeita. Era sempre boazinha, estava sempre a sorrir e respondia a todos com gestos meigos e delicados. A mãe se deliciava, pensando que Camila, finalmente, deixara de lado aquela paixão insana por Basílio, mas Cirilo não se convencia.

Nas visitas que fazia a Basílio e Virgílio, Camila se encantava mais e mais com o rapaz. Ele era, realmente, um cavalheiro. E quanta beleza! Que gestos nobres! Que educação refinada! Ele, acostumado às moças da corte, tratava-a como uma verdadeira dama, e ela quedava extasiada, embevecida com suas palavras melosas.

Um dia, ao chegar para a visita costumeira, Virgílio foi recebê-la à porta, fazendo-a entrar logo em seguida.

– Basílio não está? – indagou, preocupada.

– Não, saiu. Mas disse que volta logo.

– E aonde foi?
– Dar uma volta.
– Mas assim, sem mais nem menos? E sem me esperar?
– Ora, Camila, por que o espanto?
– Ele sabia que eu vinha. Por que não me esperou?
– Não sei.
– Ele não disse nada?
– Disse apenas que precisava sair e tomar um pouco de ar. Deve ser por causa do calor...

Virgílio fê-la sentar e sentou-se a seu lado, acendendo um charuto e servindo-se de uma taça de vinho, oferecendo-lhe outra. Camila, porém, recusou e virou o rosto para a janela, torcendo para que Basílio voltasse logo. Embora a companhia de Virgílio muito a agradasse, ela não se sentia à vontade sozinha com ele. Afinal, era um homem, e não ficava bem. Na verdade, ela se preocupava muito mais com si mesma do que com as aparências. Camila sabia que era fraca, e se Virgílio a tomasse nos braços e a beijasse, ela se entregaria a ele como um cordeirinho. Estava apaixonada, embora não quisesse admitir, e qualquer investida dele seria irresistível. Virgílio, porém, permanecia imóvel, olhos em fogo postos sobre ela, examinando sua silhueta, o colo alvo que subia e descia, seguindo a cadência de sua respiração meio ofegante. Camila, por sua vez, estava angustiada, torcendo as mãos e se levantando a todo instante para olhar para fora e ver se Basílio não chegava. Virgílio, sentindo-lhe a tensão, indagou, fingindo inocência:

– Camila, o que tem? Sente-se mal?
– Eu? Não. Por que pergunta?
– Não sei. Parece nervosa. Aconteceu alguma coisa em casa?
– Não, está tudo bem. É que Basílio demora...
– Ouça, Camila, se está com medo de ficar a sós comigo, não devia.

Camila, tomada de surpresa com aquela afirmação, ficou toda confusa e começou a gaguejar, tentando encontrar uma desculpa para seu flagrante nervosismo:

– Mas... mas... o... que é que... o que é... por quê...?
– Não precisa ficar embaraçada – cortou ele, fingindo-se ofendido. – Sei que você, como moça direita que é, deve estar com

medo de que eu lhe faça alguma coisa. Mas não há o que temer. Sou um cavalheiro, e jamais ousaria tocá-la ou desrespeitá-la. Além disso, você é noiva de meu primo, o que a isenta de meus anseios e desejos. Vejo-a apenas como uma irmã, e não como mulher.

– Mas, Virgílio, não é nada disso – respondeu ela, desapontada. – Sei que você é um rapaz decente, e a seu lado nada tenho a temer.

– Então, por que a aflição?

– Por nada.

– Vamos, diga. Sei que alguma coisa passou por sua cabeça.

– Bem... promete que não vai se ofender?

– Prometo.

– É que pensei que talvez não ficasse bem nós dois aqui, sozinhos. Sabe como as pessoas são maldosas...

– Mas que tolice! E quem saberá que estamos aqui sozinhos? Ninguém sabe de minha existência, muito menos deste lugar, e muito menos ainda que você vem aqui.

– Tem razão. Foi bobagem mesmo. Esqueçamos isso, sim?

– É melhor mesmo. Tamanha tolice não merece comentários.

– Mas por que será que Basílio demora tanto?

– E por que a ansiedade?

– Bom, ele é meu noivo, não é?

– E daí?

– E daí que devo sentir saudades dele.

– Deve ou sente?

Camila silenciou e olhou para ele, sentado em sua poltrona, saboreando lentamente o cálice de vinho. Percebendo seu olhar, Virgílio indagou, malicioso:

– Por que me olha desse jeito?

– De que jeito?

– Não sei. De um jeito estranho.

– Perdão, não queria constrangê-lo.

– E não me constrange. Mas seu olhar quer dizer algo.

– É mesmo? O quê?

– Minha querida, você é quem poderá me dizer.

Ela olhou-o pelo canto dos olhos e sondou, pesando bem as palavras:

– Há pouco você falou que não me vê como mulher.

– Sim, falei – concordou ele, rindo intimamente. Ela caíra na rede.

– E por quê?

– Já disse. Você é noiva de meu primo, e isso para mim já é o bastante.

– Não será porque não me acha atraente?

Ele fitou-a bem no fundo dos olhos, e aquele olhar derramava sobre ela um ardor tão grande que ela estremeceu. Calmamente, Virgílio respondeu:

– Engana-se, minha cara, se pensa que não reparei em sua beleza. Só um cego poderia não notá-la. No entanto, como já disse, Basílio é meu primo, e meu respeito e minha amizade por ele me impedem de desejá-la.

– Mas, e se eu não fosse noiva?

– Aí seria diferente. Mas você é noiva, e isso muda tudo, não é mesmo?

– Sim, é.

– Ou será que você seria capaz de traí-lo?

– Como assim?

Virgílio não respondeu. Em vez disso, levantou-se apressado e correu para a janela, apontando para fora e exclamando:

– Veja! Pois se não é o seu amado Basílio quem chega?

Confusa, ela virou o rosto e o viu se aproximando. Vinha tranqüilo, sem desconfiar de nada. Ao entrar em casa, correu para ela e a abraçou, declarando apaixonadamente:

– Camila, minha querida. Quanta saudade!

Ela não respondeu e deixou-se abraçar, olhando para Virgílio por cima do ombro de Basílio. O outro, fingindo-se vexado, olhou-a de soslaio, pediu licença e saiu.

– O que há com ele? – indagou Basílio com ar inocente.

– Não sei.

– Deve estar cansado de estar preso aqui. Pedi-lhe que a aguardasse enquanto ia dar uma volta.

– Por que demorou tanto?

– Demorei? Oh! Minha querida, sentiu minha falta?

Ela aquiesceu e mudou de assunto. E enquanto Basílio ia até a cozinha buscar uma garrafa de vinho, Camila correu para a janela e espiou. Virgílio caminhava lentamente, olhos pregados no chão, derrotado. Naquele momento, ao vê-lo sair vencido pela fidelidade ao primo, Camila teve certeza de que ele a amava. Sim, somente o amor justificaria o olhar de tristeza com que ele a deixara ali, perdida nos braços do amigo ao qual não ousaria trair.

Capítulo 30

Já era noite, e Constância correu escondida para a senzala em companhia de Terêncio. Ao chegarem, ele abriu a porta e entrou, voltando logo em seguida, puxando Lalá pelo braço.

– Por favor, dona Constância, seja breve – pediu. – Ou então me verei em maus lençóis.

– Não se preocupe que não me vou demorar. Mas preciso falar com Lalá a sós.

Terêncio virou as costas para ela e se afastou, seguindo em direção ao seu quarto. Constância ficou ali esperando que ele desaparecesse e saiu com Lalá em direção ao bosque atrás da senzala.

– Então? – indagou Constância. – Tudo pronto?

– Tudo. Fez aquilo?

Constância aquiesceu, e pousando a mão sobre o quadril, acrescentou:

– A pancada foi forte, e está doendo muito.

Lalá olhou-a admirada. Ela era determinada e corajosa, e era capaz das maiores loucuras para conquistar o coração de Inácio. Satisfeita, arrematou:

– Vai valer a pena. Agora volte para casa e faça exatamente como combinamos.

Sem dizer mais nada, Constância entrou em casa e Lalá voltou para a senzala. Logo, Terêncio apareceu e trancou a porta, não sem antes indagar, desconfiado:

– O que estão aprontando, Lalá?

– Nada que seja da sua conta. E se você falar alguma coisa...

– Perguntei por perguntar. E quem é você para me ameaçar?

– Eu, ninguém, mas sinhazinha Constância...

– Dona Constância me pagou muito bem por meus serviços. Não tem o que temer.

– Acho bom.

– Agora cale-se e vá dormir. Já é tarde e estou cansado.

Constância entrou em casa e foi para o seu quarto. No caminho, porém, parou no alto da escada, jogou-se no chão e pôs-se a gritar, chamando a atenção de todos. Licurgo, sobressaltado, saiu correndo de arma em punho, pensando que algum bandido houvesse entrado e agarrado uma das moças.

– O que é? O que está acontecendo? – gritou ele enquanto corria, seguido por Palmira, que segurava na mão o lampião aceso. Mais adiante, Berenice, Aline e Tonha, assustadas, olhavam para a semi-escuridão do corredor, sem nada entender.

– Ui! – gemia Constância – Como dói!

– O que foi que aconteceu? – indagou Licurgo já mais calmo, vendo que não havia ninguém ali além da menina. – Você se machucou?

– Sim, seu Licurgo – respondeu ela, dissimulando uma careta de dor. – Acho que quebrei alguma coisa.

Vendo-a caída, Licurgo abaixou-se para erguê-la, mas ela berrou e forçou o corpo contra o chão, impedindo que Licurgo a levantasse.

Palmira e Berenice, assustadas, não sabiam o que fazer, enquanto Camila permanecia de pé, na porta do quarto, fingindo preocupação. Aline, desinteressada, voltou para dentro, puxando Tonha pela mão. Já ia fechar a porta do quarto quando escutou a voz do pai a chamar:

– Tonha! Venha aqui, negrinha, depressa. Ajude-me a levantá-la.

– Ora, papai – protestou Aline. – Por que Tonha? Há tanta gente aí para auxiliar.

– Não seja inconveniente, Aline – reprimiu ele. – Imagine se as moças vão fazer força, quando há aí uma negra forte para ajudar?

Tonha, não querendo causar problemas entre Aline e o pai, correu para ajudar a levantar Constância, reprimindo no íntimo a repulsa que sentia pela outra. Ao se abaixar perto dela, pôde ver de relance um brilho de ódio em seu olhar, mas fingiu não perceber.

– Segure-a pelas pernas – ordenou Licurgo –, e ajude-me a erguê-la.

– Quanta balbúrdia por nada – murmurou Aline para si mesma.

Em silêncio, Tonha obedeceu, e cuidadosamente segurou as pernas de Constância, enquanto Licurgo, enfiando os braços por debaixo dos dela, ergueu-a de uma só vez. A moça contorceu-se toda e pôs-se a gritar, agitando as pernas descompassadamente, o que fez com que desabassem e ela arriasse novamente no chão. Constância, fingindo violenta dor, urrava qual animal ferido, arranjando fôlego, porém, para xingar a pobre da Tonha:

– Negra inútil e maldosa! Fez de propósito!

– Não, sinhá, foi sem querer. Eu juro.

– É mentira! Você me odeia!

Palmira, vendo a agonia da moça, empurrou Tonha para o lado, ergueu as pernas da sobrinha e saiu às pressas com ela para o quarto, deitando-a na cama em seguida. Constância chorava copiosamente. Depois de acalmá-la, Licurgo falou, a voz carregada de tensão:

– É melhor chamarmos um médico.

– Não... não precisa... – gemeu ela – ...não quero... incomodar...

– Mas o que é isso, minha filha? – retrucou Palmira. – Você pode ter quebrado alguma coisa.

– Titia tem razão – concordou Berenice. – É melhor mandar chamar Inácio.

– Isso mesmo. Vou mandar chamá-lo agora mesmo .– Ao sair, Licurgo virou-se para Tonha, parada na porta do quarto, ao lado de Aline, e vociferou: – Depois teremos uma conversa!

– Papai, pare com isso – intercedeu Aline. – Sabe que não foi culpa de Tonha.

– Foi sim – gritou Constância lá de dentro. – Essa negra me odeia, só porque lhe dei umas bofetadas uma vez. Foi vingança.

– Isso não é verdade – afirmou Aline com raiva.

– É sim, é sim. E você também me odeia – e desatou a chorar, dizendo entre lágrimas: – Oh! tia Palmira, como dói. Por favor, faça-as pararem de me atormentar!

– Cale-se, Aline – rugiu o pai. – Não vê que Constância está sofrendo? Agora vá para o quarto e não saia mais de lá. Depois mandarei chamar Tonha.

Licurgo saiu e foi buscar Aldo, mandando-o à fazenda Ouro Velho em busca de Inácio. Ao receber a notícia, o moço foi correndo, com medo de que a prima estivesse realmente ferida. Chegando ao quarto, pediu licença aos demais para examiná-la. Perguntou-lhe onde doía, e respeitosamente levantou-lhe a saia, a fim de melhor examiná-la. Chegando a luz do lampião mais para perto, Inácio pôde ver uma imensa mancha roxa na altura do quadril esquerdo, e delicadamente apalpou-lhe a carne, perguntando com gravidade:

– Dói?

– Hum, hum – fez ela em resposta, contraindo os lábios e apertando os olhos em sinal de sofrimento.

– Pode se mexer?

– Não sei.

– Tente.

– Não. Vai doer.

– Por favor, Constância, você precisa tentar. Tenho que ver se não quebrou nada.

Devagar e em silêncio, Constância foi virando a perna, parando de vez em quando para gemer. Aos poucos, porém, incentivada por Inácio, ela foi movendo cada vez mais a perna, até que conseguiu movimentá-la relativamente bem. Inácio, olhar crítico, aprovou:

– Muito bem.

– É sério, Inácio?

– Não. Teve sorte, mocinha. Não quebrou nada, foi apenas a dor da pancada. Com essa pomada logo estará boa.

– Obrigada, Inácio.

– Não tem o que agradecer, irmãzinha.

Constância fuzilou-o, mas ele fingiu não perceber. Maquinalmente, abriu a porta do quarto, chamou Palmira, e retirando da maleta um vidro de pomada, fez-lhe as devidas recomendações:

– Aqui está, tia Palmira. Passe no local três vezes ao dia, e ela logo ficará boa. E não deixe que se levante e fique andando por aí. Nos próximos dois dias, pelo menos, é bom que faça repouso.

– Pode deixar, Inácio. Cuidarei dela direitinho.

Inácio se despediu e saiu, cruzando com Aline e Tonha, paradas em frente à porta do quarto. Gentilmente, acenou para a prima e sorriu às ocultas para Tonha, que não lhe respondeu, e se foi.

Depois que todos se retiraram e Berenice voltou a dormir, Constância virou-se para o lado e sorriu intimamente. Tudo estava saindo conforme o planejado. Valera a pena a pancada que dera no quadril com aquele pedaço de pau. Doera muito, mas ela soubera suportar a dor com coragem e determinação. Nem Lalá acreditara que conseguiria. Contudo, a recompensa viria em seguida. Tonha se veria às voltas com seu Licurgo, e teria todos os motivos do mundo para odiá-la ainda mais. E aí... ela finalmente conseguiria afastá-la de seu caminho para sempre.

– Papai, o senhor não pode! – suplicava Aline transtornada.

– Posso sim, Aline, e vou fazer.

– Mas papai, sabe que Tonha não fez por querer. Se mandar açoitá-la, estará cometendo uma grande injustiça.

Licurgo olhou-a desanimado e falou:

– No fundo, Aline, até acho que você tem razão. Constância é uma menina rebelde e histérica, e creio que só caiu porque se agitou.

– Então, papai, por que quer punir Tonha?

– Porque Palmira me pediu – confessou contrariado.

– O quê? Só por isso? Terá coragem de castigar uma pessoa só para satisfazer os caprichos de sua esposa?

– Por favor, Aline, entenda. Não são caprichos. Sabe como Palmira é com essas meninas. Constância exige, e Palmira prometeu. Não posso desagradá-la.

– Mas pode desagradar sua filha, não é mesmo?

– Não é bem assim.

– É exatamente assim. Quer satisfazer o desejo de sua mulher... ou melhor, de sua mulher, não, mas de Constância, que é uma estranha nesta casa.

– Não fale assim, Aline. Constância é sobrinha de sua madrasta.

– E eu sou sua filha! Por favor, papai, será que não pode me atender ao menos uma vez? Tem sempre que me ignorar?

Licurgo ocultou o rosto entre as mãos e suspirou. No fundo, já estava ficando cansado daquilo. A filha sempre a contrariá-lo, e ele sempre a repreendê-la. Até quando viveriam assim? Em breve ela estaria casada, e Tonha seguiria com ela. Junto, metade de seus problemas. Mas, e naquele momento? Aline tinha razão. Mas será que valeria a pena desgostar-se com a mulher por causa de Aline? Ou seria preferível colocar a filha de lado e fazer a vontade da esposa? Ele já não sabia mais. Com ar fatigado, ele a encarou e considerou:

– Ouça, Aline, vamos fazer um trato. Não quero contrariá-la, nem a Palmira. No entanto, já dei minha palavra de que a negra seria castigada.

– Mas papai...

– Espere, deixe-me terminar. Como eu ia dizendo, já dei minha palavra, e não costumo voltar atrás em minhas promessas. Mas também não quero magoá-la outra vez, nem quero brigar com você, nem ter que escutar novamente que você irá deixar esta casa. – Aline não respondeu e ele prosseguiu: – Pois bem. Façamos o seguinte. Chamarei Aldo e o encarregarei desse serviço. Digamos, umas cinco chibatadas somente, só pra constar. E eu direi a ele para não castigá-la muito; para bater bem devagar. Não precisa nem tirar sangue. Nem vai doer. Então, o que acha?

Aline olhou-o com os olhos rasos d'água e indagou:

– E a humilhação, papai? E a dor da humilhação?

Ele não disse nada. Aquilo era o máximo que podia fazer. Aline, magoada, levantou-se e saiu. Ela também já estava cansada de tudo aquilo, e achava que já não tinha mais forças para lutar. Com passos firmes, subiu ao quarto de Constância e entrou, sem nem pedir licença, encontrando-a recostada em almofadas macias, tomando calmamente uma xícara de chá, ao lado de Berenice e Camila.

– Sua ordinária! – esbravejou.

E esbofeteou-a com tanta rapidez que nem Camila nem Berenice tiveram tempo de impedi-la. Em seguida, rodou nos calcanhares e saiu para o jardim, ganhando a direção da estradinha. De repente, pôs-se a correr. Ela não queria mais ver aquilo. Amava Tonha e sabia que deveria estar a seu lado para apoiá-la. Mas não podia mais. Tanta crueldade, tanta injustiça, tanto sofrimento. Já não podia mais suportar tudo aquilo. Chorando, atravessou a cancela e foi para a estrada, imaginando o rosto de Tonha ao ver-se amarrada ao tronco, sem Aline ali para encorajá-la. Mas não podia. Tonha que a perdoasse, mas não podia, não queria.

Aline só voltou para casa quando já quase anoitecia. O pai, se bem que preocupado, não saiu à sua procura, certo de que ela estava bem. Com efeito, sem ter para onde ir, Aline tomara a direção da fazenda Ouro Velho, lá chegando cansada e ferida. Cirilo, que de nada sabia, encontrou-a sentada sob uma figueira, olhar perdido no horizonte. Colocado a par da situação, Cirilo pegou-a no colo e levou-a para dentro, deitando-a no sofá e dando ordens para que lhe servissem um caldo quentinho. Sem protestar, Aline tomou a sopa e depois foi para o quarto de hóspedes. Precisava dormir. Só assim poderia fingir que nada acontecera; só assim poderia esquecer.

De volta à casa, Aline, já refeita, perguntou por Tonha.

– Está com Josefa – respondeu o pai, taciturno.

Sem dizer mais nada, Aline saiu em busca de Tonha. Bateu na porta e entrou. Tonha lá estava, sozinha, deitada de bruços, a pele mal dando sinais de que fora castigada. Ao vê-la, Tonha afundou a cabeça no travesseiro, choramingando.

– Como está?

Tonha fitou a amiga com mágoa e não respondeu.

– Eu perguntei como está – insistiu Aline, mas Tonha não respondia. – Por favor, Tonha, fale comigo. Por favor, eu lhe imploro.

– Onde esteve? Por que não estava lá?

– Oh! Tonha, perdoe-me, perdoe-me. Não pude suportar! – e desatou a chorar.

Tonha, vendo o desespero de Aline, ergueu-se e abraçou-a, pousando no colo a cabeça da amiga.

– Eu sei – disse, comovida.

– Você sabe?

– Sim. E compreendo.

– Compreende?

– Aline, não tente ser mais forte do que realmente é. Você é uma moça muito forte e corajosa, mas também é humana, e tem direito a suas fraquezas. Eu é que devo lhe pedir desculpas pelo meu egoísmo.

– Você?

– Sim. Em minha dor, não pude ver o quanto você também sofre. Na hora em que me vi ali, amarrada naquele tronco de novo, só pude pensar em mim. E quando vi que você não estava lá, tive medo que tivesse me abandonado e chorei, não de dor, mas de medo. Medo de perdê-la. Medo de que você já estivesse farta de mim.

– Tonha! Como pôde pensar uma coisa dessas?

– Pois pensei. Mas agora, vendo-a assim, tão frágil e ferida, é que pude perceber o quanto você também sofre com tudo isso, e como já deve estar cansada.

– É verdade, Tonha.

– Agora vamos, pare de chorar.

– Não está zangada comigo?

– E como poderia, se a amo?

– Nem magoada?

Tonha hesitou, mas acabou respondendo:

– Nem magoada. No princípio, sim. Mas agora, como lhe disse, compreendo seus motivos. Você não pode e nem deve se torturar por mim.

– Oh! Tonha, como você é maravilhosa! Venha, levante-se e vamos para o meu quarto. E não se preocupe. Logo, logo, estarei casada, e tudo isso terá terminado.

– Se Deus quiser – acrescentou Tonha, levantando-se agilmente.

– Vejo que não está muito machucada.

– É. Seu Aldo, não sei por que, não bateu com força. Eu até me espantei. Quase não doeu.

Aline não disse nada, mas, interiormente, agradeceu ao pai por haver cumprido sua promessa. Afinal, como ele mesmo dissera, era um homem de palavra, e graças a Deus a mantivera, mesmo na sua ausência. Mas aquela Constância... ela não tardava por esperar. Chegaria o dia em que acertariam as contas, e aí então ela veria.

As sombras da noite ocultaram o vulto de Lalá, que esgueirando-se por entre os arbustos, alcançou a casa grande e entrou pela porta dos fundos, carregando nas mãos um pedaço de pau.

Deviam ser umas três horas da madrugada, e todos dormiam. Em silêncio, subiu as escadas, buscando com os ouvidos qualquer ruído que pudesse denunciar a presença de alguém. Mas não havia ninguém acordado àquelas horas. Seguiu pelo corredor, parando primeiro à porta do quarto de sinhô Licurgo, e procurou ouvir algum som. Mas o único som que escutou foram os roncos de Licurgo, que dormia a sono solto. Seguiu adiante, parou em frente ao quarto de sinhazinha Aline e abriu a porta vagarosamente. Aline e Tonha dormiam calmamente. Foi avante, alcançando o quarto que sinhazinha Constância dividia com sinhazinha Berenice, mas passou direto, indo para o quarto de Camila, e escutou. Silêncio. Entreabriu a porta e viu a silhueta de sinhazinha Camila na cama, também adormecida. Muito bem. Cuidadosamente, voltou para o quarto de Constância e entrou sem fazer qualquer barulho. Berenice também dormia, o rosto voltado para o outro lado.

Aproximando-se da cama de Constância, cutucou a moça, que se virou para ela e perguntou baixinho:

– Tudo certo?

Lalá aquiesceu e falou em resposta:

– Está pronta?

Constância fez que sim e acrescentou:

– Devagar. Não vá me machucar muito.

– Não se preocupe – sussurrou, aproximando de Constância o rosto negro e lustroso. – A sinhazinha quase não sentirá nada.

– Veja lá, hein? Não vá me matar.

– Por favor, sinhá, quer acordar sua irmã?

– Estou com medo.

– Mas o que é isso? Vai desistir agora, quando tudo vai bem? Vamos, não se preocupe, não vou matá-la. Vai doer um pouco, mas a sinhazinha já sabia disso quando concordou.

Constância silenciou por um momento. Ela tinha razão. O plano era ousado, mas ela concordara com ele. E depois, já fora longe demais. Não podia mais desistir.

– Está certo – disse por fim, e cerrou os olhos, encolhendo-se toda. Lalá hesitou por um momento. E se a matasse? Mas não. Ela bateria devagar. Apenas o suficiente para deixar-lhe um galo na testa.

Lalá ergueu o pedaço de pau e bateu, correndo em seguida para a porta. Constância, então, soltou um grito abafado e agoniado. Estava doendo de verdade. Berenice, assustada, pulou da cama bem a tempo de ver um vulto negro correndo porta afora. Olhou para Constância, mas na penumbra, não pôde perceber o que sucedera.

– O que houve? – perguntou, sonolenta.

– Por favor, Berenice – gemeu a outra. – Ajude-me. Estou ferida.

– O quê? Como? Quem foi que...? – e gritou apavorada, vendo a roxidão que se alastrava pela testa da irmã. – Meu Deus, Constância, o que houve?

– Por favor, Berenice, não faça perguntas. Vá buscar tia Palmira. Não vê que fui atacada?

Berenice, desconhecendo aquele plano sórdido, correu em busca da tia, que apareceu logo em seguida, em companhia de Licurgo.

– Constância! – exclamou Palmira, preocupada, vendo o estado da sobrinha. – O que aconteceu? Sua irmã me disse que você está ferida.

– Sim, titia, fui atacada.

– Não fale agora, minha filha. Licurgo, peça a Terêncio para chamar Inácio para ver esse ferimento.

Novamente, Inácio foi chamado às pressas, e quando chegou, Constância estava recostada na cama, quase adormecida. A seu lado, Palmira e Berenice velavam por seu sono. Camila apareceu depois, atraída pelo rebuliço. Só Aline e Tonha não apareceram. Aline estava cansada dos fricotes daquela sirigaita, e não tinha o menor interesse em seu bem-estar. Apenas se inteirara do ocorrido, mas recusara-se a sair do quarto. Já havia muita gente para cuidar dela, e não arriscaria a integridade de Tonha novamente. Aquela moça era uma cobra e poderia envenenar quem quer que se aproximasse dela. Se alguém a atacara, tanto melhor. Serviria para aprender a não se meter com os outros.

Inácio examinou-a com cuidado. Fora uma pancada relativamente leve. Por sorte não atingira nenhum ponto vital. Apenas um pequeno galo, que sararia em breve, e nada mais.

– Agora, Constância – falou Licurgo gravemente –, conte-nos o que houve. Você disse que foi atacada. Por quem? Viu o agressor?

– Hum, hum – fez ela, fingindo-se ainda zonza.

– E quem foi?

– Tonha.

– Tonha? – interrompeu Inácio. – Mas isso é impossível!

Licurgo voltou-se para ele surpreso e indagou:

– Por que diz isso? Como sabe?

– Bem... – respondeu ele, embaraçado – é que Tonha é escrava de Aline, e ela sempre nos conta sobre sua bondade.

– Com tudo isso, foi ela quem me atacou.

– E por que Tonha faria uma coisa dessas?

– Ora, por quê! Todos sabem que ela me odeia. E se estou nesta cama, devo isso a ela, ao seu descuido, que me atirou ao chão. Além disso, foi açoitada por minha causa, porque me prejudicou de propósito. Está claro que me odeia.

– Tem razão – concordou Palmira – Tonha tem todos os motivos para odiá-la. Ontem mesmo levou uma surra por seu descuido com a pobre Constância, que já estava machucada.

– Não creio – interveio Berenice. – Conheço Tonha. Sei que ela é uma boa moça, e jamais seria capaz de machucar ninguém.

– Berenice! – censurou Constância. – Como pode dizer que Tonha é uma boa moça? Ademais, sabe que digo a verdade. Você mesma a viu.

Nesse instante, todos silenciaram e olharam para ela. Inácio, que não ousava dizer nada, fitava-a com ansiedade. Aquilo não podia ser verdade. Ele sabia que Tonha seria incapaz, tanto de odiar quanto de atacar alguém. Devia haver uma explicação razoável para tudo aquilo.

– Vi um vulto negro de mulher saindo pela porta, e nada mais. Mas não lhe vi o rosto, e não posso afirmar que seja Tonha.

– Ora, e quem mais poderia ser? Só Tonha dorme aqui perto.

– E as escravas de dentro? – insistiu Inácio.

– Não – respondeu Licurgo. Elas dormem num quarto, atrás da cozinha, que dá saída para o terreiro, e só Josefa tem a chave. E todas as portas da casa estavam trancadas. Eu mesmo conferi.

– E as janelas? Alguém pode ter entrado pelas janelas.

– Estão todas fechadas.

– Ora, por que estão tentando proteger Tonha? Está claro que foi ela. Eu a vi, e não mentiria. E Berenice confirmou que também a viu.

– Eu disse que vi uma negra saindo pela porta. Não disse que era Tonha.

– Mas só pode ser! – insistiu Constância, já transtornada. – Mas o que há? Querem defender essa negra, que me ataca sorrateiramente no meio da noite, enquanto eu, pobre e indefesa vítima, sou tida por mentirosa?

– Oh! Não, Constância, nada disso – contestou Palmira. – Sabemos que diz a verdade. E eu estou convencida. Licurgo, exijo providências imediatas.

Licurgo olhou para a esposa, em seguida para Constância, e concordou:

– Tem razão. Irei agora mesmo trazê-la aqui.

Licurgo saiu e Inácio foi atrás dele. Não permitiria que castigassem Tonha novamente. Dessa vez interviria.

No quarto, Constância se regozijava de sua coragem e esperteza. Ninguém desconfiava de Lalá. Tudo saíra perfeitamente como combinaram. Ela se levantara no meio da noite, abrira a porta da cozinha e voltara para a cama. Lalá entrara e trancara a porta atrás de si, escondendo-se na despensa depois de executado o plano. Na confusão, Licurgo saíra e gritara por Terêncio, nem se lembrando de revistar a casa, e Lalá pôde escapar calmamente, voltando para a senzala e fechando a porta. Quando Terêncio, avisado e bem pago, saíra em busca de Inácio, passara pela senzala e a trancara, sem que ninguém desse pela falta de Lalá.

Tudo parecia correr bem. As evidências do crime apontavam todas para Tonha. Com essa certeza, Licurgo seguiu em direção ao quarto da filha, passos firmes, disposto a terminar logo com aquilo. Já estava cheio. Ele sempre se indispondo com Aline por causa daquela negrinha. Era mesmo uma boa hora para se livrar dela. A seu lado, porém, Inácio não se conformava.

– Por favor, seu Licurgo – dizia ele. – Não faça isso. Tenho certeza de que Tonha é inocente.

– Ouça, Inácio, gosto muito de você, mas não se intrometa. É óbvio que foi Tonha, e ninguém mais.

– Mas Tonha não seria capaz. Nunca feriu sequer uma mosca.

– Os escravos são imprevisíveis. E, ademais, o ódio e o rancor são excelentes conselheiros do mal.

Chegaram à porta do quarto de Aline e Licurgo pôs a mão na maçaneta, quando Inácio, segurando-lhe a mão, com voz firme, decretou:

– Seu Licurgo, sinto muito, mas não vou permitir...

– Deixe de tolices, rapaz – aconselhou Licurgo contrariado. – Sei que andou se deitando com a negrinha, mas isso não é motivo para protegê-la.

Abismado, Inácio soltou a mão de Licurgo e exclamou:

– O quê? Mas que absurdo é esse?

– Ora, vamos, meu rapaz. Eu sei de tudo. Pensa que sou tolo?

– O... o que quer dizer...?

– Quero dizer que sei muito bem que você andou se deitando com Tonha numa gruta lá perto da saída da fazenda – Inácio não respondeu e ele prosseguiu: – Tudo bem, não se preocupe. Sei como são essas coisas. Você é jovem, é natural que queira se distrair com uma negrinha. Eu mesmo já fiz isso, você sabe. No entanto, é preciso não confundir as coisas. As escravas são ótimas para nos servir, mas não servem para mais nada.

– Seu Licurgo – respondeu Inácio cheio de dignidade –, já que o senhor conhece parte da verdade, creio que já está na hora de revelar-lhe tudo. Nunca me deitei com Tonha, e não tenho intenção de fazê-lo da forma como sugere. Eu a amo, e pretendo me casar com ela.

Licurgo estacou e olhou para ele abismado, explodindo em sonora gargalhada.

– Mas que absurdo é esse? – disparou. – Por acaso enlouqueceu? Perdeu o respeito por si mesmo?

Inácio já ia contestar, mas a porta do quarto se abriu e Aline apareceu. Havia escutado parte da conversa e resolvera intervir. Atrás dela, Tonha espiava amedrontada, temendo novo castigo.

– Mas o que é que está acontecendo aqui? – gritou.

– Pergunte a sua negrinha – respondeu Licurgo, irônico.

– Eu? – indignou-se Tonha. – Sinto, sinhô, mas não sei do que está falando.

– Ora, não sabe?

– Não.

– Seu Licurgo pensa que foi você, Tonha, quem bateu em Constância – contou Inácio.

– Tonha? Mas que disparate é esse, papai?

– É verdade, minha filha. Constância a viu, e Berenice confirmou.

– Corrigindo, seu Licurgo: Constância diz que foi Tonha, e Berenice confirmou haver visto o vulto de uma mulher negra saindo do quarto. Mas não pôde afirmar quem era.

– Ora, papai, francamente. Muito me admira o senhor acreditar na palavra daquela víbora. Então não sabe que ela nos odeia, a mim e a Tonha?

– Na verdade, minha filha, é Tonha quem a odeia. E tem todos os motivos do mundo para querer se vingar dela.

– Mas isso é um absurdo.

– Por favor, Aline, saia da minha frente e deixe-me passar. Desta vez, Tonha foi longe demais. É nisso o que dá você ficar protegendo essa negra. Ela acabou se sentindo muito importante, e abusou. Mas dessa não vai escapar, ouviu, Tonha? Você podia ter matado Constância.

– Sinhô Licurgo, eu juro que nunca toquei na sinhazinha.

– Cale-se. Vamos, Aline, saia da frente, se não vai ser pior!

Licurgo empurrou-a para o lado e partiu para cima de Tonha. Quando ia agarrá-la, Inácio se interpôs e o impediu, falando com voz firme:

– Perdoe-me, seu Licurgo, mas não permitirei. Se até hoje nada fiz, foi para não prejudicar Tonha ainda mais. Mas não permitirei mais que coloque as mãos nela, nem que para isso eu seja obrigado a esmurrá-lo.

– O quê? Atreve-se a me enfrentar?

– O que está acontecendo aí? – indagou Palmira, que vinha chegando, atraída pelo barulho da discussão.

– Nada que eu não possa resolver – disse Licurgo, já todo vermelho de raiva. – Agora, saia do meu caminho, rapaz. Não quero machucá-lo.

Inácio, enfrentando seu olhar ameaçador, retrucou:

– Já disse que não.

– Inácio, meu filho – interrompeu Palmira novamente –, o que está havendo entre vocês? Desafia seu tio?

– Ele não é meu tio.

– Deixe-me que lhe diga, Palmira. Seu sobrinho, que você tanto adora, fez a besteira de se apaixonar pela negra, e pensa que pode protegê-la.

– O quê? – berrou Palmira, abismada. – Não pode ser! Inácio é um bom rapaz, não poderia...

– Pare com isso, titia, e deixe de tolices. O que seu Licurgo diz é verdade. Apaixonei-me por Tonha, sim, mas não me considero tolo por causa disso.

– Mas... mas... como pode ser?

– Isso não importa no momento. O fato é que ele pensa que pode me impedir de castigar Tonha. Vamos, Inácio, entregue-me a escrava.

– Nunca!

– Terêncio! Terêncio! Onde se meteu esse maldito capataz?

– Está aqui, seu Licurgo – era a voz de Cirilo, que acabara de chegar, trazendo Terêncio pelo braço, seguido de Aldo.

– Cirilo! – surpreendeu-se Aline. – O que faz aqui?

– Vim ver o que se passava e encontrei Aldo, que me contou uma história muito interessante. Não foi, Aldo?

– História? Mas que história é essa?

– Vamos, Aldo, conte a seu Licurgo o que me contou lá fora.

Aldo olhou-os um a um com ar de mistério. Contara a seu Cirilo o que vira, mas logo se arrependera. E se perdesse o emprego por causa daquilo? Pior. E se Terêncio, homem mau e violento, resolvesse vingar-se dele? Já ia dizer que nada vira, que fora um engano, mas a figura de Tonha, toda trêmula por detrás de Inácio, fê-lo mudar de idéia. Que se danassem todos. Tinha uma consciência, e sentia uma necessidade grande de mantê-la limpa. Assim, encarou o patrão e começou a contar:

– Bem, seu Licurgo, vou contar tudo o que vi. Ontem, depois do jantar, vi quando Terêncio entrou no quarto trazendo na cintura uma bolsinha de couro com alguma coisa dentro. Curioso, prestei atenção, e vi quando ele tirou um lencinho branco e o escondeu sob o colchão. Hoje pela manhã, mal contendo a curiosidade, fui espiar o tal lencinho, e qual não foi a minha surpresa quando descobri isto – e estendeu para Licurgo o lenço branco, bordado com as iniciais C.R. – Constância Ribeiro. Dentro, todo enrolado, um colar de brilhantes, presente que o pai dera à moça quando fizera quinze anos.

Licurgo, a princípio, pensou que Terêncio houvesse roubado o colar, e indagou, confuso:

– Terêncio, onde conseguiu isso?

– Espere, seu Licurgo – pediu Cirilo –, ainda há mais. Por favor, deixe Aldo continuar.

Licurgo olhou para o rapaz, que prosseguiu:

– Bem, levei um susto danado. Imagine, um colar desses nas mãos de um simples capataz. No entanto, não disse nada. Não era problema meu, e não queria me meter em encrencas – ele fez uma pausa e olhou para Cirilo, que o encorajou:

– Vamos, Aldo, prossiga. Não tenha medo.

– Pois bem. Como eu ia dizendo, não fiz e nem disse nada, pois não queria me meter. À noite, porém, já meio desconfiado de Terêncio, não pude dormir direito. Estava com o sono leve, e qualquer ruído me despertava. Assim, altas horas, vi quando ele se levantou, apanhou a chave da senzala e saiu. Minha curiosidade era imensa, e eu o segui, sem que ele percebesse. Ele parou em frente à senzala e abriu a porta para que Lalá pudesse sair.

– Lalá? – indignou-se Licurgo.

– Sim, Lalá. Ela saiu furtivamente e se dirigiu para a porta dos fundos, entrando logo em seguida. Permaneci escondido atrás das árvores, à espreita, e ela saiu cerca de meia hora depois, logo após seu Licurgo abrir a porta da cozinha. – Ele terminou a narrativa e novamente olhou para Cirilo, que lhe lançou um olhar de aprovação.

– Mas o que significa tudo isso? – Era Licurgo, cada vez mais confuso e indignado. – O que estão tentando me dizer?

– O que estamos tentando lhe dizer, seu Licurgo – respondeu Cirilo prontamente –, é que tudo não passou de um plano para incriminar a pobre da Tonha.

– Um plano?

– Foi Lalá quem bateu em Constância, e colocou a culpa em Tonha.

– Lalá? Mas como? Constância jura que foi Tonha quem a acertou.

– É mentira. Constância estava mancomunada com os dois.

Licurgo abaixou a cabeça, vencido. O que estava acontecendo ali? Por que tudo aquilo?

– Mas por que Constância faria isso? – indagou Palmira, descrente. – Está certo que não gosta de Tonha e Aline, mas forjar um ataque desses? E depois, você mesmo, Inácio, que a examinou, viu que ela estava ferida.

– Tudo fazia parte do plano – falou Cirilo. – Estou certo de que Constância feriu a si mesma.

– O quê? Mas que horror! Isso é um absurdo, Cirilo. Sabe que sua prima não se atreveria a tanto. E para quê? Só para se vingar de uma escrava?

– Não, tia Palmira – interveio Berenice, que ao ouvir as vozes, se aproximara. – Constância está apaixonada por Inácio.

– Como pode dizer uma coisa dessas? Constância e Inácio são como irmãos.

– Mesmo assim, ela o ama. E tenho certeza de que faria qualquer coisa para afastar a rival de seu caminho. Creio que todos já sabem que Inácio e Tonha se amam.

– Meu Deus!

– Terêncio – rugiu Licurgo –, tenho certeza de que você tem uma explicação razoável para tudo isso.

– Ora, papai, como pode ainda tentar defendê-lo? – protestou Aline. – Então não vê que ele não presta? Que armou esse plano sórdido com aquela peçonhenta da Constância só para se vingar de nós?

– Terêncio, por que fez isso? Foi por dinheiro? – Ele não respondeu. – Responda-me, Terêncio, falta-lhe algo aqui?

Terêncio olhou para ele com frieza e respondeu:

– Sim, seu Licurgo, foi por dinheiro.

– Mas por quê? Sempre o tratei como um filho.

– Mas não sou seu filho. Sou seu criado.

– Diga-me: aceitou a jóia de Constância para fazer o quê?

– Para facilitar a entrada de Lalá nesta casa e não dizer nada.

– Desgraçado! – bradou Aline. – Papai, exijo que o despeça imediatamente.

– Calma, Aline.

– Como, calma? Então não viu o que ele fez?

– Ele não fez por mal. Foi movido pela ganância.

– Não acredito que ainda o está defendendo.

– Por favor, Aline, agora não é hora para tratarmos disso. Aldo, saia e vá buscar Lalá. Quero saber por que fez isso.

Aldo obedeceu e chegou trazendo Lalá pelo braço, que tremia, apavorada. Ao entrarem em casa, foram para a biblioteca, onde todos se encontravam reunidos, inclusive Constância, que espumava de ódio.

– Sua idiota! – urrou ela ao vê-la entrar.

– Cale-se, Constância – ordenou Palmira.

Todos se sentaram e encararam Licurgo, à espera de que ele dissesse alguma coisa, e ele precisava dizer. Era seu dever como pai e chefe de família tomar uma atitude. No entanto, precisaria castigar Terêncio também, e isso ele não queria. Licurgo levantou os olhos e suspirou, olhar perdido, buscando as palavras. Mas não havia nada a dizer.

– Muito bem, Lalá – começou Licurgo a dizer, ante os olhares de todos cravados nele –, quero saber direitinho como essa história começou. E não tente mentir para mim, ou o castigo será pior.

Lalá começou a chorar, e atirando-se aos pés de Licurgo, implorou:

– Piedade, sinhô, piedade! Não fiz por mal.

– Pare de choramingos, Lalá, e desembuche. Não estou aqui para escutar suas lamúrias.

– Sinhá Aline, por favor – apelou –, ajude-me. A sinhazinha sempre gostou dos escravos, não há de permitir que apanhe.

– Chega, Lalá – cortou Licurgo. – E creio que, desta vez, nem Aline tentará defendê-la. Agora ande, fale logo, ou o tronco será pouco para você.

Vendo que nem Aline intercederia em seu favor, e consciente de que suas lágrimas não convenciam nem sensibilizavam ninguém, ela começou a falar, olhos pregados no chão, a voz embargada pelo pranto:

– Foi tudo culpa de Tonha...

– Ora, sua atrevida, mentirosa, falsa! – esbravejou Aline. – Como ousa ainda acusar Tonha, depois de tudo o que fez?

– Aline, por favor, contenha-se – falou Cirilo, tentando acalmá-la. – Primeiro escutemos o que Lalá tem a dizer.

Aline olhou para ela e acrescentou:

– Muito bem, continue. Estamos esperando.

– Pois é. Eu só fiz o que fiz porque sinhazinha Constância mandou...

– Eu? – indignou-se Constância. – Como se atreve a acusar-me, negra imunda?

– Agora basta, Lalá! – gritou Licurgo. – Não vou tolerar que você, uma negra, escrava, que não é ninguém, tente se safar do castigo com argumentações falsas e levianas. Diga logo a verdade, ou eu a matarei aqui mesmo!

Apavorada, Lalá resolveu contar a verdade. Afinal, ela era escrava, e era óbvio que todos descarregariam suas culpas sobre ela. No entanto, já que apanharia mesmo, falaria tudo conforme acontecera, tintim por tintim. Sem levantar os olhos, ela narrou tudo, desde quando encontrara Constância no jardim e a abordara, confidenciando-lhe seu plano e pedindo sua ajuda. Disse que Constância, a princípio, recusara, mas depois acabara concordando, esperançosa de afastar a rival de seu caminho. Contou que a moça, sozinha, ferira a si própria no quadril, para forjar a queda que levou Tonha ao tronco, e acabou por confessar que penetrara na casa, em surdina, com a cumplicidade de Constância, e que fora ao seu quarto e batera em sua cabeça com um pedaço de pau. E finalizou com sua escapada, trancando-se na despensa, até que seu Licurgo deixara a porta da cozinha aberta e ela fugira para a senzala, quando Terêncio a trancara.

– Desgraçada! – gritou Aline, correndo para ela e acertando-lhe uma bofetada em cheio no rosto. – Você não presta, e merecia uma surra!

– Por favor, Aline, acalme-se – falava Cirilo.

– E você, Terêncio? – prosseguiu a moça. – Qual foi a sua participação em tudo isso? Para que Constância lhe pagou?

Constância olhou para Aline com tanto ódio que ela se sentiu mal. Quis revidar aquele olhar, mas não pôde. Havia algo de maligno nele, e ela não se sentia com forças, ao menos naquele momento, para enfrentar tanta maldade. A outra, mal contendo no peito o rancor e a inveja, o despeito e a raiva por haver sido descoberta, virou o rosto de esfinge para Terêncio, e seu olhar era tão ameaçador que ele titubeou. Friamente, porém, escolhendo as palavras, procurou dizer com aparente tranqüilidade:

– Está claro que essa jóia me pertence, bem como o lenço que a envolve. E me parece óbvio que esse capataz a furtou. Como, eu não sei.

– Não, não! – berrou ele. – Pois se foi a senhorita quem me deu o colar como paga por meus serviços!

– É mentira! Você é um mentiroso sujo e maldito! Como ousa me acusar assim? Pensa que sou alguma criminosa?

– É verdade, seu Licurgo. Dona Constância queria que eu abrisse e fechasse a porta da senzala para Lalá, sem que ninguém soubesse. Por duas vezes me pagou. Na primeira, deu-me um par de brincos, que já vendi na cidade vizinha. E ontem, pela manhã, deu-me o colar.

– Mentiroso!

– Pergunte a Lalá.

– Ora, Lalá – fez Constância com sarcasmo. – Quem poderá acreditar na palavra de uma negra?

– Eu acredito – interveio Berenice. – Sinto muito, Constância, mas eu a conheço, e sei muito bem do que você é capaz.

– Berenice, como pode ficar contra mim?

– Não estou contra você. Estou do lado da verdade.

– Você é uma invejosa, Berenice. Tem inveja de minha beleza.

– Está certo. Pois vou revelar-lhes algo que talvez não saibam. Há algum tempo, Constância saiu no meio da noite à procura de Inácio, para revelar-lhe seu amor. Ele, no entanto, a repeliu, e minha irmã, lamentavelmente, não via a hora de se vingar, pensando que o desprezo de Inácio se devia a outra mulher. Contudo, Constância, Inácio jamais poderia amá-la, pois que é um homem digno, ao passo que sua tão apregoada beleza se ofusca diante do negrume que vai em seu coração. Se não acreditam, perguntem a Inácio. É um rapaz decente, e não mentiria.

– Inácio – chamou Aline –, isso é verdade?

– É sim, Aline. Constância foi me procurar, mas eu pensei que fossem bobagens de moça. Depois, achei que ela havia esquecido o ocorrido, compreendendo que tudo não passava de um sonho de criança. Mas jamais poderia imaginar que ela guardava tanto ressentimento em seu coração.

– Agora compreendo tudo. Sua cobra, víbora, a morte seria pouco para você!

Aline partiu para cima dela, agarrando-a pelos cabelos e tentando unhar seu rosto. Ela estava desfigurada. Tinha consciência de que, mais do que uma simples antipatia, odiava aquela mulher mais do que tudo na vida. Fora de si, começou a esbofeteá-la, só parando depois que Inácio e Cirilo a seguraram. Inácio, vendo o desespero da outra, arriada no chão e sem forças para lutar, graças aos ferimentos que infligira em si mesma, disse com desdém:

– Deixe, Aline, ela não merece nem o seu ódio. É uma pobre e desprezível criatura, que só conquistou para si o desamor e a inveja. Deixe que se envenene com sua própria mesquinhez.

Constância espumava de ódio. Perdera Inácio para sempre, tinha certeza. Agachou-se junto ao sofá, e escondendo o rosto entre os braços, cruzados sobre os joelhos, descarregou o pranto, sentindo no corpo a dor das feridas e da humilhação. Desfigurada, vociferou:

– Pois muito bem! É isso mesmo. Fui eu quem pagou Terêncio, fui eu que me machuquei de propósito, fui eu quem permitiu que Lalá me batesse, só para acusar Tonha. E daí? Ela é uma negra, uma escrava, e ousou roubar o amor de Inácio, amor que me pertencia. E não me arrependo. Agora digam-me: vão me castigar e livrar essa negra?

Todos estavam abismados, sem saber o que fazer ou dizer. Constância errara, e muito, mas Tonha era apenas uma escrava. O que deveriam fazer? Licurgo, pela primeira vez desnorteado, olhava para Palmira em busca de auxílio. A mulher, mais sensata e ponderada, levantou-se e falou com voz firme:

– Licurgo, creio que a responsabilidade disso tudo é minha. Fui eu quem trouxe minhas sobrinhas para esta casa. Embora não creia que deva castigá-la, pois que Tonha não passa de uma negra, o que ela fez demonstra fraqueza de caráter e leviandade, e isso não posso tolerar. O que você vai fazer com Lalá e Terêncio não me interessa, não é problema meu. Mas Constância volta amanhã mesmo para a casa de seus pais. Estou envergonhada de sua atitude, e não poderia mais tê-la aqui perto de mim.

Ninguém falou nada. Aline exultava. Finalmente, veria Constância sair dali vencida e humilhada. Quebrando o silêncio, Lalá tentou ainda um último recurso para ver-se livre da chibata:

– Oh! Sinhô Licurgo, não me mande chicotear. Essa Tonha não presta mesmo. Ela é a única culpada de tudo isso, e não merece perdão.

– Quem pensa que sou, negrinha, algum idiota? – explodiu Licurgo. – Guarde suas lamúrias para o tronco, pois que todos aqui já a conhecem. Não adianta. Você vai ter o castigo que merece. Digamos, umas cinqüenta chibatadas serão o suficiente.

Apavorada, vendo que não teria escapatória, Lalá desvencilhou-se das mãos de Aldo e saiu correndo pela porta aberta, ganhando o terreiro. Os presentes, surpresos com a rapidez da escrava, permaneceram estáticos, até que Licurgo ordenou:

– O que estão esperando? Vão atrás dela!

Terêncio e Aldo saíram em disparada no encalço da escrava. Estava escuro, e ela bem podia se esconder nas sombras. Terêncio, contudo, percebendo-lhe o vulto por detrás de um arbusto, correu para lá e gritou:

– Pare aí, Lalá, ou vai ser pior. Não complique as coisas para você.

Lalá, porém, assustada, desatou a correr, e Terêncio, afoito, sacou da pistola, fez pontaria e disparou. O tiro acertou-a em cheio na cabeça, varando-lhe o crânio, e ela desabou, morta no instante mesmo em que tocara o chão. Com o ruído seco do tiro, todos saíram para o terreiro, até que se inteiraram do que havia acontecido. Terêncio, mais uma vez, não conseguindo dominar seu instinto assassino, preferira matar, e o fizera sem titubear, sentindo na pele um arrepio de prazer ao ver o sangue da escrava se espalhando pela terra úmida do orvalho da noite.

Capítulo 31

Era manhã, e a fazenda São Jerônimo pareceu amanhecer envolta em brumas. Constância, humilhada e ferida em seu orgulho, começou a fazer as malas tão logo o dia amanheceu. Em silêncio, guardava as roupas no baú, os olhos inchados de tanto chorar. Passados alguns instantes, escutou batidas leves na porta, e disse sem maior interesse:

– Entre.

Era Palmira, que entrou devagarzinho e sentou-se na beira da cama. Olhou para a sobrinha, que não ousava encará-la, e soltou profundo suspiro. Já passado o impacto da primeira hora, Palmira pudera raciocinar com mais calma. Constância estava errada, e ela não voltaria atrás em sua decisão de afastá-la dali. Até porque Licurgo assim o pedira. Mas não queria que a moça fosse magoada com ela. Assim, tentando puxar conversa, iniciou:

– Já aprontou tudo? – A moça meneou a cabeça, em sinal de negativa. – Não vá se esquecer de nada, hein? – Silêncio. – Constância, minha filha, por que não fala comigo?

– O que quer que diga? – retrucou ela friamente.

– Não sei. Que sente muito, que está arrependida.

Ela olhou para a tia com desdém e respondeu:

– A única coisa de que me arrependo é de não ter dado cabo, eu mesma, de Aline e de Tonha.

– Constância!

– Por favor, titia, não quero mais falar sobre isso. Já não chega tudo o que passei?

– Sim, é verdade. – Após alguns instantes de silêncio, prosseguiu: – Sabe, querida, não quero que fique magoada comigo.

– Não? Deveria estar satisfeita com sua atitude?

– Não é isso. Mas você há de convir que foi longe demais. Não me deixou alternativa.

– Compreendo.

– É verdade. Como pensa que poderei mantê-la aqui depois disso tudo? Aline é filha de Licurgo, e ele já não tem mais como não atendê-la.

– Está certo, titia, compreendo e aceito. É melhor mesmo que me vá. Tenho meu orgulho, e não quero permanecer numa casa onde não sou bem-vinda.

– Não é isso!

– É isso, sim. Não sou mais bem-vinda aqui, e prefiro ir embora.

– O que dirá à sua mãe?

– A verdade.

– Sério?

– Sim. Minha mãe é como eu; saberá me entender.

– Bem, você é quem sabe. Em todo caso, envio-lhe uma carta, e espero resposta. Aceitei a responsabilidade de cuidar de vocês, e creio que lhe devo satisfações.

– Faça como quiser.

Constância terminou de aprontar as malas, pegou o chapéu e a sombrinha e se dirigiu para a porta, arrematando:

– Bem, já vou embora. Creio que não há mais nada a dizer.

Palmira acompanhou-a até a porta, onde a carruagem já a aguardava. Na saída, ninguém para despedir-se dela, nem seu Licurgo. Só Berenice apareceu, e antes que subisse, aproximou os lábios de sua face, a fim de dar-lhe um beijo de despedida. Constância, porém, com desprezo, desviou o rosto e começou a subir na carruagem, e a irmã falou simplesmente:

– Vá em paz, Constância, e que Deus a proteja.

Ela não respondeu e subiu, sentando-se no banco e fechando a porta. Aguardou ainda mais alguns minutos, até que o escravo terminasse de ajeitar seus pertences no bagageiro, e partiu. Em seguida, Berenice beijou a tia e se afastou, a fim de assistir à cerimônia funerária de Lalá, que os próprios escravos realizavam.

Licurgo permitiu que os escravos fizessem suas próprias orações, e Aline, Cirilo, Inácio e Berenice acompanharam o enterro com seriedade e respeito. Embora Lalá houvesse errado, e muito, no fundo seus atos eram compreensíveis e escusáveis. Afinal, o que poderia esperar da vida uma escrava, ali naquelas terras onde os negros não eram ninguém? Lalá, em verdade, era uma pobre coitada, e até mesmo Tonha se compadecia de sua morte.

Terminada a cerimônia, Aline saiu desabalada para o gabinete do pai. Precisavam ter uma conversa definitiva. Terêncio matara Lalá sem motivo, pois era certo que ela não tinha para onde fugir. Aonde iria, no meio da noite, sem água e sem comida, cansada e com medo? Era claro que não iria longe e, ou voltaria, ou seria facilmente capturada no dia seguinte. Não era preciso matar, e Terêncio demonstrara, em definitivo, que era um assassino frio e cruel, e que se comprazia em levar o sofrimento e a morte aos escravos.

Entrou no gabinete do pai sem bater, e já ia despejar sua ira sobre ele quando Licurgo falou:

– Entre, Aline, e feche a porta. Já a estava esperando.

Aline fez como ele dissera, e foi sentar-se na poltrona junto à mesa.

– Papai – começou, tentando controlar a raiva –, creio que já sabe por que vim aqui.

– Sim, sei. Mas antes que você diga ou exija qualquer coisa, deixe-me contar-lhe uma história.

– Uma história?

– Não pergunte nem diga nada por enquanto. Apenas ouça.

Aline olhou para ele com curiosidade e declarou:

– Está bem, se insiste. Sou toda ouvidos.

Licurgo olhou pela janela, tentando encontrar as palavras. Não sabia como começar, e demorou alguns segundos até iniciar sua história, até que finalmente começou:

– Minha filha, há muitos anos, antes de eu me mudar para cá, quando ainda vivia em Salvador, conheci uma moça, de nome Joana, que prestava pequenos serviços de costura para minha mãe.

Joana era uma moça pobre e muito bonita, e logo me apaixonei por ela – ele fez uma pausa e Aline se aproximou, profundamente interessada. – Nessa época eu ainda nem conhecia sua mãe, isso foi muito antes de nos casarmos. Pois bem. Com o passar dos tempos, fui ficando cada vez mais envolvido com Joana, e ela comigo, até que, não podendo mais resistir, fui a sua casa e a seduzi, e passamos então a ser amantes. Desse relacionamento, tivemos um filho...

– Um filho? – Ele balançou a cabeça. – Mas onde está?

– Aqui mesmo.

– Aqui? Não vá me dizer que é o... que é o...

– Sim, minha filha. Terêncio é seu irmão.

Um raio não a teria fulminado com mais violência. Aline, de repente, sentiu que ia desmaiar. O choque fora demais para ela, e pensou que não fosse resistir. Cerrou os olhos e recostou-se na poltrona, respirando com certa dificuldade. Licurgo, assustado, correu para ela, e gentilmente segurando suas mãos, chamou:

– Aline! Aline, minha filha, responda-me, por favor!

Aline abriu os olhos e encarou-o. Havia algo indefinível naquele olhar. Um misto de revolta, desespero e piedade. Com voz rouca, indagou:

– Papai, como pôde? Como pôde enganar-nos assim durante todos esses anos?

– Perdoe-me, minha filha, mas não tive escolha.

– Não teve escolha? E quanto a mim? E quanto a mamãe? Que escolha tivemos? Agora compreendo.

– Compreende?

– Sim, compreendo o jeito como trata Terêncio, sempre justificando seus erros e protegendo-o.

– Tem razão, minha filha. Não pude reconhecê-lo, e essa foi a forma que encontrei para compensá-lo de tudo.

– Compensá-lo? Então não percebe no que o transformou? Num assassino cruel, sem piedade.

– Por favor, Aline, não é culpa minha se Terêncio é cruel.

– Mas é claro que é! Não digo toda a culpa. Mas esse é o seu jeito de exprimir sua revolta.

– Terêncio não sabe de nada.

– Não sabe? Mas como?

– Quando saí de Salvador, Terêncio já era um rapazola, e pediu para me acompanhar.

– Ele abandonou a mãe?

– Sim. Não gostava dela, porque ela não podia dar-lhe o que queria.

– E por isso a abandonou?

– Sim. Mas talvez, no fundo, ele desconfie que sou seu pai.

– Papai, o senhor amava essa moça, essa tal de Joana?

– Sim.

– E por que não se casou com ela?

– E como poderia? Seu avô me proibiu. Não tive escolha.

– Por isso preferiu fugir?

– Procure entender. Chegou um ponto em que não pude mais suportar. Seu avô não permitia que me casasse com Joana, e ela me pressionava para ficar com ela e assumir a criança.

– Meu Deus, que história mais suja!

– Por favor, Aline, não me odeie por isso.

– Não sei, papai, estou confusa. Confusa e magoada. Não sei o que dizer.

– Procure entender.

– Entender o quê? Que não foi corajoso o suficiente para enfrentar a tudo e a todos em nome de um amor?

– Não é isso.

– É isso, sim. E depois, como quer que me sinta sabendo que aquele monstro é meu irmão?

– Tem razão, Aline, eu sei. Mas não posso abandoná-lo. E também não quero me agastar com você. Por isso, minha filha, você é quem terá que decidir se Terêncio fica ou sai desta casa.

Aline calou-se. Estava indignada, ferida, magoada. Não sabia o que fazer numa situação como aquela. E depois, a idéia de ser irmã de Terêncio era-lhe abominável. Ele era desprezível, e ela se recusava a aceitar que possuía o mesmo sangue que ele. Depois de alguns minutos, ela se levantou para sair, e arrematou com tristeza:

– Por favor, papai, quero ficar sozinha. Preciso pensar, preciso chorar. Não vá atrás de mim nem mande me chamar. Não quero ver ninguém.

O pai permaneceu em silêncio e ficou olhando a filha se afastar. Não sabia se agira certo ou errado, mas não tinha mais desculpas para justificar a permanência de Terêncio naquela casa. O destino do filho estava nas mãos da irmã. Caberia a Aline decidir se seria mandado embora ou se permaneceria ali, e ele não podia dizer qual seria a decisão da filha. Só o que tinha a fazer era aguardar.

Ao voltar para o quarto, Aline estava cabisbaixa e triste, nos olhos uma expressão indefinível de dor. Pensou que Tonha estaria ali à sua espera, mas a amiga não estava, e ela não encontrou forças para sair à sua procura. Na certa, Tonha estava ainda no terreiro, junto dos escravos, comentando a traição e o assassinato de Lalá. Passados alguns minutos, alguém bateu à porta e rodou a maçaneta, sem esperar resposta. Era Cirilo, que chegava preocupado com ela.

– Oh! Cirilo! – soluçou ela, atirando-se em seus braços.

Ele, sentindo-lhe a fragilidade da alma, deixou-se ficar a seu lado, envolvendo-a com seu abraço forte e acolhedor. Ele a amava muito, e sabia que ela sofria. Durante muito tempo permaneceram assim, apenas abraçados. Cirilo não queria ser inconveniente, e preferiu esperar que ela tomasse a iniciativa da conversa. Mas, em vez disso, Aline deitou a cabeça em seu colo e pôs-se a soluçar, adormecendo logo em seguida, confortada pelas carícias amigas do noivo. Só mais tarde, quando escutou rumores no corredor, foi que ela despertou, e perguntou, embaraçada:

– Adormeci?

– Sim, meu bem. Você estava cansada. Precisava repousar.

Aline corou e desviou o olhar. Ela segurou sua mão e levou-a aos lábios, murmurando com doçura:

– O que seria de mim sem você?

Ele, emocionado, apertou a mão de sua amada e retrucou:

– Aline, como eu a amo!

– Eu também o amo, e muito. Só Deus sabe o quanto.

– Não, minha querida, eu também sei.

Ela soltou um suspiro sentido e acrescentou:

– Cirilo, não sei o que fazer.

– Sobre o quê?

– Preciso tomar uma decisão, mas não sei como agir.

– Decisão a respeito do quê?

Ela o encarou com tanta tristeza que ele quase chorou. Mas, para não amargurá-la ainda mais, aproximou seus lábios dos dela e neles pousou um beijo delicado, cheio de ternura. Aline correspondeu ao beijo, e havia nele tanto amor que ela se sentiu melhor e mais fortalecida. Se Cirilo a amava, tudo estaria bem. Ele estava ali para ajudá-la e protegê-la, e saberia aconselhá-la com sabedoria.

– Preciso contar-lhe o que descobri hoje – prosseguiu ela.

– Sim, conte.

– É sobre meu pai. É uma história triste, que ele só agora me revelou, e confesso que não sei como proceder.

– Pois bem. Conte-me tudo. Estou aqui para ajudá-la, e darei minha opinião sincera e imparcial.

Aline sabia que podia confiar nele, e por isso o amava tanto. Olhando bem em seus olhos, começou a narrar a história que seu pai lhe contara, terminando com soluços de desespero, que ela não podia mais conter.

– Oh! Cirilo, o que farei? Odeio Terêncio, odeio!

– No entanto, ele é seu irmão, e você não pode mudar isso.

– Mas não pode ser! Ele não pode ser considerado, verdadeiramente, meu irmão. Tivemos educação diferente, ocupamos posições diferentes, somos filhos de mães diferentes. Além disso, ele é um criminoso malvado. Não posso aceitá-lo como irmão.

– Aline, o que você me diz nada mais é do que preconceito.

– Preconceito? Claro que não. Sabe que não ligo para isso.

– Será que não? Será que só não aceita Terêncio porque ele é um assassino, ou você se recusa a aceitar o fato de que possuem o mesmo sangue?

– Não sei, confesso que não sei.

– Pois eu creio que a primeira coisa a fazer é ser honesta com você mesma. Você deve, antes de tudo, definir quais os seus verdadeiros sentimentos para com Terêncio.

– Eu o odeio.

– E por quê? Qual a origem de seu ódio?

– Jamais gostei de Terêncio. Ele sempre foi cruel com os escravos.

– Sim, mas você há de convir que sua crueldade nada mais é do que fruto do meio em que foi criado.

– Pensa que não sei disso? Sei que papai muito contribuiu para que ele se tornasse um assassino.

– E, apesar disso, você ainda o odeia?

– Como posso não odiá-lo?

– Aline, ninguém melhor do que você para saber o que vai em seu coração. Contudo, pelo que conheço de você, parece-me que enfrenta dois tipos de conflito. Primeiro, você odeia Terêncio porque ele sempre maltratou os escravos. Segundo, você não pode aceitá-lo porque ele é um simples e rústico capataz, ao passo que você é uma dama da mais alta sociedade. Não é isso?

– Não sei.

– Seja sincera com você mesma, Aline. Pense bem nisso antes de tomar sua decisão. E depois, tente colocar-se no lugar de Terêncio, e considere que ele, sendo seu irmão, foi privado de todo o conforto a que teria direito, ao passo que você foi fruto de um casamento honesto, digno e feliz. Se vocês tivessem trocado de lugar, se ele tivesse nascido aqui e você fosse filha da costureira, como se sentiria? Não seria você a traída? Não teria sido você enganada todos esses anos, sofrendo toda sorte de privações? Talvez não pensasse você como pensa ele hoje, e não fosse cruel com os escravos, descarregando neles toda a sua raiva e frustração?

– Mas ele sempre foi protegido de papai.

– Mas nunca foi seu filho. Sequer sabe quem é seu pai. Como acha que ele se sente? Um pária da sociedade, sem direito a um nome ou um lar. Acha que é fácil, Aline?

– Não... não sei. Nunca passei por isso.

– Por isso mesmo é que deve refletir. Não seja precipitada, e tente não julgar Terêncio com demasiada severidade. Ele é um ser humano, e como você, comete erros e tem seus defeitos. E nem por isso merece ser crucificado.

– Erros, eu?

– Por acaso se acha perfeita?

– Perfeita, não. Mas nunca matei nem espanquei ninguém.

– Mesmo assim. Quem somos nós para nos julgarmos melhores do que nossos semelhantes? Quem somos nós para classificarmos os erros e determinarmos qual deles é o mais grave? Sim, Aline, hoje você nunca matou ninguém, mas, e ontem? Será que, no passado, não cometeu faltas graves, com as quais aprendeu e não mais errou? E será que só por isso deve se desfazer de seus irmãos, só porque não aprenderam ainda como você? Será que um menino na escola, que ainda não aprendeu a ler, merece ser escarnecido por seus colegas de classe só porque já conhecem as letras?

– Cirilo... – disse ela envergonhada –, nunca o vi falar assim.

Ele ficou ali parado, olhando para ela, sem responder. Na verdade, até ele estava espantado com suas palavras. De onde as tirara? Ele não compreendia como, mas parecia que aquelas palavras lhe haviam sido inspiradas por alguém. Pensando estar enlouquecendo, Cirilo afastou aqueles pensamentos e procurou confortar Aline.

– Por favor, querida, pense bem. Sua consciência está em jogo também.

– Eu sei. Vou pensar sobre isso, prometo. E prometo também que não tomarei nenhuma atitude impensada.

– Ótimo. Agora vou sair e deixá-la só. Você precisa estar consigo mesma para meditar no que deve fazer, a fim de evitar arrependimentos irreversíveis.

Ele se despediu dela com um beijo e saiu. Aline naquele dia não desceu para o almoço nem para o jantar. Passou todo o tempo trancada no quarto e não quis mais falar com ninguém, nem com Tonha. Naquele momento não queria partilhar com ela suas dúvidas. Tonha, embora compreensiva e muito sua amiga, também odiava o capataz, e Aline poderia se deixar influenciar por seus sentimentos.

A noite chegou, e Aline somente conseguiu conciliar o sono altas horas da madrugada. Na manhã seguinte, levantou cedo e foi direto procurar o pai. Ele estava sentado em seu gabinete, e quando ela entrou, largou a pena com a qual escrevia, cruzou os braços e aguardou. Ela olhou para ele e, sem fazer rodeios, disparou:

– Papai, quero que saiba que pensei muito no que me disse e cheguei a uma conclusão. Vou ser honesta com o senhor a respeito de tudo isso. Sua atitude não foi das mais dignas, não só comigo e com mamãe, mas principalmente com Joana e Terêncio. Por isso, vou tentar vencer a aversão que sinto por Terêncio e buscarei aceitá-lo como irmão, se não em meu coração, ao menos em minha vida.

Licurgo, homem sério e comedido, fechou os olhos por um instante, contraindo as faces para não chorar, e acrescentou:

– Obrigado, Aline. Tinha certeza de que você saberia compreender.

– Mas espere. Ainda não terminei. Quanto ao senhor, não posso dizer que não esteja magoada. Estou, e muito. Creio, contudo, que hoje posso compreender muitas coisas. Compreendo por que trata Terêncio desse jeito e entendo sua culpa. E não lhe guardo raiva por isso. Depois de pensar em tudo o que aconteceu, só o que posso lhe dizer é que lamento sua covardia. O senhor foi um homem infeliz porque não foi capaz de assumir que amava uma mulher que, para a sociedade, não era digna de sua posição social. No entanto, não posso agora tentar julgá-lo. Não me seria justo julgar. Afinal, se o senhor não tivesse deixado Joana, eu hoje talvez não estivesse aqui. Por isso, apesar de tudo, não posso odiá-lo, porque jamais poderia odiar aquele a quem devo a vida. O senhor é apenas um ser humano, papai, falível como qualquer ser humano. E eu o amo do jeito que é.

Ele mordeu os lábios, emocionado, tentando conter as lágrimas, e balbuciou:

– Filha... eu... obrigado...

– Há, porém, algo que exijo. Quero que Terêncio se afaste novamente daqui, ao menos até o meu casamento. Mande-o a serviço ao Rio de Janeiro, e depois que eu partir para viver com meu marido, mande chamá-lo de volta a esta casa, se desejar.

– Pretende afastar-se daqui, não vindo mais nos visitar?

– Se assim o fizesse, em verdade não o estaria aceitando, mas forjando uma aparente benevolência, pois que a recusa em fazer-me presente à sua casa equivaleria a uma forma sutil de não ter que conviver com... meu... irmão. E agora, se me dá licença, preciso sair. O casamento se aproxima, e há ainda muitas coisas que quero resolver.

Aline saiu sem dizer mais nada, e Licurgo suspirou aliviado. A filha era uma boa moça, e ele estava satisfeito. Aline, por sua vez, também estava satisfeita. Satisfeita consigo mesma, com sua atitude. Ela não sabia por que, mas era como se, naquele momento, houvesse conseguido uma vitória que nunca antes pudera sequer supor alcançar.

Capítulo 32

O tempo foi passando, e como bálsamo para todas as feridas, aos poucos foi esmaecendo a lembrança da tragédia que poucos meses antes se abatera sobre a fazenda São Jerônimo. Licurgo cumprira sua promessa e enviara Terêncio à corte, encarregado de algumas encomendas, recomendando-lhe que lá o aguardasse, pois em breve mandaria buscá-lo. Mas ele nada lhe revelou sobre sua origem, nem a ele, nem a Palmira, nem a ninguém, à exceção de Aline, que achou melhor não contar nada a ninguém também. Afinal, as coisas já estavam estabelecidas, e era melhor não mexer mais com aquilo.

Com a proximidade do casamento de Aline e Cirilo os preparativos para a festa seguiam a todo vapor. Todos estavam muito animados, à exceção de Camila, que continuava alheia a tudo e a todos. Suas visitas a Basílio e Virgílio eram cada vez mais freqüentes, pois durante um certo período o irmão pareceu esquecer-se dela, ocupado demais com o casamento e os últimos episódios. Assim, despreocupada, saía constantemente para sua habitual visita, já acostumada à proposital ausência de Basílio quando ela lá chegava. Todas as vezes em que isso acontecia Camila permanecia distante de Virgílio, mas os olhares, os gestos, as meias palavras, tudo indicava o fogo que ardia dentro do peito da moça. Virgílio, por sua vez, consciente do poder que exercia sobre ela, envolvia-a cada vez mais, utilizando-se de um falso pudor, um respeito pelo primo que, absolutamente, não existia.

Até que um dia, o pior aconteceu. Estava chovendo, e Camila chegou à casa de Basílio toda ensopada e tremendo, e sentou-se para esperar que ele voltasse de seu passeio. Entretanto, como a chuva não parasse, Basílio não aparecia, e Virgílio, vendo o estado de Camila, toda molhada e tiritando, serviu-lhe uma taça de vinho, que ela quis recusar.

– Obrigada, Virgílio, mas sabe que não bebo.

– Ora, o que é isso? Uma taça só não vai lhe fazer mal. Além disso, está toda molhada e com frio, e o vinho servirá para aquecer-lhe o corpo. Vamos, pegue.

Ela hesitou, mas acabou aceitando. Ele tinha razão. Afinal, que mal faria servir-se de apenas um cálice?

– Obrigada.

Camila pegou a taça e começou a beber, enquanto Virgílio tentava distraí-la contando histórias de amigas suas que se haviam perdido por amor. Camila, embaraçada, tentou mudar de assunto, mas ele fingiu não perceber. O tempo foi passando, e Basílio não aparecia. A chuva não parava de cair, e Virgílio, sem que Camila se desse conta, enchia-lhe a taça, antes mesmo que esvaziasse. Era o cenário perfeito para sua atuação mais dramática.

Passada a primeira hora, Camila já estava entorpecida pela bebida, e sua mente começou a raciocinar com mais vagar. Seus reflexos tornaram-se meio lentos, a voz pastosa, e seu corpo todo começou a arder. Parecia uma febre a tomar conta dela, e ela não sabia o que aquilo significava. Mas Virgílio, experiente como era, já havia percebido que o efeito do vinho se fazia sentir na moça, e achou que já era hora de investir. Assim, acercou-se dela e, com voz melíflua, declarou:

– Camila, minha querida, como eu a quero...

E, inesperadamente, colou seus lábios aos dela, num beijo sôfrego e ardente, que ela retribuiu com paixão. Assustando-se, contudo, com seus próprios desejos, Camila empurrou-o para trás e tentou fugir, na pressa deixando a taça cair ao chão. Sem dar atenção ao incidente, Virgílio tentou nova investida, dessa vez mais ousada. Puxou-a pela cintura e beijou-a novamente, primeiro na boca, depois no pescoço, e começou a acariciá-la, soprando baixinho em seu ouvido:

– Camila, Camila, não sabe o quanto venho esperando por isso.

– Virgílio, por favor, não...

– Não resista. Eu a desejo, e sei que você também me quer.

– Mas não podemos. Basílio...

– Basílio não precisa saber de nada.

– Mas... mas... e sua fidelidade?

– Ela não é maior do que o meu amor por você.

– Você me ama?

– Mais do que a minha própria vida.

– Oh! Virgílio, não sabe o quanto me alegro em ouvir isso!

– Quer dizer que você também me ama?

– Oh! Sim, sim! Amo-o, e a mais ninguém.

– Então, venha comigo.

Sem dizer mais nada, Virgílio puxou-a pela mão e conduziu-a ao quarto. Camila, alterada pelo vinho e pelo desejo, não ofereceu resistência, e deixou-se levar mansamente. Ele a deitou na cama e, gentilmente, deitou-se a seu lado, indagando com voz doce e fingida:

– Quer ser minha mulher?

– Sim, quero. Eu o amo, e depois poderemos nos casar.

Ele não disse mais nada, e ela entregou-se a ele com ardor. Virgílio se deliciava com aquilo. Ela era uma mulher sensacional. Sim. A partir daquele momento Camila deixara de ser moça e, por suas mãos, passara a ser mulher.

Depois de tudo terminado, olhos úmidos de felicidade e contentamento, ela perguntou:

– E agora, o que faremos?

– Não sei.

– Primeiro devemos contar a Basílio. Em seguida, pediremos permissão a meu irmão para nos casarmos. O que acha?

– Ótima idéia. Mas deixe que eu mesmo fale com meu primo. É meu amigo, e a honestidade é o mínimo que lhe devo. Depois, poderemos nos casar.

Dois dias depois, quando Camila voltou, não encontrou mais Basílio ali. O que teria acontecido?

– Basílio se foi – contou Virgílio com pesar. – Contei-lhe tudo, e ele preferiu se afastar.

– Mas assim, tão depressa?

– Pois é. Basílio é um homem bom e digno, e ao saber que nos amávamos, não quis interferir.

– Meu Deus! E eu que pensei que ele fosse ficar furioso!

– Você não o conhece. Meu primo sempre foi muito generoso, e não se zangaria com ninguém, principalmente com você.

– Ele não me ama?

– Por quê? Está arrependida?

– Não, não. Perguntei por curiosidade. Só para saber se sofrerá.

– Ele a ama muito. E foi por isso que preferiu se afastar. Disse que nada o faria mais feliz do que ver sua felicidade.

Camila começou a chorar. Como era bom Basílio! Era uma pena que não o amasse mais.

– Então? – prosseguiu ela. – Podemos contar tudo a Cirilo?

– Calma, por enquanto não. Precisamos dar tempo ao tempo.

– Mas por que, se nos amamos?

– Ele não vai se casar?

– Sim, vai.

– Então. Imagine o transtorno que isso causaria em sua vida neste momento. Seria uma preocupação a mais, e isso só atrapalharia os preparativos para o seu casamento.

– Tem razão. Acho que devemos mesmo esperar um pouco mais.

Virgílio sorriu satisfeito. Tudo corria às mil maravilhas. Em breve haveria um outro casamento a se realizar, e ele sairia daquela história toda com uma pequena fortuna para gastar.

Camila, cada vez mais apaixonada, já não podia mais prescindir da companhia do amante. Assim, começou a se ausentar com mais freqüência ainda, saindo de casa todos os dias. Como se a paixão lhe houvesse embotado o pensamento, deixou de lado a prudência, certa de que Cirilo não tinha mais tempo para se preocupar com ela, e diariamente ia encontrar-se com Virgílio, já sem sequer tomar o cuidado de aparecer na igreja. Tal fato não passou despercebido, e logo Cirilo foi colocado a par do desaparecimento da irmã da igreja.

Certa vez, quando Cirilo fora jantar em casa de Aline, perguntou, tentando aparentar naturalidade:

– E então, Camila, tem ido à igreja?

Camila assustou-se com a pergunta e retrucou:

– Por que quer saber?

– Ora, por nada. Perguntei por perguntar, só para puxar assunto. Você anda tão calada...

– Bem... tenho ido, sim. Hoje mesmo estive lá.

– E falou com o padre?

– Não, não. Ele nem me viu. Estava ocupado demais com a confissão.

Ela mentia, e Cirilo sabia disso. O padre Onofre estava até preocupado com sua ausência, e perguntara-lhe, inclusive, se ela estava doente. Cirilo, contudo, preferiu mudar de assunto, para não chamar a atenção da irmã. Mas a idéia de que algo estava errado não lhe saía da cabeça. Camila estava se encontrando com aquele Basílio. Só podia ser. Ah, mas se ele o pegasse, matá-lo-ia sem perdão. Mas, como descobrir? Já tentara colocar alguém em seu encalço, mas isso não surtira efeito.

– Por que não a seguimos, nós dois? – sugeriu Inácio.

– Já tentamos isso, e não deu certo.

– Não tentamos, não. A situação era outra. Camila ia todos os dias à igreja, e o homem que a seguiu assustou-a e ela fugiu. Mas nós podemos ficar à espreita, esperando que ela saia, e a seguiremos.

– Mas como? Com essa estrada deserta ela logo notará nossa presença.

– Não, se a seguirmos pelo mato.

– Hum – interessou-se Cirilo. – Talvez você esteja certo. Podemos segui-la por fora da estrada, e ela nem desconfiará.

– Sim. Basta que fiquemos mais para trás e não a percamos de vista. Mas, se ela desviar em algum atalho, nós perceberemos, e se parar em algum lugar, também.

– Está mesmo disposto?

– É claro que estou. Preocupo-me com Camila, e não quero vê-la iludida e desonrada por um espertalhão que só quer o seu dinheiro.

– Está certo. Quando, então?

– Que tal amanhã?

– Feito.

Tudo parecia correr bem com o novo romance de Camila. Basílio se fora, bom e compreensivo, torcendo para que ela fosse feliz no amor. Virgílio, por sua vez, a amava cada vez mais, e ela podia perceber que ele já não podia mais viver sem ela. Estava feliz e radiante. Seu rosto se iluminava a cada dia, e ela somente esperava o momento de participar a família que estava compromissada com um jovem digno e honesto e, além de tudo, de posses. Sim, porque, com certeza, Cirilo aprovaria seu casamento com um rico e próspero comerciante da corte.

O romance entre Tonha e Inácio, por outro lado, já não era mais segredo, mas ninguém parecia querer tocar no assunto. Na verdade, Licurgo, certo de que em breve se livraria daquela escrava, que só lhe trazia aborrecimentos, resolveu que o melhor a fazer seria silenciar. Inácio, apesar de tolo, já era um homem, e sabia o que fazia. Por isso, se desejava conspurcar seu nome aliando-o ao de uma negra, era problema dele. Licurgo só não permitiria intimidades em sua casa. Era uma casa de respeito, e ele e Palmira não tinham que passar pelo constrangimento de presenciar cenas amorosas com uma escrava.

Era domingo, e as famílias se reuniram para o costumeiro almoço dominical. Cirilo e Inácio, como sempre, chegaram cedo, e convidaram as moças para um passeio. Aline e Berenice logo aceitaram, mas Camila pareceu não se interessar. Ia recusar o convite, mas Cirilo, temendo que ela aproveitasse a ocasião para se ausentar, insistiu, com ar de inocência:

– Ora, Camila, mas por que não nos quer acompanhar? Será que já não aprecia mais a companhia de seu irmão?

– Não é isso, Cirilo. É que estou cansada.

– Por quê? Não dormiu direito?

– Bem, dormi. Mas é que, nos últimos dias aconteceram tantas coisas...

– Deixe isso tudo pra lá. Já é passado. Concentre-se agora no presente.

– É isso mesmo, Camila – incentivou Berenice. – Não seja tola. Está uma linda manhã. Ótima para um passeio.

– Mas está fazendo tanto calor!

– Camila, querida – acrescentou Inácio. – Assim vou pensar que já não gosta mais de nós.

– Mas não é nada disso.

– Então prove e venha conosco.

Não encontrando mais desculpas para dar, Camila foi com eles. No fundo, seria melhor. Sairia depois do almoço, quando todos se retirariam para a sesta, e ninguém perceberia sua ausência.

– Está bem – concordou enfim, levantando os ombros em sinal de resignação.

O grupo se afastou rindo e brincando. Eram todos jovens e cheios de esperança, e a vida para eles mal havia começado. Em breve, muito breve, Tonha poderia desfrutar de toda aquela alegria espontânea e livremente, sem medo ou limitações. Mas por enquanto, mais pela presença de Camila do que pela dos demais, Tonha e Inácio não se falavam muito. Caminhavam lado a lado, os braços se tocando de leve. Ao lado de Inácio, Berenice ia pensativa, talvez lamentando a sorte da irmã. Camila ia um pouco mais atrás, um sorriso enigmático no rosto, os olhos reluzentes falavam de uma alegria indizível.

Chegaram à beira do córrego e se sentaram, apreciando a beleza do lugar, e logo a conversa seguiu animada. Por volta das onze e meia retornaram, e chegaram à fazenda bem na hora do almoço. Terminada a refeição, todos se retiraram, como Camila havia previsto. Aline, alegando uma certa sonolência, foi para o quarto, levando Tonha consigo. Licurgo e Palmira tiveram o mesmo destino, e Berenice foi ler um pouco, recostada no sofá da sala. Os rapazes, com a desculpa de que havia alguns assuntos a resolver na fazenda Ouro Velho, pediram licença e saíram, montando em seus cavalos e saindo a galope pela estradinha. Atravessaram a cancela e se ocultaram atrás das árvores, um pouco mais atrás do portãozinho, e esperaram. Cerca de meia hora depois, ouviram o galope de um cavalo e se colocaram em posição. Logo o cavalo de Camila passou correndo pela cancela. Ela já se demorara muito, e não perderia mais tempo percorrendo o caminho de charrete.

Os rapazes aguardaram alguns segundos e saíram em seu encalço, acobertados pelas árvores que ladeavam a estrada. Apesar de a montaria de Camila ser rápida, era bastante fácil segui-la. Os rapazes também eram hábeis, e o ruído dos cascos do animal batendo no chão a impedia de ouvir o galopar dos cavalos de Cirilo e Inácio.

Aproximando-se da entrada da cidade os dois diminuíram, crentes que ela para lá se dirigiria, mas Camila nem diminuiu a marcha, passando direto pela alameda que os levaria à vila. Os rapazes ficaram surpresos, mas continuaram a segui-la, até que, cerca de dez minutos depois, ela freou o animal e penetrou numa fazendinha pobre e humilde à beira da estrada. Curiosos, Cirilo e Inácio apearam e ocultaram seus cavalos atrás das árvores, entrando a pé na propriedade.

– Não é a casa da viúva do Gumercindo? – indagou Inácio, surpreso.

– É sim – respondeu Cirilo, confuso. – Será que nos enganamos?

– Isso é o que vamos descobrir.

Eles entraram sem ser vistos, sempre protegidos pelas imensas árvores existentes na região. Estacaram e ficaram à espreita atrás de um grosso tronco, esperando que Camila batesse à porta, mas ela passou direto pela casa da viúva. Cirilo e Inácio se entreolharam e voltaram a andar. Como, porém, precisavam atravessar o terreiro para ir atrás de Camila, que se dirigira para os fundos da fazenda, eles tiveram que aguardar até que ela saísse de suas vistas. Seria arriscado demais segui-la tão de perto. Quando ela desapareceu, eles cruzaram o quintal em silêncio, e quando atingiram os fundos da casa, a moça já havia desaparecido.

– E agora? – perguntou Cirilo. – Será que a perdemos?

– Não creio – respondeu Inácio, apontando para um casebre feio e discreto, bem oculto atrás do pomar.

– Será que ela está ali?

– Vamos descobrir.

Inácio e Cirilo dirigiram-se para lá com o coração aos pulos. Será que Camila e Basílio andavam se encontrando ali?

Camila, logo que bateu à porta, foi recebida por Virgílio com um longo beijo, e ele a ergueu no colo, levando-a direto para o quarto. Lá, começou a despi-la sofregamente, enquanto a beijava calorosa e apaixonadamente.

Os rapazes, do lado de fora, procuravam uma brecha por onde pudessem espiar. Uma porta encostada, uma janela aberta, um buraco na parede, qualquer coisa. No entanto, a casa estava toda fechada. Tentaram olhar pelos postigos, mas não dava pra ver quase nada, além do teto e das paredes nuas. Mas, passando rente à janela do quarto, ouviram sussurros quase imperceptíveis, e pararam, apurando os ouvidos. Os ruídos eram abafados, e eles mal podiam distinguir o som de vozes. Eram murmúrios, suspiros, gemidos, gritinhos roucos, mas nada que pudesse dar-lhes a certeza de que era Camila quem estava ali. Até que, de repente, Camila, excitada aos extremos, soltou um gemido de prazer, dizendo com sua vozinha de menina moça:

– Oh! Querido, como eu o amo!

Cirilo não teve mais dúvidas. Aquela voz era de sua irmã. Ela estava lá dentro, provavelmente atirada nos braços daquele traste do Basílio. Uma sensação de desespero perpassou-lhe o peito, e ele teve a certeza de que ela já estava perdida antes mesmo de entrar. Com passos rápidos e decididos, dirigiu-se para a porta da frente e experimentou a fechadura. Estava trancada. No entanto, a porta era frágil, de uma madeira pouco resistente, e a fechadura já estava enferrujada pelos muitos anos de abandono. Espumando, meteu o pé na porta, que cedeu imediatamente, e correu para o que pensava ser o quarto. Escancarou a porta com fúria, e qual não foi o seu espanto ao ver ali um total desconhecido, que ousadamente despia sua irmã.

Cirilo, a princípio, ficou confuso. No entanto, passado o susto do primeiro minuto, voou sobre o pescoço de Virgílio, bufando feito uma fera ensandecida:

– Seu pulha, cafajeste! Quem é você para tocar em minha irmã? Canalha, animal!

Camila, surpresa e aterrada, encolheu-se toda, tentando esconder sua nudez sob os lençóis grosseiros. Inácio, vendo o estado da prima, correu para ela com a casaca na mão, jogando-a sobre seu ombro, e partiu para segurar o primo, que espancava Virgílio sem piedade. O outro, tomado pela surpresa, sequer teve tempo de reagir, e Cirilo o esmurrava sem parar, ao mesmo tempo em que gritava:

– Verme imundo, vou matá-lo!

Virgílio, sentindo a dor alastrando-se por seu corpo, e temendo pela própria vida, começou a chorar e implorou:

– Por favor, senhor, não me faça mal. Deixe-me explicar.

– Explicar o quê, seu canalha? Que desonrou minha irmã? – E continuou a bater.

– Por favor, perdoe-me.

– O que você fez não tem perdão.

Camila soluçava, com medo de intervir, e Virgílio não tinha coragem para revidar. Só Inácio, mais sensato, segurou o punho do primo e exclamou:

– Solte-o, Cirilo. Vai matá-lo!

– É o que quero!

– Não faça isso. Não vale a pena.

– Ele é um animal, e não merece viver.

– Pense na sua vida. Será preso e condenado. E Aline? O que será dela sem você?

Ao ouvir o nome da amada, Cirilo parou. Ele tinha razão. Não valia a pena sujar suas mãos com o sangue daquele verme. Virgílio, rosto inchado e sangrando, vendo que o outro parara de bater, sem contudo soltá-lo, balbuciou:

– Não... não me bata mais... e deixe-me explicar-lhe.

– Explicar o quê, maldito? Será que há alguma explicação para o que fez, além do fato de que você é um pulha?

– Se fiz o que fiz foi porque amo sua irmã.

– Você o quê? Mas era só o que me faltava. Outro aproveitador.

– Senhor, nem me conhece. Deixe-me contar-lhe tudo, e talvez possa me compreender.

Cirilo olhou-o desconfiado, sentindo vontade de esganá-lo. Contudo, ele havia desonrado sua irmã, e era preciso escutar o que tinha a dizer. Camila, já completamente vestida, atirou-se a seus pés e implorou, em lágrimas:

– Por favor, meu irmão, ouça o que ele tem a dizer. Nós nos amamos, e tenho certeza de que você nos saberá compreender.

– Está bem – concordou ele, incrédulo. – Diga lá. Mas não tente me enganar, ou eu o mato aqui mesmo.

Virgílio, apavorado, começou com voz hesitante:

– Bem, senhor... senhor...

– Cirilo.

– Bem, senhor Cirilo, meu nome é Virgílio. Sou primo de Basílio, e foi por intermédio dele que conheci sua irmã.

– O quê? Você é parente daquele outro traste? Ele não presta, e se você é seu primo, com certeza não presta também.

– Por favor, senhor, deixe-me terminar.

– Está bem, prossiga.

– Como eu ia dizendo, Basílio e eu somos primos, e eu vim da corte para auxiliá-lo na compra de uma casa comercial...

– Casa comercial? E para que Basílio haveria de querer uma casa comercial?

– Segundo ele me disse, para se casar com Camila.

– Como? Mas quanta desfaçatez!

– Cirilo, por favor, espere que ele termine – pediu Camila.

Cirilo não disse nada, e Virgílio prosseguiu:

– Pois é. Basílio pretendia se casar com sua irmã. No entanto, quando a conheci, apaixonei-me logo por ela, e por mais que tentasse, não pude esquecê-la.

– E então a seduziu.

– Eu não a seduzi. Nós nos amamos, e se permitir, pretendo casar-me com ela.

– Casar? Essa é boa. E o que o senhor faz, posso saber?

– Bem, herdei de meu pai uma casa comercial no Rio de Janeiro.

– Sei. Interessante. E Basílio, por onde anda?

– Meu primo voltou para a corte.

Cirilo calou-se. Aquela história estava muito mal contada. O fato, porém, era que aquele sujeito desonrara sua irmã, e seria preciso casá-la às pressas. Mas quem seria, na verdade, aquele Virgílio? O que estaria pretendendo? Seria verdade que amava sua irmã?

– Senhor Cirilo – prosseguiu com voz humilde –, não sei o que Basílio andou aprontando por aqui, e nem quero saber. Talvez ele tenha mentido para mim, pois me disse que o senhor não o aceitava só porque ele não tinha posses. Por isso queria se firmar na vida. Mas não posso lhe afirmar que me tenha contado a verdade. Mas eu... asseguro-lhe que minhas intenções com Camila são sinceras, e não preciso de seu dinheiro. Meus negócios no Rio de Janeiro vão de vento em popa, e o que ganho é suficiente para oferecer a sua irmã uma vida luxuosa e confortável. Sou rico, e meu dinheiro é o bastante para satisfazer todos os seus caprichos de moça.

– É mesmo?

– Sim. Por isso, se o que lhe preocupa é o dinheiro, não se preocupe mais. Como lhe disse, tenho posses, e Camila nem precisa de um dote para se casar.

– Ouça, senhor Virgílio. Não me preocupo com dinheiro, nem faço questão que Camila se case com um homem rico. Apenas não quero que ela caia nas garras de nenhum aproveitador.

– Sua preocupação é compreensível. Não tenho irmãs, mas se tivesse, agiria como o senhor.

– Contudo, isso não exclui o fato de que o senhor vinha mantendo encontros clandestinos com ela, uma moça ingênua e decente, o que poderá lhe trazer sérias conseqüências. Minha irmã está desonrada, já não é mais uma moça honesta.

– Senhor, não entendeu nada do que lhe disse? Peço-lhe perdão por havê-la desonrado, mas se fiz o que fiz, foi por amor. Eu a amo, e quero me casar com ela, com a sua permissão.

Camila olhou para Cirilo com ansiedade. Ele não podia recusar. Ela e Virgílio se amavam, e eles não precisariam de seu dinheiro. Por que não permitir o casamento?

Mas Cirilo, embora ciente da situação da irmã, que não arranjaria mais nenhum marido depois daquilo, não simpatizara com aquele homem. Algo nele cheirava a falsidade. Ele olhou para Inácio discretamente, que balançou a cabeça de forma imperceptível. Inácio, depois de tudo o que ouvira, não acreditara nele. Aquele Virgílio estava mentindo. Contudo, o que seria de Camila? Desonrada e abandonada, era até capaz de cometer uma loucura. Depois de pensar por alguns minutos, Cirilo considerou:

– Muito bem, senhor Virgílio. Terá sua chance de provar seu caráter. Meu casamento se aproxima, e depois cuidaremos do de Camila. No entanto, devo avisá-lo de que pretendo investigar sua vida.

– Cirilo, mas que horror! – indignou-se Camila. – E para quê?

– Para saber se fala a verdade.

– Ainda duvida?

– Não sei. Mas depois de Basílio, todo cuidado é pouco.

– Cirilo, você não pode.

– Deixe, Camila – atalhou Virgílio. – Seu irmão tem toda a razão. Ele não me conhece, e não pode saber se digo a verdade ou não. Deixe-o investigar minha vida. Eu mesmo fornecerei os endereços de minha casa e de meu estabelecimento comercial. Verá que o que digo é a mais pura verdade.

– Agora venha, Camila, vamos embora. Você está proibida de sair até que tudo isso se resolva.

– Por favor, Cirilo, não.

– Não discuta comigo. Sei o que estou fazendo, e é para o seu bem.

– Mas não posso ficar longe de Virgílio.

– Ele poderá visitá-la, como todo noivo honesto e digno faz.

Virgílio mordeu os lábios e não respondeu. Sabia que sua história não tinha convencido. Mas, o que isso importava? Ele não pretendia mesmo ficar por ali...

Cirilo se foi, levando Camila, toda chorosa, pelo braço. Ao chegar à casa, não disse nada à mãe, e mandou-a para o quarto, dando ordens a uma escrava para que não a perdesse de vista. Camila estava, novamente, sob forte vigilância. Em seguida, foi despedir-se de Aline, e narrou-lhe o acontecido. Aline ficou indignada. Jamais poderia esperar aquilo. Até imaginou que ela se encontrasse com alguém, mas podia jurar que esse alguém era Basílio.

No caminho para a fazenda Ouro Velho Cirilo e Inácio iam conversando.

– Acreditou no que ele disse? – quis saber Cirilo.

– Em nem uma palavra. Ele mente; tenho certeza.

– Também penso assim. Camila é mesmo uma desmiolada. E agora? E se for mais um aproveitador, interessado em nossa fortuna? Como poderei casá-la?

– Sinto lhe dizer, meu amigo, mas você não terá muita escolha. Será isso ou a vergonha total.

– Sim, eu sei. Mas posso proceder com esse Virgílio exatamente como procedi com Basílio.

– O dote?

– Sim, o dote. Embora ele tenha dito que não está interessado, vamos ver como ele vai reagir quando souber que Camila não terá mesmo nenhum dote.

– Pobre Camila... Sempre doidivanas.

– Sim. Camila nunca teve juízo. Mas agora, passou dos limites.

– Tem razão. Vamos rezar para que tudo corra bem, e que nós dois estejamos enganados a respeito desse rapaz.

– Duvido muito.

Eles se calaram e seguiram em silêncio o resto do caminho. Temiam por Camila, mas nada podiam mais fazer. Se ela não se casasse, ficaria desonrada, e pelo resto da vida carregaria o estigma daquele mau passo, ostentando na face a mancha indelével de seu pecado.

Só no dia seguinte, ao voltar da plantação, Cirilo foi em busca de Palmira e Licurgo, a fim de relatar-lhes os acontecimentos do dia anterior. Palmira, profundamente indignada, começou a chorar e a se lamentar, maldizendo o dia em que aceitara a presença de Basílio em sua casa. Não fosse por ele nada disso teria acontecido, pois esse tal de Virgílio jamais teria ido para lá. Licurgo, circunspecto, franziu o cenho e disse, a voz denotando extrema gravidade:

– A situação é preocupante, Cirilo. Camila corre sério risco de ficar desonrada.

– Deus me perdoe tamanha desgraça! – desabafou Palmira. – Prefiro vê-la morta.

– Mamãe, francamente! – recriminou Cirilo. – Isso lá é coisa que se diga? A situação não está ainda perdida. Afinal, o rapaz disse que vai se casar com ela.

– Mas quem é esse rapaz, do qual nunca ouvimos falar? – indagou Licurgo, mais para si do que para os presentes.

– Também não sei. E confesso que fiquei deveras surpreso com essa descoberta. Para mim era certo que Camila se encontrava com Basílio.

– E agora, meu Deus, o que será de minha filha?

– Acalme-se, Palmira, e não nos precipitemos. Vamos agora mesmo, Cirilo e eu, ao encontro desse moço, e falaremos com ele. Enquanto isso, mandarei Aldo ao Rio de Janeiro, nos endereços mencionados, procurar saber alguma coisa.

– Creio que no momento é a única coisa que temos mesmo a fazer.

– Sim. Agora vamos, Cirilo. Não temos tempo a perder. Quanto a você, Palmira, aconselho-a a ter uma conversa com Camila. Essa menina merece severa repreensão.

– Graças a Deus que Gaspar, meu primeiro marido, não está mais vivo. Morreria de desgosto ao saber de uma coisa dessas. Ou então, expulsá-la-ia de casa na mesma hora.

– Calma, não nos precipitemos. E depois, sou contra atitudes radicais. O que diriam todos? Que sua filha foi embora, desonrada e solteira? Não, isso é que não. Não vou permitir que o nome de minha esposa seja atirado na lama por uma menina inconseqüente e irresponsável. Falaremos com o moço. Ele há de assumir suas responsabilidades, se não quiser ver-se em maus lençóis.

Cirilo e Licurgo partiram em direção à casa de Virgílio. Quando chegaram, bateram à porta com estrondo, mas ninguém atendeu. Licurgo, impaciente, empurrou a porta, e ela se abriu com um rangido. Já estava mesmo arrombada. Iam entrar quando escutaram uma voz de mulher atrás deles:

– Não adianta bater, não tem ninguém aí.

Os dois se viraram surpresos, e deram de cara com uma senhora, jovem ainda, carregando no colo uma criança de seus três ou quatro anos.

– Perdoe-nos a intromissão, madame – falou Cirilo –, mas a senhora sabe para onde foi o rapaz que morava aí?

– Não sei não, senhor.

– É a senhoria, não é? – perguntou Licurgo. – A viúva de Gumercindo?

– Sou eu mesma.

– E para quem alugou a casa?

– Por que quer saber? Ele fez alguma besteira?

– Por favor, madame, diga-nos o nome de seu inquilino.

Ela olhou-os com desconfiança e arrematou:

– Ah! Isso não posso, não.

– Mas por quê?

– Bem, quando eu precisava de dinheiro, logo depois que meu marido morreu, apareceu esse moço procurando um lugar para ficar, mas me pediu segredo.

– E não acha isso estranho?

– Ouça, senhor, não costumo me meter com a vida de ninguém. O fato é que ele sempre me pagou o aluguel em dia, e isso já é o suficiente para não fazer perguntas.

Cirilo olhou para Licurgo desanimado. Este, porém, mais experiente, tirou do bolso uma bolsinha de couro e dela sacou um punhado de moedas, que fizeram com que os olhos da viúva brilhassem de cobiça.

– Bem, madame – disse ele com malícia –, creio que isso será suficiente para liberá-la da promessa que fez ao seu inquilino.

A mulher estendeu a mão para ele, mas Licurgo não se moveu. Ela, então, colocou a criança no chão, deu-lhe ordens para entrar e falou com voz melosa:

– Está certo, senhor. Vou lhe contar tudo o que sei, o que não é muito. Há alguns meses apareceu aqui esse rapaz, Basílio não sei de quê, procurando por um quarto. Eu não tinha quartos disponíveis, mas me lembrei desta casinha aqui nos fundos, e ele aceitou. Parece até que ficou feliz...

– Sei, sei – cortou Licurgo, já impaciente. – Continue.

– Bom, ele aceitou e se mudou para cá. Era um rapaz até que sossegado, quase não saía, não via ninguém. Só aquela mocinha que vinha visitá-lo quase sempre.

– Que mocinha? – indagou Cirilo surpreso, embora já conhecesse a resposta.

– O nome, não sei não, senhor. Mas era uma mocinha bem bonitinha. Às vezes vinha de charrete, outras vinha a cavalo. Mas o que posso afirmar é que era moça rica.

– Como sabe?

– Pelo jeito de se vestir, as jóias que usava. Os senhores a conhecem?

– Mas diga-me – desconversou Licurgo, sem dar atenção a sua última pergunta –, o que faziam eles aqui? Saíam?

– Bom, o que faziam, eu não sei. Mas não costumavam sair, não.

– E a senhora nunca escutou nada?

– Eu? Mas o que é isso? Não sou bisbilhoteira.

– Mas nunca escutou? Às vezes ouvimos sem querer.

– Não, não, nunca ouvi nada, não. A casa fica distante da minha, escondidinha aqui nos fundos, e não dá pra ver nem ouvir nada.

– Sei. Mas e depois? Não aconteceu nada?

– Como disse, não sei o que se passava aqui. Mas, cerca de um mês atrás, apareceu o tal primo, cujo nome nem sei, e veio procurar seu Basílio. Disse que era apenas uma visita, mas foi ficando. É claro que tive que aumentar o aluguel, mas eles pagaram sem reclamar.

– Hum... – fez Licurgo. – E a moça? Continuou a vir?

– Sim, e até com mais freqüência. Depois, seu Basílio se foi sem nem se despedir, não sei por quê. O outro ficou, mas nem pediu redução no aluguel...

– Por que Basílio se foi? Ele não lhe deu nenhuma explicação?

– Como lhe disse, ele partiu sem nem se despedir. Mas acho que foi por causa da moça.

– Por quê?

– Bem, embora não me meta na vida de ninguém, estava claro que seu Basílio e a moça eram namorados. Mas depois que o outro chegou, creio que lhe roubou a amada.

– E onde está esse moço agora?

– Isso eu não sei. Só o que sei é que hoje pela manhã ele me procurou para acertar as contas e foi embora.

– E a senhora não lhe perguntou para onde ia?

– Não. Se quer saber, não me interessa. Só o que lamento é ficar sem o dinheiro do aluguel.

– Tome seu dinheiro – falou Licurgo rispidamente, atirando ao chão a bolsinha com as moedas, que ela logo tratou de recolher. Virando-se para Cirilo, finalizou: – Vamos embora. Creio que já não temos mais nada que fazer aqui.

Os dois tomaram o caminho de volta cansados e vencidos, a raiva a crescer dentro do peito.

– E agora? – perguntou Cirilo desanimado. – O que faremos?

– Não sei. Mas está claro que esse Virgílio fugiu. Não pretende assumir nenhum compromisso com Camila, e essa foi a solução que encontrou para se livrar de suas responsabilidades.

– Será que não poderemos encontrá-lo?

– Creio que não.

– E os endereços?

– Algo me diz que Aldo não encontrará ninguém lá.

Com efeito, dias depois Aldo retornou com a notícia de que não havia nenhum Virgílio naqueles locais, nem no endereço da casa comercial nem no de sua residência. Aliás, no primeiro funcionava um bordel, e o segundo sequer existia. Frustrada, Camila chorava dia após dia, não só pela honra perdida, mas, e principalmente, por ter sido tão sordidamente enganada. E diante daquela situação irremediável, ela estaria condenada a uma vida de solidão na casa de sua mãe, pois nenhum homem digno aceitaria desposá-la depois daquilo.

Aline e Berenice, bondosas e compreensivas, procuravam animá-la de todo jeito, mas Camila não se conformava. Cirilo pensou em mandá-la em uma viagem ao exterior, Paris talvez. Mas ela recusou, alegando indisposição para viagens longas. Ademais, conhecia Paris, e fora lá que encontrara Basílio. Apesar de Basílio não ser culpado pelo desaparecimento de Virgílio, as lembranças seriam por demais fortes, e ela não poderia suportar. Camila sofria intensamente, e pensou até em se matar, não fosse a interferência das duas amigas.

– Não seja tola – dizia Aline. – Esse moço não merece o seu sofrimento.

– Mas o que será de mim?

– Tudo na vida se arranja – encorajou Berenice.

– Mas como? Desonrada como estou, nenhum homem há de me querer.

– Como sabe? O amor cura qualquer ferida.

– Amor... amo Virgílio, e não sei se poderia viver com mais ninguém.

– Isso também passa. O tempo se encarregará de fazer você esquecer.

– Será mesmo?

– Certamente. Você ainda é jovem, bonita, não lhe hão de faltar pretendentes.

– Vocês se esquecem de que não sou mais moça donzela?

– Não pense mais nisso. Confie em Deus, e tudo dará certo.

Mas Camila foi se fechando como uma concha. Aos poucos, o viço desapareceu de seu rosto, os olhos baços revelando profunda tristeza. A mãe, que poderia tentar diminuir aquela angústia, mostrou-se fria e incompreensiva, e só não cortou relações com ela por insistência de Cirilo. No entanto, não perdia a oportunidade de espicaçá-la, e dizia a todo instante:

– Camila, que decepção você me deu. Eu não merecia isso. Sempre fui boa mãe, sempre lhe dei tudo o que quis. Você é uma ingrata, e não tem a menor consideração por mim.

A moça, cheia de angústia, chorava incessantemente. Aquilo só servia para aumentar ainda mais sua dor. Camila sofria imensamente por haver sido abandonada, mas não saberia dizer qual abandono lhe doía mais: se o de Virgílio, a quem amava com todas as suas forças, ou se o da mãe, cujo amor julgava acima de qualquer erro que tivesse cometido.

Capítulo 33

Faltando uma semana para o casamento, a alegria parecia haver fugido da fazenda São Jerônimo. Aline estava ansiosa com a proximidade da cerimônia, mas o desgosto de Cirilo deixava-a triste e preocupada. Embora ele tentasse disfarçar, estava claro que sofria pela irmã, todos sofriam, cada um à sua maneira. Ela mesma lamentava a sina da futura cunhada, e tudo fizera para evitar aquela tragédia. No entanto, o destino escolhera sua sorte, e não havia nada que pudesse fazer.

Um dia, porém, logo pela manhã, Cirilo foi surpreendido com a visita de Aldo, que o chamava com urgência à fazenda vizinha. Assustado, perguntou do que se tratava, com medo de que fosse algum caso de doença, pois que Inácio se encontrava fora, em seu consultório na vila.

– Não sei do que se trata, não – falou Aldo. – Mas posso lhe assegurar que não é assunto de doença.

Cirilo deixou a plantação, montou em seu cavalo e partiu às pressas para a fazenda São Jerônimo, o coração descompassado temendo alguma desgraça. Ao chegar, porém, foi informado de que Licurgo e Palmira se encontravam trancados no gabinete, em companhia de um rapaz. Mas quem será?, perguntou-se Cirilo. Bateu à porta e foi logo recebido, e qual não foi o seu espanto ao encontrar ali, confortavelmente sentado sobre uma poltrona, ninguém mais ninguém menos que Basílio.

– Mas o que significa isso? – foi logo perguntando, dispensando as formalidades. – Quem permitiu que esse canalha entrasse aqui?

– Calma, Cirilo – contemporizou Licurgo –, e ouça o que ele tem a dizer.

– Não creio que nada do que ele disser possa me interessar.

– Eu não pensaria assim, querido cunhado – ironizou Basílio.

– Ora, seu... – inflamou-se Cirilo – como se atreve?

E partindo para cima do outro, segurou-o pela gola do colarinho e acertou-lhe violento soco, fazendo com que Basílio tombasse sobre o sofá. Palmira soltou um grito e Licurgo correu para o rapaz, segurando-lhe a mão bem a tempo de evitar novo golpe.

– Acalme-se, Cirilo – ordenou.

– Canalha! – gritava Cirilo fora de si. – Ainda se atreve a vir a esta casa?

– Cirilo, contenha-se! A presença de Basílio aqui também não me agrada, mas devido às circunstâncias...

– Que circunstâncias?

– Ora, senhor Cirilo – interrompeu Basílio –, já não é mais segredo para ninguém que sua irmã foi desonrada.

– Como sabe disso?

– Eu? Todos sabem.

– Mas como?

– Parece que Virgílio andou falando por aí.

– Virgílio? Sabe onde está aquele verme?

– Não, não sei. E se soubesse, também não diria. Virgílio me traiu, e isso não posso perdoar nunca.

– Traiu? O que quer dizer?

– Quero dizer que eu o recebi em minha casa e ele seduziu minha amada, exigindo que eu fosse embora.

Cirilo olhou confuso para Licurgo e Palmira, que devolveram o olhar com uma certa pontinha de esperança.

– Mas o que significa isso? – inquiriu Cirilo, confuso.

– Acalme-se, meu rapaz, e ouça a história de Basílio.

– Muito bem, senhor Basílio, ouvirei o que tem a dizer porque é um pedido de seu Licurgo. Mas se tentar inventar qualquer história sórdida para magoar ainda mais minha pobre irmã, saiba que não permitirei.

O outro não respondeu e começou sua narrativa, fazendo pose de ofendido.

– Creio que, na verdade, foi Camila quem me magoou, pois que me atraiçoou de forma vil e indigna.

– O quê? Como se atreve?

– Acalme-se, senhor Cirilo, ou irei embora agora mesmo.

– Far-me-á um favor.

– Será? Pois eu creio que, neste momento, o senhor precisa muito mais de mim do que eu do senhor.

– Onde quer chegar?

– Espere um pouco, meu filho – intercedeu Palmira –, e escute o rapaz.

Cirilo calou-se e ele continuou.

– Pois bem. Confesso que, ao ser expulso daqui, fiquei louco de ódio, e meu desejo era mesmo sumir, mas o amor por sua irmã impediu-me de abandoná-la. Assim, ainda que contrariando suas ordens, aluguei o casebre da viúva, que vocês já conhecem, e passei a viver lá, na esperança de que, um dia, pudesse ser perdoado. Com esse intuito, resolvi montar uma casa comercial, e escolhi o ramo das livrarias. Era um bom negócio, e eu pensei que daria certo. Assim, escrevi uma carta para Virgílio, pedindo que viesse ao meu encontro, a fim de auxiliar-me nessa empreitada. Virgílio era um rapaz experiente no assunto, e poderia ser-me muito útil. Ele aceitou e veio para cá...

– Um momento – interrompeu Cirilo. – Você escreveu uma carta para onde, se os endereços que ele nos forneceu são todos falsos?

– Escrevi para o Rio de Janeiro, não sei de cor o endereço, mas tenho-o aqui anotado – Basílio revolveu o bolso e dele tirou uma caderneta preta, folheando-a cautelosamente. – Ah! Aqui está – e estendeu o caderninho para Cirilo, que o pegou e leu.

– Não é essa a direção que ele nos deu.

– Posso imaginar. Mas era esse o endereço onde vivia anteriormente. Vocês podem conferir, se quiserem.

– Muito bem. E daí?

– Bom, e daí que ele ficou hospedado em minha casa, e eu tinha total confiança nele. Tanto que me ausentava para pequenos passeios, sem me preocupar com o fato de que Camila permanecia sozinha com ele.

– Camila ficava a sós com vocês?

– Ora, mas é claro que sim. No entanto, quero que saibam que jamais ousei tocá-la. Sempre tive para com ela o maior respeito.

– Não acredito. Esqueceu-se daquele dia na cachoeira?

– Que dia? – quis saber Palmira, surpresa.

– Nada, mamãe. É uma outra história, mas tenho certeza de que Basílio sabe do que estou falando.

– Aquilo foi em outras circunstâncias. Naquela época eu era um tanto quanto irresponsável. Mas depois, quando descobri o quanto amava Camila, nunca mais toquei nela. Eu queria esperar pelo nosso casamento.

– Sei.

– Pode não acreditar, Cirilo, mas é a pura verdade. Pode perguntar a ela. Bom, mas como ia dizendo, eu nem me preocupava em deixar os dois sozinhos. Confiava neles, em ambos, e jamais poderia imaginar que me trairiam. Mas não foi isso o que aconteceu, pois que Virgílio a seduziu e depois me contou, afirmando que ela o amava, e que não me queria mais. Sofri muito de desgosto, mas tive que me conformar. Procurei falar com ela, mas Virgílio me disse que ela não queria mais me ver. Assim, coração partido, tive que ir embora, sem nem ao menos dizer-lhe adeus.

– Hum, não sei, não – falou Cirilo, desconfiado. – Essa história está me parecendo muito esquisita.

– Mas é a mais pura verdade.

– E o que veio fazer agora aqui?

– Vim buscar algumas coisas que havia deixado na casa da viúva.

– Buscar? Onde vive, senhor Basílio?

– Voltei para o Rio de Janeiro.

– E o que pretende?

Nesse momento, Basílio tomou fôlego, encarou os presentes um a um e declarou pausadamente:

– Bem, sei que Virgílio sumiu, e não irá reparar o erro que cometeu. Por isso, aqui estou, disposto a casar-me com Camila, em troca de uma vida prazerosa e confortável.

– O quê? Como se atreve? O que pensa que Camila é? Uma mercadoria? Pois está muito enganado, senhor Basílio. Minha irmã não está à venda, e mesmo que estivesse, não seria o senhor a comprá-la. Por isso, engula o que disse e retire-se, antes que eu acabe com você!

Basílio não se moveu e olhou para Licurgo, que falou num sussurro:

– Sinto muito, Cirilo, mas já está tudo resolvido.

– Como assim, tudo resolvido? O que quer dizer?

– Quero dizer que já aceitamos, sua mãe e eu, a proposta do senhor Basílio.

– O quê? Por acaso enlouqueceram? Não vêem que esse homem é um aproveitador, um oportunista, que só quer o dinheiro de Camila? Ele não a ama, nunca a amou.

– Engana-se, Cirilo. Amo-a, e muito. Por isso propus que me casasse com ela e escondesse sua vergonha.

– Vergonha é aceitar um traste como você em minha família.

– Creio que não tem escolha.

– E o dote? Vai se casar sem dote?

Ele encarou Licurgo novamente, que tratou de dar as devidas explicações:

– Não, Cirilo. Foi condição do senhor Basílio, para desposar Camila, que nós lhe déssemos um dote condigno.

– Eu sabia. Então não percebem o que ele quer? Esse homem só está interessado no dinheiro de minha irmã.

– Pode até ser – cortou Palmira, já impaciente. – Mas se essa é a única maneira de salvarmos a reputação de Camila, que seja. Se é preciso pagar pela sua honra, penso que o preço não foi assim tão alto.

– Mamãe! Como pode? Camila é sua filha. Não se preocupa com a felicidade dela?

– Ela que pensasse bem antes de fazer a besteira que fez. E depois, não era ela mesma quem dizia que amava esse rapaz?

– Mas isso foi antes. Tenho certeza de que ela já não o ama mais.

– Isso agora não importa. Ela vai se casar, e pronto.

– Mas, e Camila? O que diz dessa barbaridade?

– Camila ainda não sabe.

– Não? E quando vão lhe contar? No dia do casamento?

– No momento oportuno ela saberá de tudo.

– E se ela não aceitar?

– Creio que ela não tem escolha. Ou é isso, ou vai embora desta casa.

Cirilo estava perplexo. Que espécie de mãe era aquela que trocava a filha por um punhado de honra inglória? Mal contendo em si o ódio e a indignação, Cirilo voltou-se para Basílio e vociferou:

– Está enganado, senhor Basílio, se pensa que saiu vencedor. Se Camila não aceitar esse casamento, eu a apoiarei. E quanto à senhora, mamãe, não se preocupe. Camila não ficará aqui para desonrar seu nome. Eu a levarei comigo, e ela poderá viver em minha casa, que é também a dela, sem que a senhora possa fazer nada para impedir.

– Por acaso se esqueceu que tenho metade daquelas terras?

– Ah! é? E o que pretende fazer? Vendê-las? Pois fique sabendo que, depois do casamento, eu mesmo providenciarei a venda da fazenda, e irei morar com Aline e Camila na corte.

– E o que pensa fazer lá? Você só sabe cuidar da terra.

– Com dinheiro e força de vontade tudo se consegue.

Terminou a frase e rodou nos calcanhares, saindo feito um furacão. Estava com ódio. Aquele Basílio devia ter armado tudo aquilo, e devia estar satisfeito com seu plano sórdido. Mas não daria certo. Ele sabia que não, e tudo faria que estivesse a seu alcance para impedi-lo, para impedir que aquele monstro destruísse de vez a felicidade da irmã.

Basílio estava exultante. O plano custara, mas valera a pena. Virgílio estivera perfeito em seu papel de conquistador e de apaixonado. Enquanto esperava a chegada de Camila, Basílio recordou-se do longo percurso que tivera que percorrer até chegar ali. A idéia de Virgílio seduzir Camila fora perfeita. Ela, tola e inexperiente, deixara-se levar pela lábia de Virgílio, e se entregara a ele logo na primeira investida. Depois, ele fora para São Paulo e aguardara. Logo que Virgílio aparecera, contando-lhe que já havia sido descoberto, ele exultara. Cirilo os surpreendera, e ele tivera que jurar que amava Camila e que pretendia casar-se com ela. Depois, dera-lhe endereços falsos, que nem sabia se existiam de fato. No dia seguinte, bem cedo, saíra sem levantar suspeitas e fora ao seu encontro em São Paulo. Era muito arriscado voltar para a corte, pois poderia ser visto. Assim, resolveram que São Paulo seria a melhor solução, até que fosse hora de voltar. E essa hora chegara. Finalmente, Basílio se casaria com Camila. Ele mal podia esperar para colocar as mãos em toda aquela fortuna.

E Cirilo? O idiota. Pensava que ainda podia ameaçá-lo. Mas dona Palmira e seu Licurgo sabiam que era ele quem dava as cartas. Afinal, fora traído, a amada se entregara a outro homem, e ele lhes faria um favor em aceitar uma noiva deflorada por outro. E se estivesse grávida? Tanto melhor. Camila se ocuparia com fraldas e cueiros, e não teria tempo para aborrecê-lo, deixando-o livre para gastar seu dinheiro com festas e mulheres. Ele sorriu intimamente, até que a viu entrar. Ela vinha cabisbaixa, sem desconfiar de nada, até que deu de cara com ele e soltou um grito. Basílio, fingindo-se apaixonado, exclamou com voz açucarada:

–Camila, minha querida! Que saudades senti de você!

– Basílio? – espantou-se ela. – O que faz aqui?

– Acalme-se, minha filha – falou Palmira –, e sente-se.

Sem nada compreender, Camila se sentou e olhou para a mãe. Licurgo, tomando a iniciativa, relatou para a moça tudo o que acontecera. Ou melhor, tudo o que lhe dissera Basílio, finalizando com a proposta de casamento que ele lhe fizera.

– Agora estou entendendo tudo – disse ela, cheia de indignação, a compreensão baixando sobre sua cabeça como um raio a fulminar um tronco seco. – Foi tudo um plano para enganar-me, não foi?

– Camila, querida, não estou entendendo.

– Não se faça de cínico. Agora compreendo muito bem. Você e Virgílio... foi tudo um plano para enganar-me, não é?

– Camila, não diga uma coisa dessas. Pois se fui eu o enganado. Você era minha noiva. Como pôde entregar-se a outro homem?

– Vocês são sórdidos! Imundos! Como pude ser tão ingênua?

– Camila, minha filha – interveio Palmira, preocupada –, não fale assim. Breve você e Basílio estarão casados.

– Casar-me, eu? Com esse falso, cínico? Jamais. Prefiro a morte.

– Mas o que é isso, menina? – zangou-se Licurgo. – Não era você quem dizia amá-lo?

– Isso foi no passado, quando eu era tola, e pensei que estivesse mesmo apaixonada, porque acreditei no seu amor por mim.

Depois veio Virgílio, e eu me entreguei a ele, pensando haver conhecido o verdadeiro amor. Mas agora, ouvindo essa história sórdida, percebo que tudo foi um plano para me ludibriar e me levar ao altar. Responda-me, mamãe, quanto está pagando a ele para se casar comigo?

– Pagando? Mas que idéia absurda é essa? Não estou pagando nada. O senhor Basílio irá desposá-la porque ainda a ama, apesar de tudo.

– É mesmo? E o dote?

– Bem... – balbuciou ela, confusa – tivemos que lhe dar o dote... É natural, é justo. Afinal, se casará com uma moça que já não é mais virgem.

– Oh! Sim, como ele foi generoso. Aceitou casar-se com uma pobre mocinha desonrada, só para salvar-lhe a reputação. Quanta magnanimidade! Mas, já que irá mesmo se casar, por que não exigir-lhe também um dote?

– Chega, Camila – esbravejou Licurgo, aborrecido. – Você devia se dar por satisfeita por ainda encontrarmos um marido que a aceite. Nas suas condições, ninguém mais irá querê-la. Não para o casamento. Contente-se com o que tem e aceite. Ou é isso, ou irá embora desta casa.

Camila olhou para ele profundamente magoada. Em seguida, fitou Basílio com frieza e, virando-se para a mãe, replicou sentida, o pranto já derramado sobre o rosto:

– Pois muito bem. Se é assim, já fiz a minha escolha. Jamais me casarei com Basílio, nem com qualquer outro homem.

– Camila! Você não sabe o que diz!

– Sei muito bem, mamãe. Sei também que a senhora não me ama, nunca me amou. Preocupa-se apenas com as aparências e com sua própria felicidade. Não quer ficar falada na sociedade, e para isso vende-me como se eu fosse um traste velho, do qual quer se livrar. Pois fique sabendo que não sou. Recuso-me a casar, e se insistirem, me mato.

– Mas que horror!

– É isso mesmo. Eu me mato, e a senhora terá que carregar essa culpa pelo resto de sua vida.

– Camila, respeite sua mãe!

– Perdoe-me, seu Licurgo, mas minha mãe não sabe o que é respeito. Agora compreendo muitas coisas que antes não entendia. Agora posso ver melhor quem é minha mãe, e só lamento por carregar dentro de mim muito da sua natureza fútil e mesquinha. No entanto, não quero mais essa vida; ela não me diz mais nada. Toda essa fortuna, roupas, jóias, nada disso me interessa mais.

– O que quer dizer com isso?

– Quero dizer que não vou me casar e pronto. Em vez disso, prefiro encerrar-me num convento, para lá terminar os meus dias.

– Camila! – bradou Basílio. – Exijo que reconsidere. Eu a amo, e você deve se casar comigo. Eu a farei feliz, você verá.

Ela, sustentando seu olhar de ave de rapina, disse com tanta frieza que ele se sentiu diminuído diante dela:

– Você não exige nada, Basílio. Quanto ao amor, creio que você ainda está bem longe de saber o que isso significa. E felicidade... bem, essa não conhecerei mais.

– Você está sendo infantil e teimosa – repreendeu Licurgo. – Não vê que o que fazemos é para o seu próprio bem?

– Agradeço sua generosidade, mas não precisa. Sei o que é melhor para mim.

– Não sabe, não – insistiu Basílio. – Você está magoada, compreendo. Mas isso vai passar, e você verá como nos divertiremos juntos.

– Engana-se se pensa que busco divertimento. Isso foi no passado, quando ainda era uma menina. Hoje sou uma mulher, e posso ver que o que busquei, até então, foi passageiro e ilusório. A vida não é uma brincadeira, e eu não sou peça de nenhum jogo.

– Camila, minha filha, pense bem.

– Já pensei, mamãe, e estou decidida. Logo após o casamento de Cirilo, que é o único que me ama de verdade, irei embora daqui e nunca mais voltarei. Consagrarei minha vida a Deus, e todos os bens materiais que me pertencem entregarei de bom grado à Igreja.

– Você não pode! – explodiu Basílio.

– Posso e vou fazer. E não tente me impedir, Basílio. Você não pode obrigar-me a casar. Ninguém pode.

– É isso mesmo – concordou Cirilo, que acabara de entrar, e escutara a última parte da conversa. – Camila tem todo o meu apoio, e poderá viver comigo e com Aline, se desejar.

– Obrigada, meu irmão, mas não precisa. Sei que suas palavras são sinceras, mas já fiz minha escolha. Logo após seu casamento parto para o convento, e peço que respeitem minha decisão.

Cirilo olhou para ela profundamente penalizado. Camila era uma moça bonita e inteligente, jovem e cheia de vida. Seria uma pena desperdiçar tanta vitalidade enclausurada entre as paredes frias de um convento. Entretanto, se essa fosse sua opção, ele respeitaria e lhe daria apoio. Assim, acercou-se dela, abraçou-a com ternura e falou, mais para ela do que para os demais:

– Se Camila já decidiu que o melhor para sua vida é o convento, terá todo o meu apoio. Meu e de Aline. E nosso amor também. Para sempre. – Ela o olhou agradecida, e ele continuou: – E agora, senhor Basílio, creio que já não tem mais nada a fazer nesta casa. Queira se retirar.

Basílio fitou-o com fúria e rugiu:

– Não pode desfazer-se de mim assim. Fui humilhado, ultrajado. Exijo uma reparação.

– Mas que reparação? O senhor foi quem tentou ultrajar minha irmã. Por isso, saia daqui imediatamente, ou então eu mesmo o porei para fora a pontapés.

– Seu Licurgo – apelou –, faça alguma coisa. O senhor me deu sua palavra de honra de que Camila seria minha esposa. Deve-me isso.

Licurgo não sabia o que fazer. No fundo também não gostava daquele Basílio, e só aceitara aquela proposta para salvar a reputação da enteada. Mas se ela preferia ir para o convento, a idéia não lhe parecia assim tão ruim. Lá ela estaria afastada da sociedade, e viveria o resto de sua vida escondendo sua vergonha, sem que ninguém jamais viesse a saber. Se perguntassem, diriam que ela escolhera a vida religiosa, o que não era nenhum absurdo. Ele mesmo conhecia muitas moças que optaram por essa vida, e os pais estavam até satisfeitos. Assim, aproximou-se de Basílio e ordenou:

– Senhor Basílio, não lhe prometi nada. Apenas aceitei sua proposta, mas não lhe garanti que o casamento se realizaria, pois não tenho meios de obrigar Camila a casar-se contra sua vontade. O que lhe disse foi que, se ela recusasse, seria expulsa desta casa.

No entanto, ela mesma nos deu a solução para esse problema, consagrando-se à vida religiosa por sua livre e espontânea vontade. Portanto, creio que não lhe devo nada, e o senhor está convidado a se retirar.

– Não vou! Não vou! Quero o que me pertence!

– Saia, Basílio, agora mesmo! – disse Cirilo. – Se tem um mínimo de dignidade, saia por si mesmo. Não me obrigue a expulsá-lo, pois eu o farei sem hesitar!

– Não saio! Você não pode! Não tem o direito!

Cirilo, furioso, agarrou-o e torceu-lhe os braços para as costas, imobilizando seus movimentos. Basílio esperneava, tentando se livrar, mas não conseguia, e foi arrastado pelo outro até a porta de entrada, que já estava aberta. No caminho, Aline, Berenice e Tonha, que preparavam a mesa do almoço, olhavam com ar assustado. Cirilo, sem titubear, empurrou o outro porta afora, e Basílio desabou no chão, rosto colado na lama.

– Agora suma daqui! – gritou. – E nunca mais apareça!

Aldo, ouvindo aquela gritaria, correu para a porta da frente, certo de que algum malfeitor havia entrado na casa. Assustado, indagou arfante:

– Seu Cirilo! Aconteceu algo?

– Sim, aconteceu. Pegue esse lixo e leve-o daqui. E cuide para que não volte. Se voltar, passe fogo!

O capataz correu para ele a fim de levá-lo dali. Basílio, porém, olhos injetados de sangue, levantou-se sozinho, o rosto todo arranhado, e urrou:

– Tire suas patas imundas de mim! – Aldo, surpreso ante a carga de ódio naquela voz, estacou, e Basílio, olhando Cirilo bem dentro dos olhos, ameaçou: – Está muito bem, Cirilo, já estou indo. Mas fique certo de que essa não será a última vez que nos encontraremos. E da próxima, não tenho tanta certeza de que estará com essa pose toda de vencedor.

Sem dizer mais nada, apanhou o chapéu e saiu. Cirilo, com medo de que ele voltasse, deu ordens ao capataz para que o seguisse, certificando-se de que ele realmente se fora. De repente, Cirilo sentiu como se uma nuvem negra passasse sobre ele, e quase caiu, sendo amparado por Aline, que se postara logo atrás dele.

– O que foi? Sente-se bem?

– Não sei – respondeu ele ainda zonzo. – Uma coisa esquisita, uma tonteira, um calor estranho. Não deve ser nada. Apenas o desgaste das últimas horas.

Aline, porém, teve um pressentimento sombrio e estremeceu. Parecia haver visto, ao longe, um pequeno clarão se estendendo sobre o matagal. No entanto, pensou que deveria ser reflexo do sol, e não deu importância. Nenhuma importância.

Fazia uma linda manhã de sol, e o céu azul ajudava a natureza a colorir o dia que se iniciava. Camila abriu os olhos e suspirou. Estranhamente, passara uma noite tranqüila, sem inquietação ou falta de sono. Dormira placidamente, e os acontecimentos do dia anterior já lhe pareciam distantes e não mais a incomodavam. Instintivamente, voltou a face para o crucifixo de madeira pendurado na parede, do outro lado do quarto, levou a mão ao peito e sorriu. Sim. Ela sabia que aquele era o seu caminho. De repente, passou a ansiar por aquilo, e seu coração disparou de alegria. Uma vida consagrada a Deus. Era isso o que desejava para si.

Mas Camila não se iludia. Sabia que aquela não era propriamente sua vocação. Estava ferida, humilhada, magoada, e tudo isso contribuíra para que ela tomasse sua decisão. No entanto, não encarava aquilo como uma fuga, como o jeito mais fácil de fugir de um problema. Fizera sua escolha levando em consideração o amor que sentia por si mesma. Ela não desejava ser encarada como uma mulher perdida, a quem as demais evitavam, e por quem os homens se interessavam apenas para uma aventura. Queria respeito, e para isso, precisava respeitar-se a si mesma. E a vida religiosa faria com que resgatasse o amor por si própria. Só assim ela poderia se sentir importante, não aos olhos da sociedade, mas aos seus próprios olhos e aos olhos de Deus. Deixaria a vida mundana em troca de uma religiosidade programada, como forma de reeducar seu espírito e prepará-lo para novas lutas, se não nesta vida, em outras. Ela não sabia explicar, mas, subitamente, passou a achar que deveria haver outras vidas, e que a morte não seria o fim. Assim, resolveu que se prepararia, não para a morte, mas para a vida que se abriria quando fechasse os olhos para sempre.

Estava perdida nessas divagações quando a porta do quarto se abriu vagarosamente, e Aline entrou.

– Bom dia! – saudou com jovialidade. – Como está minha cunhadinha?

Camila sorriu e respondeu com graciosidade:

– Estou muito bem, Aline. E quero que saiba que estou muito feliz por poder ter uma cunhada feito você. E não digo isso só para agradá-la. Tenho certeza de que meu irmão fez excelente escolha. Você é uma moça honesta e sincera, e hoje sei o quanto é valiosa a honestidade no ser humano.

Aline, vendo-lhe a tristeza, tentou mudar de assunto.

– Está um dia tão lindo! Por que não vamos nadar?

– Nadar? Ora, Aline, mas o que é isso? Já não somos crianças, e o dia do seu casamento se aproxima. Creio que você deve ter muito o que fazer.

– Não tenho nada que não possa esperar. Ora, vamos. Será divertido.

– Aline, não precisa tentar me animar. Eu estou bem.

Aline ficou confusa e acrescentou, fingindo naturalidade:

– Se você não quer ir, muito bem. Mas Berenice e eu já estamos de saída. Ela está, agora mesmo, preparando uma cesta de piquenique com Tonha.

– Hum... a idéia até que parece boa.

– É excelente! Por favor, venha conosco. Será nossa despedida. Daqui a pouco estarei casada, Berenice voltará para o Rio de Janeiro, e você... bem...

– E eu irei para o convento. Não se preocupe. Vou para o convento porque quero, e estou feliz com isso.

– Mas você é ainda tão jovem e tão bela...

– E o que tem isso? Só porque sou moça não posso desejar ser freira?

– Não é isso. Mas é que sabemos que a maioria das moças que vai para o convento, ou é feia e não arranja marido, ou está fugindo de alguma coisa.

– Aline, mas que bobagem! Acha que ninguém tem vocação?

– Algumas têm. Mas não sei se esse é o seu caso. Como você também não é feia, creio que a razão é mesmo a última.

– É isso o que pensa? Que vou para o convento para fugir?

– Ouça, Camila. Sei que papai e sua mãe tentaram obrigá-la a se casar com Basílio, sob ameaça de expulsá-la de casa. Mas você sabe que pode ir viver conosco, em nossa casa.

Camila olhou-a com ternura, e afagando de leve o seu rosto, retrucou:

– Agradeço sua amizade, Aline, pois sei que é sincera. Mas não, muito obrigada.

– Por quê? Não nos dará trabalho algum.

– Não é isso. Sei que vocês me receberiam de braços abertos, mas o motivo não é esse.

– Então qual é?

– Sou eu mesma. Preciso conhecer-me a mim mesma. Não nego que sofri uma grande decepção, que em muito influenciou nessa minha decisão. Não fosse a desilusão que tive, hoje estaria fazendo planos para o meu casamento. Mas, como isso não deu certo, penso que devo encontrar algo mais para minha vida.

– Não compreendo.

– Não, e é natural. Você optou por um outro caminho. Ama e é amada. Não tem com o que se preocupar.

– Mas você ainda pode encontrar um novo amor.

Camila sorriu e contestou:

– Não é isso o que procuro. Não mais.

– Mas o que é, então? Por favor, diga-me, para que eu possa compreender.

– Procuro paz para o meu espírito.

– Mas como?

– Não sei. Mas é o que pretendo descobrir.

– E acha que encontrará essa paz enclausurando-se num convento?

– Não vou me enclausurar. Vou me retirar.

– É a mesma coisa.

– Sinto, Aline, mas não é não. Não pretendo enclausurar o meu corpo numa cela úmida e fria.

– Mas é isso o que irá acontecer.

– Mas meu coração não estará vendo as coisas assim.

– Não? E como verá, então?

– Tentarei retirar-me para que meu espírito possa conhecer novos valores e encontrar a paz. Só assim poderei me libertar.

Aline, sem entender bem onde a outra queria chegar, achou melhor encerrar aquela conversa:

– Tem certeza de que sabe o que faz?

– Certeza absoluta.

– E essa sua decisão é para sempre?

– Quando se consagra a vida a Deus, a intenção é de que seja para o resto da vida. No entanto, quem poderá saber o que nos reserva o futuro?

– É verdade. Mas enfim, se você sabe o que faz e está feliz, Cirilo e eu também ficaremos. Apenas lamentaremos sua ausência, principalmente Cirilo, pois que a ama de verdade.

– Eu sei. E também o amo muito. Mas não se preocupe. Pretendo vir visitá-los de vez em quando. Quero conhecer meus sobrinhos.

Aline riu gostosamente. Gostava de crianças, e pretendia ter muitos filhos. E seria bom que eles tivessem uma tia freira, que pudesse orientá-los no caminho da religiosidade. Assim, abraçou a amiga e deu-lhe um beijo na face, acrescentando em seguida:

– Não se demore. Estaremos aguardando-a no jardim – e saiu.

Capítulo 34

Era véspera do casamento, e Aline estava eufórica e contente. Ficou acertado que ela e Cirilo passariam a noite de núpcias na Ouro Velho e, no dia seguinte, bem cedo, partiriam para o Rio de Janeiro, onde embarcariam, em seguida, para a Europa, para uma extensa lua-de-mel. Tonha seguiria com eles, bem como Inácio, e poderiam, enfim, concretizar o seu amor.

Quando a noite chegou, Aline mal podia dormir. Estava por demais ansiosa para conciliar o sono. Deitada em sua cama, falava para Tonha:

– Até que enfim chegou o grande dia! Mal posso esperar.

– Sim, Aline. Vai ser uma bonita cerimônia.

– E a festa? Vai ser uma beleza.

– Certamente.

– Oh! Céus, e se chover?

– Aline, pelo amor de Deus. Estou cansada e com sono. Vamos dormir, sim? Ou será que quer chegar à igreja com olheiras?

– Deus me livre!

– Então durma, por favor.

Vendo que Tonha já não agüentava mais ouvir sua conversa, Aline se calou e fitou o teto, tecendo planos para o futuro. Tonha adormeceu instantaneamente, e Aline podia ouvi-la ressonar. Ela também estava exausta, e o cansaço a dominou, fazendo com que adormecesse também. Assim que fechou os olhos sentiu que saía do corpo, e logo viu Tonha parada a seu lado. Junto a ela, o espírito de uma negra que não conhecia. Tonha, percebendo a indagação no olhar da amiga, tratou logo de dizer:

– Aline, esta é minha mãe, Iadalin.

Aline sorriu, e Iadalin estendeu-lhes as mãos, falando com ternura:

– Venham comigo.

– Para onde? – indagou Aline.

– Você verá. Quero que conheçam algumas verdades antes dos acontecimentos que se desenrolarão nas próximas horas.

– E por quê?

– Porque vocês são espíritos queridos, que já lograram alcançar uma certa compreensão da vida espiritual. Portanto, foi-lhes permitida a revelação da verdade, para que possam enfrentar com coragem as duras provas a que se submeterão em breve.

Aline estremeceu. O que quereria ela dizer com tudo aquilo?

– Não compreendo... – balbuciou temerosa.

– Não tenha medo. Você e Mudima são almas afins, e o amor lhes dará forças para enfrentarem, unidas, a provação que vocês mesmas escolheram.

Aline não disse mais nada e segurou a mão de Iadalin, que tinha Tonha do outro lado. Em instantes, foram transportadas para um campo verde e florido, onde uma mulher, jovem ainda, estava sentada debaixo de uma figueira, tendo nas mãos um volume de poesias. Mais adiante, uma criança brincava de bonecas, em companhia da ama-seca. Elas foram se aproximando, até que chegaram bem perto, e Iadalin ordenou:

– Olhem.

Como numa tela que ganhasse vida, as imagens começaram a se mover e elas viram...

Lívia sentia-se sonolenta e cerrou os olhos, largando o livro. A noite anterior tinha sido exaustiva. Fúlvio, sempre tão atencioso, de uma hora para outra resolvera sair todas as noites, só retornando altas horas da madrugada. Ela não sabia por onde andava, e por mais que perguntasse, ele sempre respondia com divagações. Será que conhecera outra mulher? Mas não. Ele a amava, estava certa disso. Casara-se com ela, tinham uma filha. Era bom e generoso. Mas será que isso era amor? Ou será que só se casara com ela por um dever de honra? Lívia procurou afastar esses pensamentos e concentrou-se na filha. Ela era linda, não podia negar. Mas, por mais que se esforçasse, Lívia não conseguia amá-la. Afinal, Sofia roubara-lhe muito das atenções de Fúlvio, que adorava a menina e fazia-lhe todas as vontades, sendo a preferida no coração do marido.

Sofia aproximou-se dela e perguntou com uma vozinha fina e meiga:

– Está com sono, mamãe?

Ela abriu os olhos lentamente e respondeu:

– Um pouco, meu bem. Deixe a mamãe dormir, sim?

A menina se afastou e correu em direção à ama-seca, e Lívia divisou o porte esguio de Fúlvio surgindo por detrás das roseiras. Ele aproximou-se de Sofia, ergueu-a no colo, deu-lhe um beijo estalado e indagou:

– Como vai a minha princesinha?

Ela não respondeu e apertou-o com força, agarrada ao seu pescoço. Fúlvio deixou-se ficar, envolvido por aquele abraço, até que ela se cansasse e voltasse aos brinquedos. Em seguida, dirigiu-se para Lívia e beijou-a na face, sem dizer nada.

– Chegou tarde ontem – observou ela. – Onde esteve?

– Saí com uns amigos.

– Que amigos?

– Alguns oficiais. Você não conhece.

Lívia, não podendo mais conter a indignação, levantou-se e indagou, furiosa:

– O que há com você, Fúlvio? Por acaso pensa que sou alguma tonta?

– O que quer dizer?

– Pensa que não notei que você anda diferente, distante?

– É impressão sua.

– Não, não é. Você está frio, não me procura mais.

– Ando cansado.

– E só se cansa de mim? E seus amigos? Acaso não se sente cansado para sair com eles também? Pois creio que você está cansado é de mim, porque, na certa, anda se deitando com alguma vagabunda!

– Lívia! – fez ele, horrorizado.

– Quem é a mulher com quem anda se encontrando?

– Mulher? Mas não há mulher alguma.

– Está mentindo, Fúlvio, sei que está. Você tem outra mulher, e eu hei de descobrir quem é, nem que seja a última coisa que faça na vida.

Ela se levantou apressada e voltou para casa, passando feito uma bala por Sofia. A menina estendeu-lhe as mãozinhas, mas Lívia, de tão furiosa, nem lhe prestou atenção, e ela pôs-se a chorar. Fúlvio correu para ela e a pegou no colo, acariciando-a com ternura, até que parasse de chorar.

A situação entre Fúlvio e Lívia estava cada vez pior. Desde o dia em que penetrara nos aposentos de Cláudia, Fúlvio não conseguira mais afastar-se dela. E a moça, a conselho da própria mãe, tratara logo de entregar-se a ele, e Fúlvio, apaixonado, acabara por tomar Cláudia por sua amante.

O casamento de Agnes e Marco também fracassara. O marido se entregava a orgias e bebedeiras, e eles mal se falavam. Tudo ia de mal a pior, e Agnes estava prestes a desesperar. Além disso, Marco revelara-se um monstro cruel, seduzindo e batendo nas criadas. As moças pensavam em denunciá-lo, mas Agnes acabava dando-lhes dinheiro e mandando-as embora. Não queria escândalos envolvendo o nome da família.

E Anastácia, em silêncio, procurava uma forma de reivindicar seus direitos de filha. Por mais que soubesse que sua condição de bastarda não lhe conferia direito algum, aquilo não era justo. O destino fora cruel com ela, e com o passar dos dias, Anastácia foi se enchendo de ódio por Cláudia.

Um dia, Agnes entrou feito um furacão em casa, e Anastácia correu a atendê-la.

– Senhora, o que aconteceu?

Agnes olhou para ela e suspirou. Estava zangada e triste ao mesmo tempo, e começou a chorar convulsivamente.

– Oh! Deus, Deus! Não posso mais!

– Não pode mais o que, senhora Agnes?

Ela olhou para Anastácia com surpresa, só então se dando conta de sua presença ali. Não querendo compartilhar seus problemas com uma criada, tentou disfarçar e não respondeu.

– Foi o senhor Marco outra vez, não foi? – arriscou Anastácia.

– Sim – respondeu afinal. – Oh! Anastácia, sei que não devia lhe contar, mas não suporto mais.

– O que foi desta vez?

Agnes olhou de um lado para outro, para ver se havia alguém que pudesse ouvir sua conversa. Não avistando ninguém, confidenciou baixinho:

– Ele agora me exige dinheiro. Quer que lhe dê minhas propriedades, e ameaçou contar à esposa de Fúlvio sobre seu romance com Cláudia.

– Meu Deus! A senhora vai dar?

– Não posso. Se o fizer, estaremos na miséria. Em pouco tempo ele vai dilapidar todo o nosso patrimônio.

– E o que pretende fazer?

– Não sei, não sei. Oh! Deus, como gostaria que ele estivesse morto!

Anastácia não disse mais nada. Em seu íntimo, uma idéia começou a brotar-lhe na mente, e ela sorriu um sorriso diabólico, urdindo um plano com o qual se livraria, em definitivo, de todos aqueles que se interpunham entre ela e sua benfeitora.

No dia seguinte, Anastácia saiu logo após o jantar e seguiu sorrateiramente para a residência de Fúlvio. Bateu à porta e aguardou. Logo uma criada foi abrir, e percebendo que se tratava de uma mulher do povo, indagou de má vontade:

– Sim? O que deseja?

– Gostaria de falar com a esposa do capitão Fúlvio.

A outra olhou-a desconfiada:

– E qual é o assunto?

– Sinto, mas é confidencial.

A criada, pensando que fosse alguém em busca de emprego ou de esmola, já ia dispensá-la, quando a voz de Lívia se fez soar sobre seu ombro.

– Quem está aí?

– Senhora! – fez a criada, surpresa. – Não é ninguém, apenas uma jovem pedinte.

– Não sou pedinte! – protestou Anastácia. – Preciso falar com a esposa do capitão Fúlvio.

Ao ouvir o nome do marido, Lívia escancarou a porta, empurrando a criada para o lado.

– E o que pode você querer com ela?

– Trago-lhe notícias importantes.

– Que espécie de notícias?

– Lamento, mas só posso falar com ela.

Morta de curiosidade, Lívia dispensou a criada e acrescentou:

– Pois bem, mocinha, eu sou a senhora Lívia, esposa do capitão Fúlvio. Agora diga-me: que assunto pode ter que me interesse?

– Aqui não. Alguém pode escutar.

Cada vez mais curiosa, Lívia resolveu deixá-la entrar, e foi com ela para a sala de chá. Indicou-lhe uma poltrona, onde ela se sentou, e disse:

– Muito bem. Cá estamos a sós. Agora pode falar.

– Bem, senhora Lívia, quero que me perdoe a intromissão. Eu não viria aqui incomodá-la, e a essa hora, se o assunto não fosse realmente importante.

– Sei, sei. Mas afinal, do que se trata?

– De seu marido. Não sei se a senhora sabe, mas o capitão Fúlvio anda se encontrando com uma mulher...

Lívia levantou-se de sobressalto, as faces pálidas, e começou a agitar as mãos nervosamente.

– Mocinha, exijo que se explique imediatamente – falou com raiva.

– Bem, senhora, vou contar-lhe tudo, mas tem que me prometer manter em segredo meu nome.

– E por que deveria?

– Porque se minha ama souber, serei despedida, e não tenho para onde ir. A senhora promete?

– Está bem, prometo. Agora vamos, conte-me com detalhes tudo o que sabe.

Anastácia suspirou e contou tudo a Lívia, que contraía o rosto a cada revelação. O sangue fervia-lhe, o ódio a crescer dentro do peito. Terminada a narrativa, Anastácia abaixou os olhos. Não tinha coragem de encarar aquela mulher, que parecia uma fera acuada, prestes a atacar o invasor. Estranhamente, contudo, ela endureceu a face e falou com voz aparentemente calma:

– Você jura que o que diz é a verdade?

– Juro, sim senhora.

– Muito bem. Agora quero que saia, e não torne a falar sobre isso com mais ninguém. Deixe tudo por minha conta.

– Não se esqueça do que me prometeu.

– Não se preocupe, não revelarei seu nome. Agora vá. Preciso agir.

Alguns dias depois, quando Fúlvio chegou à casa, Lívia não se encontrava, e ele foi informado de que a senhora saíra de carruagem para visitar uma prima, e que só retornaria no dia seguinte. Fúlvio ficou feliz. Jantou sozinho, beijou a filha e partiu para a casa da amante. Ao chegar, a família ainda estava jantando, e ele foi logo introduzido no salão de refeições. Mas qual não foi seu espanto ao ver ali a mulher, sentada placidamente, fazendo a refeição da noite bem ao lado de sua amante! Ele estacou mortificado, o sangue a fugir-lhe das faces. Mas como? Aquilo não era possível! Ele tentou recuar, mas Cláudia o avistara e o chamara, fazendo logo as apresentações.

– Ah! Querido, chegou mais cedo. Mas vamos, entre e deixe que lhe apresente. Esta é a senhora...

– Não é preciso nos apresentar – cortou Lívia com um sorriso de vitória nos lábios. – Nós nos conhecemos muito bem, não é, Fúlvio?

– Vocês se conhecem?

– E como não haveríamos de nos conhecer, pois se somos casados?

O silêncio foi geral. Ninguém ousava dizer ou fazer nada. Mas como aquilo fora acontecer? Como aquela mulher fora parar ali, dizendo que um eixo de sua carruagem se havia quebrado bem em frente de sua casa, pedindo-lhes ajuda? Passado o espanto geral, Agnes tomou a iniciativa e indagou:

– Mas como, senhora Ana?

– Meu nome não é Ana – corrigiu ela rispidamente –, mas Lívia.

Agnes, surpresa, ergueu-se de chofre e esbravejou:

– Como ousa vir a minha casa fazendo-se passar por outra pessoa apenas para nos espionar?

– Eu é que lhe pergunto, senhora, como ousa pretender ser uma dama de respeito quando acoberta um romance ilícito entre sua filha e um homem casado, bem debaixo de seu teto?

– Isso não é problema seu.

– Não, não é. Mas Fúlvio, sim – ela levantou-se apressada, dirigiu-se para o marido, que até então nada dissera, e acrescentou: – Venha Fúlvio. Creio que sua aventura chegou ao fim.

Ele já ia se retirar em companhia da esposa quando Cláudia gritou, desnorteada:

– Espere um pouco, Fúlvio, você não pode!

Mas ele não deu resposta. Agarrou Lívia pelo braço e saiu, puxando-a porta afora. Ele estava envergonhado, queria sair dali o mais rápido possível. Ela deixou-se conduzir como um cordeirinho. Saíra vitoriosa, e sabia disso.

Dentro de casa, Agnes estava certa de que Marco cumprira sua promessa. Ela se recusara a dar-lhe o que pedira, e por isso ele tratara de procurar Lívia e contar-lhe tudo. Logo após acalmar a filha, que tivera uma crise nervosa, ela entrou no quarto e o encontrou, preparando-se para sair.

– Aonde pensa que vai? – perguntou furiosa.

– Ora, Agnes, não me aborreça.

– Fiz-lhe uma pergunta, seu ordinário!

– Mas o que é isso? Não grite, não sou seu criado.

– Como pôde fazer uma coisa dessas?

– Fazer o quê?

– Faz-se de desentendido, cachorro?

– Não sei do que está falando.

– Não sabe, não é? Está feliz com o que fez?

– Feliz com o quê?

– Você é mais sórdido do que imaginava!

– Ouça, Agnes, não sei do que está falando, e francamente, não me interessa. Agora saia da minha frente. Preciso sair.

– Não! Antes vai se explicar.

– Não lhe devo explicações de nada. Mas já imagino o que está pensando. Pensa que fui eu quem contou tudo à mulher de Fúlvio, não é?

– E não foi?

– Eu bem que gostaria, mas não fui eu. Alguém chegou na minha frente.

– Cínico! Ao menos assuma o que fez, sem tentar culpar mais ninguém.

– Não tenho que assumir nada, não fiz nada. Agora saia da minha frente.

– Não!

Agnes, fora de si, partiu para cima dele, tentando arranhar-lhe o rosto. Marco, porém, segurou-a pelos punhos e afastou-a dele, desferindo-lhe violenta bofetada. Ela cambaleou e caiu, e ele a puxou pelos cabelos, batendo com sua cabeça repetidas vezes contra o chão, enquanto dizia furioso:

– Nunca mais encoste a mão em mim! Está me ouvindo? Nunca mais!

Marco largou-a e saiu, tomando a direção do jardim. Estava possesso. Podia tolerar tudo, menos que uma mulher lhe batesse. Ela bem que merecera. Havia muito pedia uma surra bem dada. Ele seguia distraído, até chegar ao portão de entrada. Estava escuro, e ele não via nada. Ouviu um barulho atrás dos arbustos e parou, perguntando assustado:

– Quem está aí? – Silêncio. – Vamos, responda, quem está aí? Apareça, covarde!

Ele começou a andar, seguindo em direção ao barulho, quando pesado objeto atingiu-o em cheio na cabeça, rachando-a ao meio. Marco sequer teve tempo de gritar, e caiu fulminado, o sangue a escorrer pela grama, já úmida do ar da noite. Ao perceber o que fizera, Anastácia largou o castiçal e correu alucinada, com medo de que alguém a tivesse visto. Coração aos pulos, entrou em casa esbaforida, dando sorte de não encontrar ninguém no caminho. Chegou ao quarto e trancou a porta. Ninguém. Com certeza, estavam todos recolhidos, exaustos depois dos últimos acontecimentos.

Oculta embaixo da janela, Anastácia presenciara a cena que se desenrolara no quarto de Marco, e enchera-se de raiva do rapaz. Aquele covarde! Merecia morrer. Assim, para defender sua senhora, a única mãe que jamais conhecera, Anastácia correra, apanhara o castiçal em cima da mesa da sala e se escondera no jardim, esperando que ele passasse. Logo ele surgira, e ela fizera ruídos propositais atrás dos arbustos. Como estava escuro, ele não pudera vê-la, mas ela sabia onde ele estava, e quando ele chegara mais perto, desferira-lhe certeiro golpe na cabeça, e ele tombara, já sem vida. Ela tinha certeza de que o matara. Por isso, largara o castiçal e pusera-se a correr de volta. Vingara a senhora Agnes, e queria viver, viver muito para poder aproveitar as vantagens que teria ao assumir o lugar de Cláudia, na vida e no coração de Agnes.

No dia seguinte, bem cedo, o corpo de Marco foi descoberto pelo jardineiro, caído atrás de uns arbustos, perto da entrada. Mais que depressa, correu a chamar a senhora Agnes, mostrando-lhe o corpo sem vida do marido. Agnes soltou um grito agudo e desmaiou, sendo carregada para dentro pelo jardineiro. Já na sala, as criadas correram a acudir a senhora. O que era? O que havia acontecido? Anastácia, como as demais, fingia nada saber, e começou a esfregar os pulsos de Agnes, tentando fazer com que voltasse a si. Somente Cláudia não apareceu, entregue que estava ao abatimento, que a prostrara na cama novamente. Quando Agnes recobrou os sentidos, pôde raciocinar com mais calma. Estava claro que alguém o matara. Mas quem?

Suspirando profundamente, ela se levantou e deu ordens para que fossem chamar a guarda, que logo apareceu. O oficial encarregado olhou o corpo, fez algumas perguntas, tomou algumas notas e se foi. Em seguida, o corpo foi retirado para exame, e ficou constatado pelo médico que a morte ocorreu em conseqüência de golpe causado por um objeto contundente, que atingira Marco na cabeça e lhe rachara o crânio, causando forte hemorragia. A vítima sequer tivera tempo de reagir, pois o golpe fora certeiro, levando-a à morte fulminante.

As investigações prosseguiam, e a primeira suspeita recaiu sobre Agnes. Logo foi descoberta a vida de desavenças que levavam, e o oficial pôde constatar, ao ver Agnes pela primeira vez, que ela havia apanhado. Indagada sobre o que ocorrera, ela não teve outro remédio senão contar a verdade. Disse que Marco lhe batera logo após calorosa discussão. O motivo da briga? Preferia não dizer; eram assuntos íntimos, que não interessavam a ninguém.

Anastácia precisava agir para livrar Agnes daquelas desconfianças, e começou por plantar em seu coração a semente da dúvida. Embora fosse difícil, e até inaceitável, o fato é que suspeitava de Cláudia. Transtornada com a perda do ser amado, Cláudia se refugiara no quarto, contíguo ao do padrasto, e provavelmente escutara a discussão que tivera com a mãe, quando então ficara sabendo que fora ele quem contara a Lívia sobre seu romance com Fúlvio. E depois, quando o corpo de Marco fora encontrado, todo mundo na casa correra para saber o que estava acontecendo, menos Cláudia. Durante todo o tempo permanecera trancada no quarto, não demonstrando a menor emoção ao saber da morte do padrasto. Foi como se não estivesse surpresa.

Agnes titubeou. Não queria dar razão a Anastácia, mas a verdade é que ela podia estar certa. Afinal, quem, além dela mesma, teria motivos para matá-lo? Alguma amante insatisfeita? Não acreditava. Algum marido ciumento? Muito difícil. O mais provável mesmo era que Cláudia o tivesse feito. Ela tinha todos os motivos. Com certeza escutara mesmo a sua conversa, sabia que ele havia batido nela, e ficara ainda mais furiosa. No auge do ódio, perdera a cabeça e o atacara, vingando-se dele. Mas então... então, Cláudia seria a culpada, e a morte para ela seria certa. Agnes escondeu o rosto entre as mãos e começou a chorar. Oh! Céus, o que seria da filha?

Embora convencida de que Cláudia, realmente, assassinara Marco, Agnes não revelara nada a ninguém. Ela era sua filha, e teria que protegê-la, ainda que para isso tivesse que morrer em seu lugar. Mas, será que Agnes era, realmente, capaz de assumir a culpa de algo que não fizera, sabendo que seu destino seria a morte? Pensando nisso, ela vacilou. Não queria morrer. Ainda era jovem, cheia de vida. E Cláudia? Mais jovem ainda, mais cheia de vida.

No entanto, era já uma mulher, e deveria ser responsável por seus atos. Mas estava apaixonada, cometera um desatino. Era sua filha, e só chegara ao crime porque Agnes negligenciara seus deveres de mãe.

Anastácia, por sua vez, enchera-se de coragem e fora procurar o oficial encarregado do caso, narrando-lhe a mesma história que contara a Agnes. O oficial olhou para ela e sorriu, satisfeito. Tudo se esclarecia, e estava quase certo de que a assassina era, realmente, a senhorita Cláudia. Realmente, possuía fortes motivos. Além disso, sabia que a mãe seria a principal suspeita, e julgou-se protegida pelo ódio e pela briga que Agnes tivera com Marco na noite do crime. Tudo se encaixava perfeitamente, e ele em breve poderia dar por encerrado aquele caso.

Sem desconfiar de nada, Fúlvio achou que já era hora de ter uma conversa séria e franca com Lívia. Não adiantava mais mentir. Assim, quando chegaram à casa, e ela começou a agredi-lo verbalmente, Fúlvio desabafou:

– Lívia, quero que me perdoe. Eu não pretendia magoá-la.

– Não? E o que pensa que fez?

– Você não entende...

– Entender o quê? Que você me trai? Que mente para mim?

– Não se trata apenas disso. Você pensa que meu romance com Cláudia é vulgar e desonesto, não é? Julga-me um canalha.

– E não é isso o que você é? Você e aquela cortesã barata?

Fúlvio suspirou e prosseguiu:

– Lívia, embora nunca lhe tenha contado, a verdade é que conheço Cláudia há muitos anos. Fomos namorados, e quando eu parti para servir em Florença, jurei-lhe que voltaria e me casaria com ela. Mas aí, conheci você, e empolgado com sua beleza, deixei-me seduzir, e senti-me obrigado a desposá-la, embora meu coração estivesse preso ao de Cláudia. E depois, quando voltei, tentei evitar encontrá-la, mas sua mãe mandou me chamar, dizendo que ela estava doente. Foi aí que a vi novamente, tão frágil, e não pude mais resistir. Compreenda, Lívia, amo Cláudia mais do que já amei qualquer outra mulher em minha vida.

Lívia lançou-lhe um olhar indefinível. Era um misto de ódio e despeito, de pena e amor, de decepção e tristeza. Só depois de muito tempo foi que ela falou:

– Deveria ter me contado, Fúlvio, em vez de me enganar. Quem pensa que sou? Alguma tola apaixonada, que não seria capaz de suportar uma decepção amorosa? Se me tivesse dito a tempo, eu jamais teria me entregado a você, e tudo isso poderia ter sido evitado. Mas não. Em vez disso, você preferiu me ocultar a verdade, pois eu era uma presa fácil naquela época.

– Lívia, não se trata disso. Eu não pude evitar...

– Basta! Não pôde resistir aos meus encantos e deixou-se seduzir? Pense bem no que você disse, Fúlvio, e julgue-se a si mesmo. Eu não o seduzi. Entreguei-me a você porque o amava, e porque pensava que você também sentia o mesmo por mim. Jamais poderia supor que você me tomara por mulher seguindo apenas seus instintos de homem, nem que me fizera sua esposa por um dever de honra ou piedade.

– O que pretende fazer?

– O que pensa que devo fazer? Não vou me sujeitar à desonra de ser abandonada pelo marido. Você vai terminar tudo com aquela Cláudia e voltar para casa, como se nada tivesse acontecido.

– Sinto, Lívia, mas não posso.

– Não pode?

– Não. Amo Cláudia, e creio que já é hora de ser verdadeiro comigo, com você e com ela.

– Mas que nobre! E para isso pensa que vai me deixar, não é mesmo?

– Não vejo outra solução. Mas não se preocupe. Não pretendo desonrá-la. Sairei discretamente, sem dizer nada a ninguém, e partirei para longe daqui. Só peço que me deixe levar Sofia.

– Está louco.

– Não, não estou. Você não liga a mínima para Sofia. Mal se dá conta de sua existência. E ela mesma já não lhe dedica mais o mesmo afeto. Por que não entregá-la a mim, que sou seu pai e a amo demais?

– Porque ela é minha filha. E você deve estar mesmo louco se pensa que vou permitir que você parta daqui levando-a para viver em companhia de sua concubina. Saia de casa e nunca mais tornará a ver sua filha.

Lívia estava coberta pelo ódio. Sofia era a única arma que possuía para tentar prender o marido a seu lado. Ela sabia o quanto ele a amava, e seria capaz de tudo para ficar com ela. Mesmo renunciar a um amor. E, efetivamente, Fúlvio, derrotado, não conseguiu partir. Quando olhou o rostinho inocente da filha, dormindo serenamente, sem de nada suspeitar, não teve coragem. Seu coração se enterneceu e ele não pôde abandoná-la, optando por permanecer a seu lado até que a ira de Lívia se acalmasse e ela retomasse a razão.

Ao saber da morte de Marco, Fúlvio partiu apressado para a casa de Cláudia, e estava com ela em seu quarto quando ouviram batidas na porta. Com os olhos inchados de tanto chorar, Agnes entrou, aproximou-se da filha, tomou-lhe as mãos entre as suas e, olhos fixos nos seus, afirmou:

– Querida, já sabemos que foi você quem matou Marco.

– Eu? – ela estava realmente surpresa. – Mas de onde tirou essa idéia?

– Senhora Agnes – intercedeu Fúlvio –, creio que deve estar havendo algum engano.

– Não há engano algum. E agora o oficial está lá embaixo, à nossa espera. Venha, Cláudia, e procure manter a calma. Quanto a você, Fúlvio, saia pela porta dos fundos. Não é bom que seja encontrado aqui.

Cláudia seguiu a mãe em silêncio, temendo o que poderia lhe acontecer. Quando o oficial as viu, cumprimentou-as com deferência e foi logo entrando no assunto, narrando-lhes a história que Anastácia lhes contara, como se ele mesmo houvesse deduzido tudo aquilo. Agnes tentou protestar, e Cláudia permaneceu calada, em estado de choque. Aquilo era um disparate!

O oficial, depois que conversara com Anastácia, fora direto para a casa de Fúlvio conversar com Lívia. Ela, já alertada pela criada, confirmara a história de que fora Marco quem lhe contara tudo, e o oficial considerou que Cláudia seria mesmo a culpada. Era muita coincidência o rapaz ser morto justo na noite em que o amante a abandonara. Assim, a moça foi presa, sob os protestos da mãe e de Fúlvio, e conduzida à prisão.

O julgamento foi rápido, pois as provas contra Cláudia pareciam irrefutáveis e conclusivas. Em pouco tempo a sentença foi dada, e Cláudia foi condenada à morte, para desespero de Agnes e de Fúlvio. No dia da execução, Cláudia, chorando muito, implorou à mãe que a salvasse, mas nem Agnes acreditava em sua inocência. Assim, carregando no coração a mágoa de não ser compreendida pela própria mãe, Cláudia foi executada ao meio-dia em ponto, morrendo rapidamente sob a lâmina afiada do carrasco.

Capítulo 35

Depois que essa desgraça sucedeu, Agnes perdeu a alegria de viver, e passou a acusar todos à sua volta pela morte da filha, principalmente Marco e Lívia. O primeiro já estava morto, mas Lívia... essa ainda vivia, e gozava de ótima saúde, tendo ao lado o marido e a filhinha. Seu ódio por Lívia foi crescendo a cada dia. Era preciso vingar-se daquela víbora. E Agnes sequer suspeitara de que fora Anastácia a responsável por toda aquela tragédia.

Fúlvio entrou em casa e encontrou a mulher deitada no sofá, saboreando um cálice de licor. Passara em casa de Agnes, para ver como estava passando, e por isso atrasara-se para o jantar.

– Onde está minha filha? – indagou, procurando Sofia com o olhar.

– No quarto, com a ama-seca.

Ele virou-lhe as costas e se dirigiu para onde estava a menina. Não tinha muito o que dizer a Lívia, além dos pequenos assuntos domésticos, que reclamavam sua atenção, e a vida entre ambos tornara-se apenas suportável.

– Por que demorou?

– Tive que sair.

– E aonde foi?

– Não lhe interessa.

Eles chegaram ao quarto de Sofia, e Fúlvio encontrou a menina sentada no chão, brincando com suas bonecas. Carinhosamente, ele a pegou no colo, ignorando a presença da mulher. Lívia, aborrecida, acercou-se dos dois, e bruscamente arrancou a menina do colo do pai, e ela começou a chorar. Impaciente, pôs-se a esbravejar:

– Cale-se! Menina inútil, pare de chorar!

Sofia, assustada, chorava convulsivamente, tentando alcançar o pai. Fúlvio, estarrecido com a atitude da mulher, empurrou-a com violência, e ela quase caiu, correndo para a filha, que se aninhou em seu colo.

– O que há com você? – vociferou. – Por acaso ficou louca?

– Quero saber onde esteve!

– Quer mesmo saber? Pois bem. Fui visitar dona Agnes. Ela está sofrendo muito.

– Mas você não tem nada a ver com o sofrimento daquela alcoviteira.

– Ouça, Lívia, será que não pode, ao menos, respeitar a dor alheia? Cláudia, num ato impensado, matou um homem e foi condenada à morte. Isso não a sensibiliza?

Nesse momento Lívia começou a rir histericamente, e Fúlvio pensou que ela estivesse ficando louca. A pequena Sofia, cada vez mais encolhida em seu colo, recomeçou a chorar, e ele, para não assustá-la ainda mais, deu-lhe um beijo amoroso, entregou-a para a babá e saiu arrastando Lívia pelo braço. A mulher gargalhava feito louca, e ele indagou, assustado:

– O que há com você? Por acaso enlouqueceu?

– Enlouquecer, eu? Não, claro que não. No entanto, você e Agnes é que não deviam estar em seus juízos perfeitos para acreditar que foi mesmo Cláudia quem matou o tal de Marco.

Fúlvio soltou-a e perguntou, horrorizado:

– O quê? O que está dizendo, mulher? Não foi Cláudia quem matou Marco? – ele estava perplexo, e mal podia crer no que estava ouvindo.

– Não posso afirmar com certeza, mas não creio que tenha sido ela.

– Baseada em que afirma isso?

– Baseada no fato de que não foi Marco quem me contou sobre o seu caso amoroso.

– Não? – ele estava cada vez mais surpreso. – E quem foi, então?

– Prometi não revelar.

Fúlvio, fora de si, agarrou a mulher pelos ombros e começou a sacudi-la.

– Diga-me, sua ordinária, eu o exijo!

– Você não exige nada. Mas se quer mesmo saber, posso lhe contar. Quem me contou tudo foi aquela criada Anastácia.

– O quê? Não pode ser. Anastácia é criada de confiança, e não seria capaz de uma barbaridade dessas.

– Confiança? Bem se vê o quanto se pode confiar nela – e pôs-se novamente a gargalhar. – Pois saiba que foi ela mesma quem me contou, assim como veio aqui sugerindo-me que mentisse e confirmasse para o oficial que fora Marco quem me revelara toda a verdade sobre Cláudia e você. Foi o que fiz, e deu certo. Aquela criadinha até que é bem inteligente, não acha?

Fúlvio olhou a mulher com desprezo. Estava enojado, e precisava fugir dali o mais rápido possível. Desatou a correr, e só parou quando suas pernas já não podiam mais dar um passo. Estava arrasado. Sua Cláudia morrera por um crime que não cometera. Estava tudo claro. Anastácia era a culpada. Como não percebera isso antes? Fora ela quem matara Marco e pusera a culpa em Cláudia. E estava lá, em companhia de Agnes, como se fosse sua própria filha! Fúlvio estava desesperado, e chorou. Chorou como nunca antes havia chorado em toda sua vida, até que as lágrimas secaram, e ele se atirou ao chão, deixando-se ficar, caído como um pedaço de carne sem vida. E era isso o que realmente era. Um pedaço de carne, cuja vida acabara de perder.

Sem ter para onde ir, vagou a esmo durante horas. Não queria voltar para casa; não podia. A raiva, a frustração e a impotência diante do inevitável já o haviam dominado, e ele sabia que não podia mais voltar o tempo para evitar aquela desgraça. No entanto, precisava fazer algo. Anastácia era uma assassina, e Lívia também se tornara uma criminosa ao permitir e contribuir para que uma mulher inocente fosse levada à morte. Mas, teria sido mesmo Anastácia quem matara Marco? Precisava descobrir. Precisava ter certeza.

Partiu para a casa de Agnes e foi logo entrando, sem esperar ser anunciado.

– Fúlvio! – exclamou Agnes, surpresa. – O que significa essa invasão?

– Perdoe-me, senhora – desculpou-se apressado –, mas o assunto que me traz aqui é deveras grave.

– Mas que assunto é esse?

– É sobre a morte de Cláudia.

– Fúlvio, por favor, não quero mais falar sobre isso...

– Mas não foi Cláudia quem matou Marco!

– Não? E quem foi?

– Foi ela! – explodiu, apontando para Anastácia.

A criada, tomada de surpresa com aquela acusação inesperada, abriu a boca num gesto de indignação, levou a mão ao peito e começou a balbuciar:

– Eu... eu... não compreendo...

– Ficou louco, Fúlvio? Onde já se viu um disparate desses?

– Disparate? Então pergunte a ela. Pergunte-lhe se não foi à minha casa contar a Lívia sobre mim e Cláudia. Pergunte-lhe se lá não voltou, pedindo a minha mulher que confirmasse para o oficial que fora Marco quem lhe contara. Pergunte-lhe. Quero ver se será capaz de mentir.

Agnes olhou para Anastácia com um ar de interrogação, e ela, sem saber bem o que dizer, permaneceu ali, apertando as mãos e gaguejando:

– Nã... não sei... do que... do que... está falando...

– Lívia contou-me tudo. Contou-me que você foi a minha casa, por duas vezes, envenená-la contra Cláudia. E por quê? Para quê? Para levá-la à morte?

– Não... não...

– Anastácia! – berrou Agnes – O que significa tudo isso, por Deus?

– Não sei, senhora... creio que deve estar havendo algum... mal-entendido.

– Mal-entendido coisa nenhuma! – urrou ele. – Você é uma cadela mentirosa, e mentiu para causar a morte de Cláudia. Por quê? Vamos, diga-me, por que fez isso? Exijo que me diga!

Agnes não sabia o que dizer. Era-lhe difícil acreditar que Anastácia seria capaz de algo tão diabólico. No entanto, Fúlvio parecia convencido, e falava com tanta convicção que era difícil duvidar de suas palavras. Assim, decidida, virou-se para Anastácia, e olhando fixo em seus olhos, ordenou:

– Quem exige uma explicação sou eu. O que quer dizer tudo isso, Anastácia?

– Não sei, senhora...

– Mentira! – gritou Fúlvio.

– Anastácia – prosseguiu Agnes –, fale a verdade, ou será pior para você. Você foi ou não à casa de Fúlvio? Foi ou não foi?

Ela começou a chorar, e com voz sumida, respondeu:

– Fui.

Agnes desabou mortificada. Não podia ser. Aquilo não estava acontecendo.

– Por quê, Anastácia? Por Deus, diga-me, por que fez isso?

Anastácia, não podendo mais conter a dor e a revolta, acabou desabafando, e explodiu:

– O que queria? Cláudia sempre me tratando como se eu fosse uma escrava. Sempre a me humilhar e me ofender. Não era justo. Éramos irmãs, e eu merecia um pouco mais de consideração...

O som de uma bofetada interrompeu a narrativa, e Anastácia levou a mão ao rosto, soluçando sem parar. Agnes, fora de si, começou a bater em seu rosto, que logo se tornou vermelho e começou a inchar. Descontrolada, Agnes não parava de gritar:

– Desgraçada! Por que fez isso, por quê? Não lhe dei tudo? O que mais poderia querer?

– Ser sua filha – soltou Anastácia num gemido.

– Meu Deus, Anastácia, como pôde? E Marco? Foi você quem matou Marco? – Ela não respondeu, e tentou se livrar das mãos da outra, que começou a sacudi-la. – Responda-me, vamos. Você matou Marco? Matou ou não matou?

Já sem forças para resistir, Anastácia acabou por confessar:

– Sim.

Agnes, horrorizada, soltou a moça e desabou no chão. Estava perplexa, arrasada. Fúlvio, por sua vez, começou a chorar, correu para Anastácia e começou a desferir-lhe pesados pontapés, ao mesmo tempo em que gritava:

– Assassina! Monstro! Desgraçada! Vou matá-la, infeliz!

Fúlvio sacou uma pistola, fez pontaria e já ia atirar quando a mão alva de Agnes o impediu.

– Deixe-a – falou com desprezo. – A morte seria pouco para ela. Anastácia fez tudo isso por inveja e despeito, porque é filha bastarda de Tito, meu primeiro marido, e nunca pôde aceitar esse fato. E eu, logo que soube, podia ter-me desfeito dela, mandando-a embora, entregue à própria sorte. Mas não. Em vez disso, criei-a em minha casa, dei-lhe abrigo e conforto. Dei-lhe muito mais do que ela jamais poderia ter. Dei-lhe meu amor. Mas ela não soube se contentar com o que teve, e passou a querer mais e mais, julgando-se igual a Cláudia. Mas não é. Cláudia era uma dama, filha legítima, enquanto ela é uma reles criada, cujo coração de pedra não a deixou perceber o quanto fiz por ela. É uma ingrata, e só merece o desprezo.

– Mas ela matou Cláudia!

– Sim, foi por culpa dela que perdi minha filha. No entanto, matá-la não traria Cláudia de volta, e a morte, rápido a livraria do sofrimento.

– Por favor, Agnes, deixe-me acabar com ela.

– Não. Eu mesma acabarei com ela. Não com a morte de seu corpo, mas com sua morte em meu coração. Pois Anastácia matou em mim a única coisa que pareceu desejar a vida inteira: ser única em meu coração.

Agnes aproximou-se dela, ajoelhou-se a seu lado, olhou fundo em seus olhos e cuspiu em sua face, acrescentando com desdém:

– Agora levante-se e saia daqui. Vá para bem longe, onde eu nunca mais tenha que ouvir falar de você. E se souber que você se aproximou de mim ou desta casa novamente, eu mesma a matarei, com minhas próprias mãos.

Agnes bateu à porta da casa de Lívia e esperou. A criada que foi abrir a porta, não a conhecendo, mandou que entrasse e aguardasse na sala, pois chamaria sua senhora. Quando Lívia apareceu, não pôde esconder o espanto, e indagou, furiosa:

– O que faz aqui? Quem a deixou entrar?

Agnes, sem dar atenção a suas perguntas, falou secamente:

– Vim aqui apenas para avisá-la de que já sei tudo a seu respeito. Sei como enviou minha filha para a morte, e quero que saiba que não vai escapar impune.

Sem esperar resposta, Agnes rodou nos calcanhares e se foi, deixando Lívia boquiaberta, espantada com sua petulância. Saindo dali, dirigiu-se para um bairro afastado e bateu à porta de um casebre, que foi entreaberta por uma mulher gorda e de buço espesso. A mulher espiou, tentando ver no escuro, e ao reconhecer a figura de Agnes, chegou para o lado, dando-lhe passagem. Ela entrou em uma sala suja e mal iluminada, e esperou, recusando o assento que a outra lhe oferecia. A mulher gorda saiu por outra porta, voltando logo em seguida em companhia de um homem de barba por fazer, forte e mal-encarado. O homem olhou para Agnes, puxou uma cadeira de pau e sentou-se diante dela. Em silêncio, ela apanhou uma bolsinha cheia de moedas de ouro e espalhou sobre a mesa. Os olhos do homem brilharam de cobiça, e ele falou:

– É muito generosa, senhora.

Ela fitou-o com ar duro e respondeu:

– Sou generosa com aqueles que sabem me servir, e em silêncio.

– Deixe comigo, madame. Saberei corresponder a tamanha generosidade.

– Muito bem. Você deve ficar à espreita todos os dias, e não pode falhar.

– Não se preocupe. Serei cuidadoso.

Ele esticou as mãos e recolheu as moedas de ouro com um sorriso ambicioso. Agnes dirigiu-se para a porta e a abriu, acrescentando antes de sair:

– Não falhe.

– Não se preocupe, não falharei.

No dia seguinte, Agnes retornou à casa de Lívia, mas dessa vez não entrou. Ficou parada do outro lado da rua, espreitando, até que ela a avistasse pela janela. Ao vê-la, Lívia se assustou. O que estaria ela fazendo ali? Chamou a criada e deu-lhe ordens para sair e perguntar o que queria aquela senhora.

– Mas que senhora? – indagou a criada, não avistando ninguém do outro lado da rua.

Lívia correu para a janela e olhou. Agnes havia sumido. Ela sorriu para si mesma. "Devo estar ficando louca", pensou, e voltou a seus afazeres, não dando mais importância ao fato. No outro dia, porém, à mesma hora, lá estava Agnes de novo, parada no mesmo lugar, olhando para ela pelo vidro da janela. A moça novamente levou um susto, e como na véspera, chamou a criada, que tornou a dizer que não havia ninguém ali. No outro dia, a mesma cena se repetiu, e assim sucessivamente, durante quase um mês. O que estaria pretendendo?

Lívia decidiu que iria, ela mesma, falar com Agnes. Quando, no dia imediato, ela apareceu no lugar de sempre, Lívia saiu às pressas e foi ao seu encontro. Mas Agnes, em vez de fugir, virou-se para ela e sorriu. Era um sorriso estranho, mau, diabólico. Lívia bateu a porta de casa e saiu, atravessando a rua a passos firmes. Agnes, do outro lado da rua, teve tempo somente de dizer:

– Isso, desgraçada, venha.

No mesmo instante, uma carruagem, aparentemente desgovernada, desceu a rua a toda brida, alcançando Lívia em segundos, sem que ela tivesse tempo de pular ou correr. Na mesma hora os cavalos a acertaram, e ela rolou, batendo a cabeça nas pedras do calçamento, enquanto o carro desaparecia no fim da rua. A moça soltou um grito e desmaiou, o sangue a escorrer da ferida aberta na nuca. Agnes ficou parada onde estava, enquanto os passantes acorriam, todos gritando ao mesmo tempo. Até que se aproximou um pouco mais, passando por entre a multidão, que se agitava ao redor, abaixou-se ao lado dela e, percebendo que ainda respirava, chegou os lábios próximo a seu ouvido e sussurrou:

– Agora estamos quites. Teve o que mereceu.

Lívia abriu os olhos por um instante e viu o vulto de Agnes debruçado sobre ela. Quis gritar, mas não conseguiu. Tentou se levantar, mas não pôde se mexer. Não sentia as pernas, os braços, nada. Parecia que seu corpo todo havia morrido. Desesperada, fechou os olhos e gemeu. A dor era intensa, e ela logo desmaiou.

Lívia foi levada para dentro de casa e Fúlvio foi chamado às pressas. Quando chegou, o médico havia acabado de examiná-la, e não parecia satisfeito. A queda a havia atingido na espinha, e ela ficaria paralisada para sempre. Nunca mais poderia andar, nem mexer as mãos, nem falar. Sequer poderia comer ou fazer suas necessidades sozinha.

O destino se traçara, e Agnes pensou que o resultado de sua empreitada fora melhor do que o esperado. Lívia não morrera. Pior: vivia, mas não tinha mais vida. Era apenas um corpo inútil e inerte, que jamais tornaria a desfrutar o imenso prazer de ser livre.

Capítulo 36

Aline olhou para Iadalin com os olhos cheios de lágrimas. O que significava tudo aquilo? Por que lhe mostravam, na véspera de seu casamento, aqueles fatos tão tristes? Ela, em sua dor, podia lembrar daqueles acontecimentos e tinha certeza de que os vivera em outra vida. Tonha e Aline, parcialmente desprendidas do corpo, tinham uma compreensão das coisas que não conseguiriam presas ao corpo físico. É que, momentaneamente livres da matéria, seus inconscientes afloravam sem as limitações do corpo, e elas podiam perceber as coisas com muito mais clareza e discernimento. Tinham conhecimento de seus erros e de suas escolhas, e era-lhes mais fácil compreender e aceitar o inevitável.

Com profunda tristeza, Aline indagou:

– Por quê?

Iadalin, bondosa e compreensiva, abraçou-a com ternura e explicou com voz dulcíssima:

– Não chore, minha menina, pois o que vocês viram, ou melhor, reviram, somente servirá para fortalecê-las no momento mais grave e difícil de suas existências.

– O que quer dizer?

– Quero preparar seus espíritos para dolorosa separação.

– Tonha e eu vamos nos separar?

– Sim. Foi o caminho que vocês mesmas escolheram.

– Mas por quê? – indagou Tonha. – Por que tivemos que escolher o caminho mais árduo?

– Engana-se, minha filha, se pensa que escolheram o pior caminho. Em verdade, pior do que sofrer é viver sem proveito nenhum tirar da vida. Acreditem-me: o sofrimento de vocês não será em vão, se souberem aprender com ele.

– Iadalin – chamou Aline –, o que vimos foi nossa última encarnação, minha e de Tonha, não foi?

– Sim. A encarnação é poderosa arma contra os medos, as culpas, os ódios, os ressentimentos... É através dela que temos a oportunidade de rever nossas faltas, entendê-las e transformá-las. Não fosse a reencarnação, o homem estaria condenado à estagnação, visto que, perdida a oportunidade de aprender em uma única vida, não poderia tentar desvendar a razão de seu sofrimento. E, na maioria das vezes, muitas vidas são necessárias até que alcancemos a real compreensão de nós mesmos, de nossas escolhas e de nossos processos de evolução.

Aline estava admirada, e perguntou, interessada:

– E havia outros personagens com os quais nos deparamos, novamente, na vida atual, não é?

– Sim. A vida é um eterno encontro e reencontro, onde aprendemos com nossos irmãos, amigos ou inimigos, que o amor é a única fonte de felicidade, nessa existência ou em qualquer outra. E se hoje nos deparamos com inimigos, saibam que essa inimizade, amanhã, não existirá mais, e o inimigo de ontem terá se transformado no irmão de amanhã, na mãe carinhosa, no filho amoroso. Deus é perfeito, e seus filhos são regidos por uma lei igualmente perfeita, que busca fazer das criaturas o espelho da própria divindade. E um dia, mais cedo ou mais tarde, todos nós, sem exceção, nos tornaremos também espíritos puros e perfeitos, e poderemos, enfim, nos libertar dos grilhões que nos prendem a esse mundo de provações.

Aline e Tonha choravam abraçadas. Amavam-se muito, e a separação seria profundamente dolorosa. Tonha já estava resignada com seu destino, mas Aline, mais rebelde e questionadora, ainda não se convencera.

– Eu só queria entender... – disse, desanimada.

– Será que não entendeu mesmo? – retrucou Iadalin. – Será que não conseguiu ver, na vida passada, muitas das causas dos sofrimentos, amores e desavenças atuais?

– Bem... – balbuciou ela – pelo que pude perceber, fui mesmo a fútil Agnes, e Tonha, minha filha, a orgulhosa Cláudia. Lívia, ao que parece, reencarnou hoje como Constância, e Fúlvio é Inácio. Anastácia, a criada invejosa, me parece que foi Lalá, sempre desejando ocupar o lugar de Tonha.

– Sim, Aline, você está certa.

– E Berenice? Terá sido a pequena Sofia?

– Ela mesma. Sofia sofre até hoje a dor da rejeição, e jamais conseguiu ser amada por Lívia, ou Constância.

– Mas... e Marco?

– Não consegue imaginar?

Aline refletiu por uns instantes e exclamou:

– Terêncio!

– Sim, Terêncio, que ainda não aprendeu, nessa vida, o valor do respeito e da dignidade. Terêncio é ainda uma alma muito primitiva, que requer cuidados, devido ao seu pouco esclarecimento.

– Por que nos conta isso agora?

– Apenas para que vocês compreendam que todos nós, sem exceção, muitos erros já cometemos, e diante de nossas faltas, temos dois caminhos a tomar. Ou aprendemos com elas e vencemos mais uma etapa evolutiva, seguindo adiante na nossa jornada de aprendizado, ou nenhum proveito tiramos e continuamos estagnados, presos e apegados a valores e conceitos que já não nos servem mais. Até que um dia, quando nossos espíritos se cansarem de tantos erros, possamos voltar nossos olhos para dentro de nós mesmos e nos enxergarmos, compreendendo que de nada valeu nossa persistência no mal, pois que fomos nós os únicos prejudicados.

– Oh! Iadalin, ajude-me! – suplicou Aline. – Ouvindo-a falar assim, tudo parece tão fácil!

– E é fácil, Aline. Basta ter fé em Deus e confiar.

– Mas eu nunca fui à igreja, quase nunca orei...

– A fé não necessita de templos, nem de cultos, nem de rituais. Não nego que eles auxiliem na aproximação do homem com a divindade, mas não pelo que apresentam, e sim pelo que representam para aqueles que os praticam. Os cânticos entoados, as danças executadas, os louvores, nada disso tem sentido se o coração do homem deles não participa com sua fé. Por isso, Aline, você não precisa freqüentar a igreja, nem você, Mudima, precisa dançar para os orixás. Basta que mantenham o coração puro e pensem em Deus, e Ele as atenderá.

– Será que conseguirei?

– Tenho certeza que sim.

– Iadalin, e os demais? Não vi a todos.

– Porque isso não é necessário, agora, neste momento. Há muitas histórias dentro da história de cada um, e nem sempre elas estão relacionadas com a nossa, embora nossos caminhos se cruzem por vezes.

– Mas, e Cirilo? Tenho certeza de que já o conheço.

– Cirilo foi seu primeiro marido, Tito, alma nobre que desencarnou ainda jovem.

– Oh! Como não pensei nisso antes? E eu, que o amava e amo tanto...

Iadalin abraçou-as e falou em tom encorajador:

– Bem. Creio que agora já é hora de voltar. Tenham fé e coragem.

As moças retomaram o corpo físico, guardando na memória apenas uma lembrança muito vaga dos episódios da noite anterior.

Capítulo 37

Longe dali, Basílio não se conformava. Depois que fora expulso da casa de Licurgo, partira em viagem de volta ao Rio de Janeiro, e estava a andar pelas ruas quando fora avistado pela bela e jovem Constância. Ao vê-lo, ela exclamou:

– Ora, ora, se não é o senhor Basílio quem anda perdido pelas ruas da corte! O que faz aqui? Por acaso não conseguiu conquistar o seu amor?

– Constância! É um prazer revê-la.

– Sim, creio que sim. Mas você ainda não me contou o que foi que houve. Desistiu de casar-se com Camila?

Constância pôde perceber um brilho de intenso ódio nos olhos de Basílio, que respondeu entre dentes:

– Não creio que isso lhe interesse.

– Engano seu. Interessa-me, e muito.

– E posso saber por quê?

– Digamos que talvez agora tenhamos algum interesse em comum.

– Que interesse?

– Não sei se você sabe, mas também fui expulsa daquela casa.

– Ouvi falar...

– E tudo por causa daquela esnobe da Aline. Como a odeio!

– Pelo visto, temos mesmo muito em comum – ironizou Basílio.

– Sem dúvida. E o que pensa que podemos fazer com tanta afinidade?

– Hum... deixe-me ver... lamentarmos juntos a perda de nossos amados?

Ela soltou uma gargalhada e acrescentou:

– Não, meu caro, não sou dada a lamúrias. Mas a vinganças...

Os olhos de Basílio brilharam novamente, e ele indagou:

– Em que está pensando?

– Você tem coragem?

– Coragem para quê?

– Diga-me apenas se tem coragem.

– Sim, creio que sim.

– Então, meu amigo, penso que poderemos unir nossas forças.

– O que quer dizer com isso?

– Tenho um plano, mas precisa ser executado em breve. O casamento de Aline e Cirilo é depois de amanhã, e não podemos perder tempo. Com sua ajuda, tenho certeza de que conseguiremos.

Constância expôs em breves linhas seu plano para acabar com Aline e Cirilo, e Basílio ficou satisfeito. A idéia era diabólica, e parecia perfeita.

– Agora preciso ir – finalizou ela. – Meus pais já partiram para o casamento, e eu fiquei aqui, com a desculpa de que não me sinto bem. A oportunidade é ótima.

Constância e Basílio se despediram, e no dia seguinte se reencontraram. A viagem seria longa e cansativa, principalmente para Constância, acostumada ao conforto das carruagens de luxo. No entanto, precisavam chegar rápido e sem serem vistos, e só conseguiriam isso cavalgando, tomando atalhos e caminhos marginais, por onde seria impossível uma carruagem trafegar. Mas o ódio lhe daria forças para suportar os incômodos, e ainda que chegasse exausta e doída, se seu plano desse certo, tudo valeria a pena.

Finalmente chegara o dia do casamento. Faltando apenas três horas para a cerimônia, Aline procurou o pai, que já a aguardava em seu gabinete particular. Ela bateu à porta e entrou, sentando-se bem em frente a ele. Licurgo olhou-a com afeição, abriu a gaveta e sacou uma pasta de couro. Abriu-a, apanhou um pedaço de papel, leu e estendeu para Aline, que o pegou ansiosa. Eram os papéis de Tonha, e ela era, oficialmente, propriedade sua. Aline, com lágrimas nos olhos, encarou o pai e falou, a voz embargada de emoção:

– Obrigada, papai. Foi o melhor presente que pude receber.

– Há muitos anos, minha filha, dei-lhe Tonha de presente em seu aniversário. Hoje volto a presenteá-la, e espero que saiba o que fazer.

Ela não disse mais nada e saiu. Na hora do casamento, Aline entrou na igreja, esplêndida feito uma rainha. Cirilo se emocionara ao vê-la entrar. Parecia que já havia passado por aquilo antes, que já a havia visto, linda feito um anjo, toda vestida de branco e entrando na igreja. Licurgo, conduzindo-a pelo braço, estava orgulhoso, e Palmira não conseguia parar de chorar.

Terminada a cerimônia, os noivos partiram para a fazenda São Jerônimo, onde lauto banquete os aguardava, seguido de fabuloso baile. Aline e Cirilo, abraçados, eram a imagem da felicidade, e até Tonha não conseguia esconder o contentamento, não só por ver feliz a amiga, como também por saber que, em breve, ela e Inácio também poderiam ficar juntos.

Após a festa, Aline partiu em companhia de Cirilo, rumo à fazenda Ouro Velho. Com eles, Inácio e Tonha, que já poderiam assumir abertamente seu romance. Os quatro pernoitariam na fazenda e, no dia seguinte, bem cedo, partiriam rumo ao Rio de Janeiro, e dali, Aline e Cirilo seguiriam para a Europa. Tonha e Inácio não iriam com eles, mas ficariam à sua espera na corte, quando então Aline providenciaria a alforria de Tonha.

Ao chegarem, Aline e Cirilo se despediram e foram para o quarto, na ala sul da casa, suntuosamente preparado para a noite de núpcias. Os dois estavam felizes. Amavam-se muito, e poderiam concretizar o amor que os unia desde muitas vidas atrás. Tonha alojou-se em outro quarto, perto dos aposentos do casal, e Inácio foi sozinho para o seu, que ficava do outro lado do casarão, na ala norte.

Do lado de fora, Constância e Basílio já os aguardavam. Logo que os avistaram, o sangue começou a ferver, e ambos tiveram que se conter, a fim de não colocarem tudo a perder, saltando sobre os inimigos em furiosa investida. A custo se contiveram, e puseram-se a observar, esperando pacientemente, até que todos estivessem dormindo. Em dado momento se separaram, e Basílio saiu a conferir as janelas, para ver se ainda havia lampiões acesos nos quartos. Ao voltar, Constância indagou, ansiosa:

– E então?

– Inácio ainda está acordado. Vi luz em seu quarto.

– Tem certeza de que não está com Tonha?

– Certeza absoluta.

– E Aline e Cirilo?

– Será que não imagina?

Constância mordeu os lábios. Sabia o que estavam fazendo, e um ódio surdo começou a crescer dentro dela. Os dois se amavam, apesar de tudo, enquanto ela fora condenada ao ostracismo por sua própria gente. Mas aquilo não ficaria assim. Ao menos, Inácio e Tonha não estavam juntos. Era só o que faltava. Uma noite de amor antes de morrer.

Inácio, porém, lampião aceso, não conseguia dormir. Por mais que tentasse, não conseguia parar de pensar em Tonha. Ela estava tão perto... Que mal faria se se amassem? O amor que ele sentia por ela era verdadeiro e puro, e tinha certeza de que ela lhe correspondia nesse sentimento. Tentou ler um livro de Medicina, mas isso só serviu para atiçá-lo ainda mais. Passados alguns minutos, decidiu: iria ao quarto de Tonha. Se ela o mandasse embora, ele sairia sem mágoa alguma. Mas, se ela não o repelisse...

Coração aos pulos, abriu a porta e seguiu pelo corredor escuro. Na pressa, nem se lembrara de pegar o lampião, que ficou esquecido sobre a mesinha. Ao chegar à porta do quarto de Tonha, bateu. Pouco depois, escutou uma voz abafada, vindo de seu interior:

– Quem é?

– Sou eu, Inácio – murmurou ele.

Tonha abriu e perguntou:

– Aconteceu alguma coisa?

Ele não respondeu. Tomou-a nos braços e depositou em seus lábios longo e apaixonado beijo, que ela correspondeu com doçura. Em seguida, ergueu-a delicadamente no colo, conduzindo-a para o interior do quarto, e ela começou a chorar de mansinho.

– Por que chora, meu amor? – indagou com ternura.

– Tenho medo. Não sei se isso é certo.

– Mas nós nos amamos. Que mal pode existir no amor?

Ela não respondeu, e aconchegou-se a ele. Gentilmente, ele a levou para a cama, e ela, serenamente, entregou-se a ele. Consumado seu amor, os dois permaneceram ali, abraçados, sentindo no coração o coração do outro a dar o compasso do seu próprio. Estavam felizes. Sim. Amavam-se muito, e tudo o que fosse fruto do amor sincero não poderia ser errado. Depois, cansados, acabaram por adormecer, um no braço do outro, até que o óleo do lampião do quarto de Inácio se apagou, servindo como um sinal para Constância e Basílio.

– Inácio dorme – alertou Basílio, que saíra em nova ronda. – Seu lampião acabou de apagar.

– Esperemos um pouco mais. Não quero que ele acorde e estrague tudo.

– O que é? Vai recuar agora, é? Acovardou-se?

– Não é isso. É que temo por Inácio. Não quero que nada de mal lhe aconteça.

– Sossegue, menina. O quarto dele fica no outro extremo da casa, e o fogo não chegará lá.

– Tem certeza?

– Tenho. Só atearemos fogo no quarto de Cirilo e no de Tonha. Não se preocupe.

– Mas o fogo se alastra.

– Deixe de bobagens, Constância. O plano é perfeito. Já disse que o quarto de Inácio fica muito longe do de Cirilo. Até que o fogo chegue lá, todos já terão despertado. Pena que será tarde demais – acrescentou, soltando tenebrosa gargalhada.

Constância e Basílio ficaram aguardando por cerca de uma hora ainda, até se certificarem de que todos dormiam. Por volta das três horas da madrugada, resolveram agir. Em silêncio, espalharam montes de feno sob as janelas dos quartos de Cirilo e Tonha, derramando óleo de baleia sobre eles, e atearam fogo. O fogo, alimentado pelo vento, logo se espalhou, e a fumaça começou a entrar pelas frestas das janelas, seguida por imensas labaredas, que já lambiam toda a parede. Constância e Basílio correram para o meio do mato, e de longe permaneceram em muda expectativa, olhos pregados na casa grande.

Cirilo foi o primeiro a despertar, a fumaça ardendo em seus olhos e impedindo-o de respirar. Rapidamente, despertou Aline, que começou a tossir, já meio sufocada. Sem dizer nada, tentaram correr para a porta, mas a quantidade de fumaça no quarto era tanta que eles mal podiam enxergar a saída. Subitamente. Cirilo tombou, sem fôlego, as mãos crispadas sobre a garganta, tentando respirar. Aline, desesperada e quase sem forças, abaixou-se sobre ele e puxou-o pelos braços, alcançando a porta no exato momento em que as chamas irrompiam no quarto. Ela escancarou a porta, e uma nuvem de fumaça invadiu o corredor, enevoando tudo ao seu redor. Arfante, ela sentou-se junto à parede, puxando Cirilo para o seu colo.

– O que está havendo, meu Deus?

Cirilo, porém, não respondeu. Assustada, Aline virou para ela o rosto do marido, não encontrando nele sinais de vida. Ela não podia crer que aquilo estivesse se passando com ela. Desesperada, começou a chorar, sacudindo Cirilo pelos ombros, tentando fazer com que voltasse a si. Inútil. Cirilo asfixiara-se com a fumaça. Estava morto. Ao constatar que o marido não mais vivia, Aline sentiu imensa dor. Tanta dor que pensou em permanecer ali, à espera de que o fogo a alcançasse e a matasse também. No entanto, um grito agudo chamou-a de volta à realidade, e ela lembrou-se de Tonha. Apavorada, olhou para o fim do corredor, mas não conseguiu ver nada, de tanta fumaça. Nesse momento, os escravos começavam a chegar, acompanhados pelo capataz, trazendo nas mãos baldes de água, que inutilmente jogavam sobre as chamas. Aline, apesar da dor, soltou o corpo do marido e correu, abrindo a porta do quarto de Tonha no exato momento em que uma cena tenebrosa e indescritível se desenrolava. Inácio, corpo envolto pelas chamas, jazia também morto sobre o leito, tendo a seu lado a pobre Tonha, que inutilmente lutava com as chamas. O fogo ali penetrara mais rapidamente, e Aline não sabia como Tonha não tinha também sufocado. Instintivamente, Aline correu para ela, tentando tirá-la do lado de Inácio.

– Venha, Tonha, venha! – gritava desesperada. – Precisamos sair!

– Não posso! Não posso deixar Inácio...

Aline, porém, sem dar-lhe ouvidos, agarrou seus braços e empurrou-a para a porta com tanta força que ela praticamente foi expelida do quarto. Mas as chamas já devoravam as paredes, e Aline não teve tempo de sair. Antes que pudesse alcançar a porta, uma pesada viga desabou sobre ela, atingindo-a nas costas e causando-lhe morte fulminante. Tonha soltou um grito e tentou voltar para dentro do quarto, mas os escravos, que chegavam para acudir, conseguiram detê-la, e saíram arrastando-a para fora da casa. Do lado de fora, outros tantos jogavam água, tentando conter o incêndio.

Ao amanhecer o dia, a casa estava semidestruída. Toda a ala sul fora consumida pelo fogo. Licurgo e Palmira foram chamados, e foram correndo, em companhia de Camila, Berenice e de alguns parentes, que se hospedaram na fazenda. Desesperado, Licurgo começou a procurar pela filha, mas foi informado de que ela falecera quando tentava tirar Tonha do meio das chamas. Junto com ela, Cirilo e Inácio. Só Tonha sobrevivera. Palmira, desesperada, não queria acreditar. Cirilo não podia estar morto. Não seu filho. E Inácio? Ela o amava como a um filho também. Aquilo não podia ser verdade. Devia ser um pesadelo, e ela queria despertar o quanto antes.

Mas a dura realidade se impôs, e Aline, Cirilo e Inácio estavam mesmo mortos. Licurgo, transtornado pela dor e inteiramente fora de si, certificando-se de que a filha realmente se fora, correu para Tonha, e ao alcançá-la, agarrou-a pelos punhos e esbravejou:

– Negra imunda, por que vive enquanto minha filha está morta? Que direito tem você à vida, uma negra, escrava, quando Aline morreu tentando salvá-la? Era você quem deveria estar morta, não ela!

Descontrolado, Licurgo começou a espancá-la, e Tonha deixou-se bater, a culpa corroendo-a por dentro. Ele estava certo. Aline dera a vida por ela, morrera para que ela vivesse. Que direito possuía ela à vida? Nenhum. Por isso, não se importaria de morrer. Camila, porém, vendo que Licurgo acabaria mesmo por matá-la, achou que era hora de intervir, e gritou:

– Pelo amor de Deus, seu Licurgo, não a mate! Ela não tem culpa!

Licurgo, porém, fez-se surdo às súplicas da enteada, e só parou de espancar a pobre Tonha quando ela já estava caída no chão, quase desfalecida. Vendo a massa disforme em que transformara seu rosto, Licurgo soltou-a e vociferou, a voz retumbante de tanto ódio:

– De hoje em diante, negra, você volta para mim. Será minha escrava, e não haverá no mundo ninguém capaz de protegê-la.

E assim foi feito. Como Aline morrera antes de alforriar Tonha, ela continuava escrava. E, embora o fogo houvesse destruído os papéis que transferiam Tonha para Aline, ela morrera sem descendentes, e todos os seus bens deveriam retornar ao ascendente vivo, no caso, Licurgo. E Tonha, como propriedade de Aline, passou novamente a viver sob o jugo daquele homem, que passara a odiá-la mais do que a tudo na vida, julgando-a responsável pela morte da filha.

Daquele dia em diante a vida de Tonha transformou-se num inferno. Novamente sob o jugo de Licurgo, passou a sofrer toda espécie de castigos e maus-tratos, e só não foi morta porque ele a queria viva para que pudesse sentir na carne toda a fúria de seu ódio. De sua união com Inácio, naquela noite, Tonha concebera uma criança, um inocente, que talvez em razão das inúmeras chibatadas e privações, terminara por nascer sem vida. Tonha chorou muito a perda do filhinho amado, mas acabou por se conformar, certa de que, ao menos assim, ele não teria que passar pelo desgosto e a humilhação de ser escravo.

Mas Licurgo, no fundo, sabia que Tonha não era culpada pela morte de sua Aline. No entanto, precisava de alguém em quem pudesse descontar sua raiva e sua frustração. Perdera a filha justo no momento em que se reconciliara com ela, e ele precisava de alguém que pudesse ao menos aliviar a dor que sentia. Até que, numa noite, pouco antes de Tonha dar à luz o natimorto, Licurgo sonhou com Aline. Em seu sonho, ela vinha toda vestida de cor-de-rosa, irradiando amor, e lhe dizia:

– Por favor, papai, deixe Tonha em paz. Ela não é culpada. Foi o destino. Não me faça sofrer, papai, por favor. Tonha não é culpada... não é culpada...

Licurgo acordou suando frio. O que significava aquilo? Fora um sonho, ele sabia, mas parecera tão real. No dia seguinte tivera o mesmo sonho, e no outro também. Licurgo ficou cismado. Será que o espírito da filha havia voltado para cobrar-lhe alguma coisa? Afinal, não prometera ele que não perseguiria mais a escrava? Pensando nisso, ele achou que Aline, se estivesse viva, ficaria extremamente infeliz vendo a infelicidade de Tonha, e acabou por convencer-se. Dali em diante, não pretendia mais maltratar a negra, e ficou imaginando um jeito de trazê-la de volta para dentro de casa.

Contudo, havia ainda um problema. Palmira também perdera um filho e um sobrinho, e não podia perdoar Tonha. Julgava-a a única responsável por aquele incêndio nefasto, e só não a mandara para a morte porque Licurgo não consentira.

Mas o destino estava do lado de Tonha. Pela mesma época do nascimento de seu filho, Palmira deu à luz dois meninos, e a escrava com quem contavam para amamentá-los acabara morrendo após um parto difícil. Palmira não tinha leite e, embora a contragosto, teve que aceitar o leite de Tonha, ou seus pequenos morreriam de fome. Desde então, ela voltou a residir na casa grande, e foi para os meninos como uma segunda mãe.

A chegada dos gêmeos serviu para levar um pouco de luz àquelas almas tão castigadas pela vida. E foi só então que um pouco da antiga alegria voltou a entrar naquele lar...

Capítulo 38

Foi assim que tudo se passou – concluiu Tonha, olhando com olhos ainda úmidos para Clarissa e Luciano.

– Oh! Vó Tonha, que história mais triste – falou Clarissa, em lágrimas.

– Sim, minha filha, muito triste. Entretanto, tudo aconteceu conforme tinha que ser. Deus é sábio, e sua sabedoria não permite que nada aconteça em desacordo com suas leis.

– Mas – interrompeu Luciano –, e Basílio e Constância? O que foi feito deles?

– Somente muitos anos mais tarde foi que descobrimos que eles é que haviam sido responsáveis pelo incêndio.

– Ficaram impunes?

– Não existe punição maior do que nossa própria consciência, que é implacável no julgamento que faz de nossas atitudes.

– É verdade – concordou Clarissa.

– Bom, meninos, agora gostaria de descansar. Relembrar esses tristes acontecimentos deixou-me muito cansada.

Luciano e Clarissa se retiraram, e Tonha pousou a cabeça no travesseiro e chorou. Sentia saudades de Aline, e gostaria de reencontrá-la. Embora houvesse sonhado com ela algumas vezes, ansiava por ir ao seu encontro e ao encontro de Inácio. Ela estava tão cansada que logo adormeceu, e ouviu uma voz suave chamando-a pelo nome. Ela virou o rosto na direção daquela voz e exclamou:

– Aline! Que bom que veio.

– Sim, Tonha. Estamos todos felizes com seu sucesso.

– Meu sucesso?

– Você cumpriu com amor tudo aquilo a que se propôs, e trouxe para seu espírito ensinamentos inalienáveis, que hoje já se encontram solidificados em seu coração.

Tonha felicitou-se intimamente. Sabia a que ela se referia, e estava feliz por ver que seu sofrimento não havia sido em vão. Lembrando-se, porém, de seus companheiros de jornada, não pôde deixar de indagar:

– E os outros, Aline? O que foi feito deles?

– Ainda sofrem, expiando suas faltas.

– Já reencarnaram?

– Alguns, sim. Outros esperam ainda nova oportunidade.

– Oh! Aline, relembrar esses acontecimentos me deixou tão triste...

– Pois não fique.

– Sabe, a minha vida inteira tentei dizer para mim mesma que não odiava seu pai, nem Constância, nem Basílio. Mas hoje não posso mais negar. Eu os odiei muito, por tudo o que fizeram a você, a Cirilo, a Inácio e a mim. Foi um ódio comedido, e eu lutei contra ele com todas as minhas forças, pedindo a Deus que me ajudasse a me libertar desse sentimento tão ruim.

– Conseguiu?

– Não sei, Aline. Juro que não sei.

– Tonha, meu pai, Constância e Basílio só fizeram aquilo que suas mentes, ainda pequeninas e ignorantes, puderam alcançar. Infelizmente, eram ainda espíritos muito infantis, e não tinham verdadeiro conhecimento das leis divinas. Mas agora, se tudo correr bem, penso que acabarão por resgatar seus erros, perdoando-se a si mesmos e a seus irmãos.

– Mas o que será que fizeram? E o que será que fizemos para merecer tamanho sofrimento?

– Quando Tito e eu, na época Agnes, éramos jovens, conheci um rapaz de nome Augusto, que quis desposar-me. O rapaz, porém, não tinha posses, e meus pais não consentiram no casamento. Além disso, eu também não estava interessada, pois meu coração já estava preso ao de Tito. Augusto, porém, não se conformou, não porque me amasse, mas porque estava interessado na fortuna de minha família, e preparou uma emboscada para Tito. Este, porém, percebendo a cilada, conseguiu atirar primeiro, e acertou o rival na perna, pois não queria matá-lo. Augusto tombou, e Tito debruçou-se sobre ele, a fim de verificar se o ferimento era grave. Foi quando Augusto sacou de um faca e tentou apunhalá-lo. Travou-se, então, furiosa luta, até que Tito acabou por matar o pobre Augusto.

– Meu Deus! E Augusto era Basílio?

– Sim.

– Mas foi legítima defesa. E foi Basílio mesmo quem provocou.

– O coração guarda ressentimentos que sobrevivem por séculos, e como não conseguimos enxergar que somos nós mesmos que provocamos o mal de que somos vítimas, costumamos nos julgar injustiçados e infelizes, e nos julgamos com o direito de nos vingar de nossos semelhantes.

– Mas, e Tito?

– Tito, apesar de tudo, não pôde se perdoar. Nunca matara ninguém, e mesmo sabendo que agira em legítima defesa, tirara a vida de outro ser humano. Um ser humano que, segundo o julgamento de todos, não merecia viver, mas, ainda assim, um ser humano. Com isso, deixou-se dominar pela tristeza e foi se isolando do mundo, e acabou morrendo tísico, jovem ainda.

– Meu Deus! E por que Basílio se juntou a Constância?

– Por afinidade. Eles não se conheceram em outras vidas, mas a afinidade de sentimentos e propósitos fez com que se aproximassem e simpatizassem mutuamente.

– E a pobre Camila? Onde entra nisso tudo?

– Camila sempre foi uma menina ingênua e sonhadora. Chamava-se Maria, e provinha de família pobre e sem recursos. Apaixonada por Augusto, entregara-se a ele, acreditando em suas falsas promessas de casamento, para ser abandonada logo em seguida, quando ele descobriu que ela estava grávida. Quando Augusto foi morto, a pobre Maria tentou o suicídio, mas foi salva a tempo e recolhida por Tito, que lhe deu um emprego no castelo de seus pais, mas ela perdera a criança. Pouco depois, apaixonou-se por

Tito e entregou-se a ele também, e acabaram tendo uma filha. Maria, porém, com o organismo já comprometido pela tentativa de suicídio, não resistiu, e faleceu no parto, deixando a pobre e atormentada Anastácia aos cuidados de Tito e sua jovem esposa.

– Oh! – Tonha estava impressionada. Só então tinha conhecimento daqueles fatos, e muito se surpreendera. – Mas, e seu pai? Por acaso não o conheceu antes?

– Oh! Sim. Meu pai foi Roberto, então meu sogro, pai de Marco. Nós não mantínhamos uma relação muito boa, porque Marco não se dava bem com a nova esposa de seu pai, e foi por ele renegado. Roberto possuía três filhos, e Marco, o mais velho, abandonou a casa paterna logo que o pai se casou novamente, com uma moça também viúva e já com um filhinho. A moça, embora não fosse pobre, não tinha estirpe, o que fez com que Marco a rejeitasse e fugisse. Marco contava então dezoito anos, e seus irmãos, onze e nove, respectivamente.

– E dona Palmira? Seria ela a nova esposa?

– Sim, ela mesma, que acabou por reencarnar em uma situação de superioridade, digamos assim, à de Terêncio.

Tonha estava abismada. Passados alguns minutos, continuou:

– Sabe, eu nunca me perguntei sobre minha própria mãe. Quem terá sido ela?

– Sua mãe é um espírito muito iluminado, que a conheceu na vida espiritual e muito se afeiçoou a você, aceitando o encargo de reencarnar entre os negros não só para auxiliá-la, mas também a seus pais e irmãos. Tencionava, também, livrar-se dos últimos resquícios de orgulho que a impediam de alçar planos mais elevados.

– E conseguiu?

Nesse momento, uma luz branca irradiou sobre o quarto de Tonha, e a figura de Iadalin aos poucos foi se delineando nas brumas.

– Mãe! – exclamou Tonha com alegria. – Há quanto tempo!

Iadalin se aproximou de Tonha e sentou-se na beira da cama, pousando-lhe a cabeça em seu colo e acariciando seus cabelos brancos.

– Vim buscá-la – falou Iadalin com ternura. – É chegada sua hora de partir.

– Graças a Deus! – bradou Tonha com emoção. – Deus ouviu as minhas preces.

– Sim. Deus jamais se esquece daqueles que sempre se lembram Dele. Mas não é só. Há mais alguém aqui que veio para dar-lhe as boas-vindas em sua nova vida.

Iadalin estendeu os braços e apontou para um canto do quarto. Aos poucos, a figura de um homem foi se delineando na semi-escuridão, e Tonha viu Inácio, jovem e robusto como antes. Imediatamente ela se levantou e correu para ele, atirando-se em seus braços. Inácio beijou seus cabelos, com lágrimas nos olhos, e sussurrou:

– Eu a amo, Tonha, e muito me felicito por poder estar junto de você no momento de sua passagem.

Em seguida afastou-a de si, conduzindo-a de volta ao leito, e reuniu-se a Aline e Iadalin. Os três, lado a lado, estenderam as mãos sobre o corpo de Tonha, ministrando-lhe benéfico e confortante passe, e seu espírito, serenamente desprendeu-se da matéria, rompendo o tênue liame do cordão umbilical que ainda a prendia ao corpo físico. Depois, elevaram o pensamento a Deus, e Iadalin proferiu singela e amorosa prece, agradecendo ao Pai a sua infinita bondade, por permitir que pudessem, novamente, se reunir, para viver dias mais felizes, já na verdadeira vida.

E partiram...

Fim

Sucessos de *ZIBIA GASPARETTO*

Crônicas e romances mediúnicos.
Mais de nove milhões de exemplares vendidos. Há mais de dez anos, Zibia Gasparetto vem se mantendo na lista dos mais vendidos, sendo reconhecida como uma das autoras nacionais que mais vendem livros.

Crônicas: Silveira Sampaio

- Pare de Sofrer
- O Mundo em que Eu Vivo
- Bate-Papo com o Além
- O Repórter do Outro Mundo

Crônicas: Zibia Gasparetto

- Conversando Contigo!
- Eles Continuam Entre Nós

Autores Diversos

- Pedaços do Cotidiano
- Voltas que a Vida Dá

Romances: Lucius

- O Amor Venceu
- O Amor Venceu (em edição ilustrada)
- O Morro das Ilusões
- Entre o Amor e a Guerra
- O Matuto
- O Fio do Destino

• Laços Eternos
• Espinhos do Tempo
• Esmeralda
• Quando a Vida Escolhe
• Somos Todos Inocentes
• Pelas Portas do Coração
• A Verdade de Cada Um
• Sem Medo de Viver
• O Advogado de Deus
• Quando Chega a Hora
• Ninguém é de Ninguém
• Quando é Preciso Voltar
• Tudo Tem Seu Preço
• Tudo Valeu a Pena
• Um Amor de Verdade
• Nada é Por Acaso
• O Amanhã a Deus Pertence
• Onde Está Teresa?
• Vencendo o Passado

Sucesso de *SILVANA GASPARETTO*

Obra de autoconhecimento voltada para o universo infantil. Textos que ajudam as crianças a aprenderem a identificar seus sentimentos mais profundos tais como: tristeza, raiva, frustração, limitação, decepção, euforia etc., e naturalmente auxiliam no seu processo de autoestima positiva.

• Fada Consciência

Sucessos de *LUIZ ANTONIO GASPARETTO*

Estes livros vão mudar sua vida!
Dentro de uma visão espiritualista moderna, estes livros vão ensiná-lo a produzir um padrão de vida superior ao que você tem, atraindo prosperidade, paz interior e aprendendo acima de tudo como é fácil ser feliz.

- Atitude
- Faça Dar Certo
- Se Ligue em Você (adulto)
- Se Ligue em Você – nº 1 (infantil)
- Se Ligue em Você – nº 2 (infantil)
- Se Ligue em Você – nº 3 (infantil)
- A Vaidade da Lolita (infantil)
- Essencial (livro de bolso com frases de autoajuda)
- Gasparetto (biografia mediúnica)
- Prosperidade Profissional
- Conserto Para uma Alma Só (poesias metafísicas)
- Para Viver Sem Sofrer

Série AMPLITUDE
- Você está Onde se Põe
- Você é Seu Carro
- A Vida lhe Trata como Você se Trata
- A Coragem de se Ver

CALUNGA
- "Um Dedinho de Prosa"
- Tudo pelo Melhor
- Fique com a Luz...
- Verdades do Espírito

LUIZ ANTONIO GASPARETTO EM CD

Aprenda a lidar melhor com as suas emoções para conquistar um maior domínio interior.

Série PRONTO SOCORRO

Autoajuda

1 – Confrontando o Desespero
2 – Confrontando as Grandes Perdas
3 – Confrontando a Depressão
4 – Confrontando o Fracasso
5 – Confrontando o Medo
6 – Confrontando a Solidão
7 – Confrontando as Críticas
8 – Confrontando a Ansiedade
9 – Confrontando a Vergonha
10 – Confrontando a Desilusão

Série VIAGEM INTERIOR (vols. 1 a 4 e vols. 5 a 8)

Autoajuda • Exercícios de Meditação

Por meio de exercícios de meditação, mergulhe dentro de você e descubra a força de sua essência espiritual e da sabedoria. Experimente e verá como você pode desfrutar de saúde, paz e felicidade desde já.

- **Prosperidade**
- **A Eternidade de Fato**

Série CALUNGA
Autoajuda

- Prece da Solução
- Chegou a Sua Vez!
- Presença
- Tá Tudo Bão!
- Teu Amigo

Série PALESTRAS
Autoajuda

- S.O.S. Dinheiro
- Mediunidade
- O Sentido da Vida
- Os Homens
- Paz Mental
- Romance Nota 10
- Segurança
- Sem Medo de Ter Poder
- Simples e Chique
- Sem Medo de Ser Feliz

Série REALIZAÇÃO
Autoajuda

Com uma abordagem voltada aos espiritualistas independentes, eis aqui um projeto de 16 CDs para você melhorar. Encontros com o Poder Espiritual para práticas espirituais de prosperidade. Nesta coleção você aprenderá práticas de consagração, dedicação, técnicas de orações científicas, conceitos novos de forma espiritual, conhecimento das leis do destino, práticas de ativar o poder pessoal e práticas de otimização mental.

Série VIDA AFETIVA
Autoajuda

1 – Sexo e Espiritualidade
2 – Jogos Neuróticos a Dois
3 – O que Falta pra Dar Certo
4 – Paz a Dois

Série LUZES
Autoajuda • Coletânea com 8 CDs • Volumes 1 e 2

Este é um projeto idealizado pelos espíritos desencarnados que formam no mundo astral o Grupo dos Mensageiros da Luz. Por meio de um curso ministrado no Espaço Vida & Consciência, pela mediunidade de Gasparetto, eles nos revelaram os poderes e mistérios da Luz Astral, propondo exercícios para todos aqueles que querem trabalhar pela própria evolução e melhoria do planeta. Nesta coletânea, trazemos essas aulas, captadas ao vivo, para que você também possa se juntar às fileiras dos que sabem que o mundo precisa de mais luz.

Série ESPÍRITO
Autoajuda

1 – Espírito do Trabalho
2 – Espírito do Dinheiro
3 – Espírito do Amor
4 – Espírito da Arte
5 – Espírito da Vida
6 – Espírito da Paz
7 – Espírito da Natureza
8 – Espírito da Juventude
9 – Espírito da Família
10 – Espírito do Sexo
11 – Espírito da Saúde
12 – Espírito da Beleza

Série PALESTRA
Autoajuda

1 – Meu Amigo, o Dinheiro
2 – Seja Sempre o Vencedcr
3 – Abrindo Caminhos
4 – Força Espiritual

LUIZ ANTONIO GASPARETTO EM DVD

O MUNDO EM QUE EU VIVO
Autoajuda

Momentos inesquecíveis da palestra do Calunga proferida no dia 26 de novembro de 2006 no Espaço Vida & Consciência.

OUTROS AUTORES (Nacionais)

Conheça nossos lançamentos que oferecem a você as chaves para abrir as portas do sucesso, em todas as fases da sua vida.

LOUSANNE DE LUCCA
- Alfabetização Afetiva

MARIA APARECIDA MARTINS
- Primeira Lição – "Uma cartilha metafísica"
- Conexão – "Uma nova visão de mediunidade"
- Mediunidade e Auto-Estima

VALCAPELLI
- Amor Sem Crise

VALCAPELLI e GASPARETTO
- Metafísica da Saúde

  Vol. 1: sistemas respiratório e digestivo
  Vol. 2: sistemas circulatório, urinário e reprodutor
  Vol. 3: sistemas endócrino (incluindo obesidade) e muscular
  Vol. 4: sistema nervoso (incluindo coluna vertebral)

FLAVIO LOPES
- A Vida em Duas Cores

MECO SIMÕES G. FILHO
- Eurico – um urso de sorte (infantil)
- A Aventura Maluca do Papai Noel e do Coelho da Páscoa (infantil)

MAURÍCIO DE CASTRO (pelo espírito Hermes)
- O Amor Não Pode Esperar

RICKY MEDEIROS
- A Passagem
- Quando Ele Voltar
- Pelo Amor ou Pela Dor...
- Vai Amanhecer Outra Vez
- Diante do Espelho

LEONARDO RÁSICA
- Fantasmas do Tempo – Eles Voltaram Para Contar
- Luzes do Passado

VERA LÚCIA CLARO
- Stef – A Sobrevivente

LILIANE MOURA
- Viajando nas Estrelas

LUCIMARA GALLICIA
- Sem Medo do Amanhã

MÁRCIO FIORILLO (ditado por Madalena)
- Em Nome da Lei

MARCELO CEZAR (ditado por Marco Aurélio)
- A Vida Sempre Vence
- Só Deus Sabe
- Nada é como Parece
- Nunca Estamos Sós
- Medo de Amar
- Você Faz o Amanhã
- O Preço da Paz
- Para Sempre Comigo
- A Última Chance

MÔNICA DE CASTRO (ditado por Leonel)

- Uma História de Ontem
- Sentindo na Própria Pele
- Com o Amor não se Brinca
- Até que a Vida os Separe
- O Preço de ser Diferente
- Greta
- Segredo da Alma
- Giselle – A Amante do Inquisidor
- Lembranças que o Vento Traz
- Só por Amor
- Gêmeas

OUTROS AUTORES (Internacionais)

Arrisque-se para o novo e prepare-se para um surpreendente caminho de autodescoberta.

JOHN RANDOLPH PRICE

- O Livro da Abundância

SANDRA INGERMAN

- Resgate da Alma

SANKARA SARANAM

- Deus Sem Religião

ELI DAVIDSON

- De Derrotada a Poderosa

JOAN SOTKIN

- Desenvolva Seus Músculos Financeiros

ESPAÇO VIDA & CONSCIÊNCIA

É um centro de cultura e desenvolvimento da espiritualidade independente.

Acreditamos que temos muito a estudar para compreender de forma mais clara os mistérios da eternidade.

A Vida parece infinitamente sábia em nos dotar de inteligência para sobreviver com felicidade, e me parece a única saída para o sofrimento humano.

Nosso espaço se dedica inteiramente ao conhecimento filosófico e experimental das Leis da Vida, principalmente aquelas que conduzem os nossos destinos.

Acreditamos que somos realmente esta imensa força vital e eterna que anima a tudo, e não queremos ficar parados nos velhos padrões religiosos que pouco ou nada acrescentaram ao progresso da humanidade.

Assim, mudamos nossa atitude para uma posição mais cientificamente metodológica e resolvemos reinvestigar os velhos temas com uma nova cabeça.

O resultado é de fato surpreendente, ousado, instigador e prático.

É necessário querer estar à frente do seu tempo para possuí-lo.

Luiz Antonio Gasparetto

Mais informações:

Espaço Vida e Consciência – SP
Rua Salvador Simões, 444 – Ipiranga – São Paulo – SP
CEP 04276-000 – Tel./Fax: (11) 5063-2150
Espaço Vida e Consciência – RJ
Rua Santo Amaro, 119 – Glória – Rio de Janeiro – RJ
CEP 22211-230 – Tel./Fax: (21) 3509-0200
E-mail: espaço@vidaeconsciencia.com.br
Site: www.vidaeconsciencia.com.br

Este livro foi impresso em offset 75 g/m² pela Gráfica Vida & Consciência.
São Paulo, Brasil, 2011.